改訂9版

採用から解雇、退職まで

労働調査会出版局　編

公益社団法人　全国労働基準関係団体連合会

はしがき

　労働条件の基幹部分は、昭和22年に施行された労働基準法を芯柱とする法体系によって規律されてきており、同法が、我が国の労使関係の近代化と労働条件の維持・改善、向上に果たしてきた役割には計りしれないものがあります。

　すなわち、その歴史的変遷を紐解いてみますと、我が国の社会経済構造や労働環境の変化に適宜対応しながら、数次の改正を重ねています。

　まず、昭和62年には、労働時間制度を中心とした、同法制定以来の大改正として、法定労働時間週40時間を目指し、フレックスタイム制や変形労働時間制の導入など弾力的な労働時間制度が法的に整備されるとともに、年次有給休暇の付与日数の引上げ、比例付与・計画的付与制度などが規定され、平成5年には、週40時間労働を原則とする新しい法定労働時間が制定されるに至りました。

　続いて、平成9年の男女雇用機会均等法等整備法によって、女性の時間外・休日労働及び深夜業に関する規制が解消され、さらに、平成10年には、変形労働時間制の見直し、企画業務型裁量労働制の創設、年次有給休暇の付与日数の増加など大幅に改正されています。

　また、平成15年には、有期労働契約の上限や裁量労働制が見直されるとともに、解雇に関する規定が整備されています。

　直近の改正でみると、平成20年には、長時間労働の抑制や仕事と生活の調和（ワーク・ライフ・バランス）の実現を趣旨として、時間外労働が月60時間を超える場合の割増賃金率を引き上げるとともに、時間単位の年次有給休暇制度が創設されています。

　このように、労働時間制度の拡充など幾度かの改正を経ることによって、労働基準法が成熟していく一方、平成19年には、新しい労働法制として労働契約法が加わっています。

　労働契約法は、労働者と使用者との労働契約に関する民事的な基本ルールを定めた、はじめての法律です。労働条件の決定・変更や解雇など、個別の労働者と使用者の権利義務関係は、その一部が労働基準法で規定され

ていたほかは、その大部分は裁判例の蓄積による判例法理に委ねられ、予測可能性が低いという問題がありました。このため、労働契約法は、確立した判例法理を明文化し、労働基準法の規定を一部移行させるなど、雇用関係のルールを明確化することにより予測可能性を高め、多様化・個別化する労働関係の中で発生しやすいトラブルを防止することを目的として整備されたものです。

経済の国際化、ICT技術の伸展、高齢化の進行など社会環境はこれまでになく大きく変化しており、これに即応し、人的資源である従業員の労務関係を適正に管理し、企業経営を活性化させるためには、労働基準法をはじめ労働関係法令の内容はもちろん、その趣旨をも正しく理解しておくことが欠かせません。

本書は、労働者の採用から解雇、退職までの各場面での法的ルールを解説し、そのなかで実務対応に必要な関連の主要行政通達、判例を数多く紹介することとしました。また、各章末には、その項目に関して具体的な問題を想定したＱ＆Ａを掲載しました。

なお、本書はもともと、労働基準法の改正に合わせて版を重ねてきたものです。しかし、今回の改訂では、8版の後に新たに制定された労働契約法を大きな柱に据え、労働基準法が規定する労働条件の最低基準と労働契約法が規定する労働契約の民事ルールの双方を一体的に編集・収録することを試みました。

本書が、労使をはじめ、関係者の皆さまに広く活用され、個別労働関係にかかわる基本ルールの理解にお役立ていただければ、編集に携わったものとして無上の喜びとするものです。

平成26年9月

編　者

Contents

第1章　労働契約の概念

1　労働契約とは何か ―――――――――――――――――― 2
　① 労働契約は合意で成立する ――――――――――――― 2
　② 労基法と労契法 ――――――――――――――――― 2
　③ 労働契約を締結・変更するときの基本原則（合意） ―― 3
　④ 労働契約の期間 ――――――――――――――――― 4
　⑤ 有期労働契約の問題と労契法 ―――――――――――― 7
2　業務命令権 ――――――――――――――――――― 10
　① 業務命令権の根拠 ―――――――――――――――― 10
　② 業務命令の限界 ――――――――――――――――― 11
　③ 超過労働命令 ―――――――――――――――――― 12
　④ 超過労働命令の限界 ――――――――――――――― 12
　⑤ 業務命令と誠実履行、権利の濫用 ―――――――――― 13
3　配転・業務転換命令権 ――――――――――――――― 14
　① 配転命令の根拠 ――――――――――――――――― 14
　② 配転命令の限界 ――――――――――――――――― 15
4　出　向 ―――――――――――――――――――――― 17
　① 出向とは ――――――――――――――――――――― 17
　② 配転との基本的な相違 ――――――――――――――― 18
　③ 二重の労働関係 ―――――――――――――――――― 19
　④ 出向命令権の根拠と限界 ――――――――――――― 20
5　転　籍 ―――――――――――――――――――――― 21
　① 転籍とは ――――――――――――――――――――― 21
　② 転籍の要件―労働者の同意 ――――――――――――― 21
6　企業再編成に伴う労働契約の承継 ――――――――― 23
　① 企業再編成の類型 ―――――――――――――――― 23
　② 合　併 ――――――――――――――――――――― 23
　③ 会社分割 ―――――――――――――――――――― 24
　④ 事業譲渡 ―――――――――――――――――――― 28
7　労働者派遣 ―――――――――――――――――――― 29
　① 労働者派遣とは ――――――――――――――――― 29
　② 労働者派遣法による規制 ――――――――――――― 30

③ 紹介予定派遣 ──────────────── 37
　　　④ 労働者派遣と請負・業務委託との区別 ──── 38
労働契約Q＆A
　■出向社員の懲戒処分は誰が行うのか　40
　■派遣労働者が年次有給休暇を請求してきたが　40
　■派遣労働者に企画業務型裁量労働制を適用できるか　41

第2章　採　用

　1　雇入れに際しての法の規制 ──────────── 44
　　　① 労働条件の明示 ──────────────── 44
　　　② 違約金と賠償予定の禁止 ────────────── 46
　　　③ 国籍等による差別的取扱いの禁止 ─────── 48
　　　④ 性による差別的取扱いの禁止 ──────────── 48
　　　⑤ 採用の自由と雇用対策 ──────────────── 51
　2　雇入れの手順 ─────────────────── 52
　　　① 労働契約成立の時点 ────────────────── 52
　　　② 採用内定とその取消し ──────────────── 53
　　　③ 契約書と誓約書 ──────────────────── 54
　3　労働契約に付随する特約 ──────────── 55
　　　① 身元保証契約 ─────────────────── 55
　　　② 身元保証金の特約 ────────────────── 57
　　　③ 貯蓄契約 ───────────────────── 58
　　　④ 社宅使用の特約 ──────────────────── 60
労働者の採用Q＆A
　■労働者と事業主の定義と各法律上の解釈は　63
　■社長の妻子は労働者といえるか　66
　■当社と労働条件の違う出向社員をどう受け入れるか　69
　■「試用期間」は就業規則でどう定めるか　72
　■臨時雇いの労働契約には期間を定めるべきか　73
　■採用後一定期間の勤務を義務づけることができるか　75
　■学費返還の請求は拒否できるか　77
　■未成年者の労働契約は親権者の同意が必要か　78

Contents

■年少者の戸籍証明書とはどんなものか　80

第3章　就業規則

1　就業規則の作成 ──────────── 82
　① 就業規則の作成義務 ─────────── 82
　② 就業規則に記載すべき事項 ──────── 83
　③ 就業規則の作成要領 ──────────── 84
　④ 就業規則の作成変更手続 ────────── 85
2　就業規則の法的性格 ──────────── 89
　① 就業規則の定めによって労働条件を決定するルール ── 89
　② 効力発生の要件と時期 ────────── 94
　③ 適用される労働者の範囲 ─────────── 96
　④ 解釈運用上の注意点 ──────────── 97

就業規則Q＆A
■「労働者の意見聴取」はどの程度まで必要か　99
■作成当時の労働者が大半退職している場合の就業規則の効力は　101
■「退職に関する事項」は就業規則にどの程度書く必要があるか　102

第4章　労働時間

1　労働時間とは ───────────── 106
　① 労働時間の定義 ───────────── 106
　② 拘束時間と実労働時間 ─────────── 106
　③ 手待時間 ──────────────── 107
　④ 本務以外の労働 ────────────── 108
　⑤ 労働者の自発的な残業 ────────── 109
　⑥ 小集団活動などの時間 ──────────── 110

2 労働時間に関する規制 —————————————— 111
  1 労働時間の適正把握についての基準 —————— 111
  2 法定労働時間 ————————————————— 113
  3 変形労働時間制 ———————————————— 114
  4 労働時間の特例 ———————————————— 128
  5 労働時間等の適用除外 ————————————— 128

3 労働時間の計算 ———————————————— 129
  1 入門時刻と始業時刻が異なる場合 ——————— 129
  2 事業場を異にする場合 ————————————— 130
  3 事業場外のみなし労働時間制 ————————— 130
  4 専門業務型裁量労働制 ————————————— 132
  5 企画業務型裁量労働制 ————————————— 133

4 時間外労働の管理 ——————————————— 137
  1 時間外労働が許される場合 ——————————— 137
  2 三六協定の協定当事者 ————————————— 139
  3 三六協定の内容 ———————————————— 142
  4 協定で定める労働時間の延長の限度等に関する基準 — 143
  5 時間外労働を命ずべき根拠 ——————————— 147
  6 割増賃金の支払い ——————————————— 150
  7 過重労働による健康障害・メンタルヘルス対策と使用者の安全配慮義務 —————————————— 150

5 年少者及び女性の労働時間等 ————————— 151
  1 年少者の労働時間等 —————————————— 151
  2 女性の労働時間等 ——————————————— 152
  3 妊産婦の労働時間等 —————————————— 153

6 休憩時間の取扱い ——————————————— 154
  1 休憩の意義と与え方 —————————————— 154
  2 休憩時間の長さ ———————————————— 154
  3 休憩時間の位置 ———————————————— 155
  4 一斉休憩の原則と例外 ————————————— 155
  5 自由利用の原則と外出制限 ——————————— 156

7 労働時間等の基準の適用除外 ————————— 157
  1 管理監督の地位にある者の範囲 ———————— 157
  2 機密の事務を取り扱う者の範囲 ———————— 161
  3 監視・断続的労働に従事する者 ———————— 161

Contents

　　④ 宿日直勤務に従事する者 ─────────── 163

労働時間の管理Q&A
- フレックスタイム制での労働時間に過不足が生じたら　166
- １年単位の変形労働時間制、中途入退職の際の扱いは　167
- 対象期間中の労働時間の特定は　168
- 出張中の労働時間や旅行時間をどう取り扱うべきか　170
- 直行労働の場合、現場到着までの時間は労働時間か　173
- 遅刻時間を時間外労働に振り替えられるか　174
- 三六協定はなぜ有効期間を制限しないのか　175
- 三六協定はいつ効力─違法に時間外労働等を行うこと─が発生するか　176
- 三六協定は締結組合以外の組合員や非組合員にも効力が及ぶか　177
- 講習会の受講時間は「時間外労働」となるか　178
- ＱＣ活動等には、割増賃金は不要と思うが　179
- 昼休みに交替で勤務させるにはどうするか　180

第5章　休　日

1　休日とは ───────────────────── 184
2　週休制と休日の与え方 ───────────── 184
　　① 週休制の原則 ─────────────── 184
　　② 変形休日制 ─────────────── 185
　　③ 休日労働 ───────────────── 185
3　暦日休日制の原則と例外 ──────────── 186
　　① 暦日休日制の原則 ─────────────── 186
　　② 継続24時間で足りる場合 ─────────── 186
4　休日の特定と振替 ───────────────── 187
　　① 休日特定の意義 ───────────────── 187
　　② 休日振替の方法 ───────────────── 187
　　③ 休日振替と代休の相違 ─────────── 188
　　④ 一昼夜交替勤務及び自動車運転者の場合 ──── 189
　　⑤ 旅館業の場合 ───────────────── 189

5　週休以外の休日の取扱い ─────── 189
休日の管理Q＆A
■休日の慰安旅行への参加を強制できるか　191
■休日のアルバイトを禁止できるか　192
■週休2日制の場合の休日労働の取扱いはどうするか　194
■休日によって割増率を変えたいが　195
■祝日と日曜日が重なった場合の月曜日は休日とすべきか　196
■旅館業で暦日制によらず休日を与えてよいか　197

第6章　休暇、休業等

1　労基法上の休暇 ──────────── 200
　1　休暇等の種類 ──────────── 200
2　年次有給休暇 ──────────── 200
　1　年次有給休暇の意義と権利の発生要件 ─── 200
　2　出勤率の取扱い ─────────── 202
　3　年次有給休暇付与の基準日統一 ────── 206
　4　年次有給休暇の分割付与 ──────── 207
　5　年次有給休暇権の性格 ─────────── 208
　6　使用者の時季変更権 ─────────── 208
　7　年次有給休暇の使途等に関する取扱い ─── 210
　8　年次有給休暇の計画的付与 ─────── 213
　9　年次有給休暇の半日付与と時間単位年休 ── 214
　10　年次有給休暇取得を理由とする不利益取扱いの禁止 ─ 216
　11　比例付与 ──────────────── 217
3　産前産後の休業 ─────────── 219
　1　産前産後の休業 ─────────── 219
　2　出産日の遅れた場合の産前休業の取扱い ── 219
　3　死産、早産等の場合の取扱い ────── 219
4　生理日の休暇 ──────────── 220
5　育児時間 ───────────────── 221
　1　育児時間の意義 ─────────── 221

Contents

  ② 育児時間の与え方 ──── 221
6 公民権行使に必要な時間 ──── 222
  ① 公民権行使の保障 ──── 222
  ② 「公民としての権利」の範囲 ──── 222
  ③ 「公の職務」の範囲 ──── 223

休暇、休業等の管理Q＆A
■欠勤の年次有給休暇への振替要求を拒否できるか　224
■当日になって請求した年次有給休暇は拒否できるか　225
■退職直前でも年次有給休暇を与えなければならないか　227
■退職者の年次有給休暇の買上げは許されるか　228
■定年後の嘱託雇用と「継続勤務」の取扱い　229
■年次有給休暇の分割付与は　230
■パートタイム労働者にも年次有給休暇を与えなければならないか　231
■子供を託児所に預けに行くために遅刻する時間も育児時間か　232
■生理休暇を欠勤扱いとして皆勤手当をカットしてもよいか　234

第7章　賃　金

1 賃金に関する規制の概要 ──── 236
2 賃金の支払い ──── 237
  ① 賃金支払方法の5原則 ──── 237
  ② 賃金の口座振込み等による支払い ──── 239
  ③ 賃金計算上の端数処理 ──── 241
3 ノーワーク・ノーペイの原則 ──── 242
  ① 一般的な考え方 ──── 242
  ② ストライキの場合の賃金カットの取扱い ──── 243
  ③ 遅刻、早退3回で1日分の賃金を減額する取扱い ──── 244
4 休業手当 ──── 244
  ① 休業手当の性格 ──── 244
  ② 使用者の帰責事由の限界 ──── 245

3 争議行為の場合 ─────────── 246
　5 割増賃金 ───────────────── 247
　　　1 割増賃金の計算方式 ──────── 247
　　　2 割増賃金の基礎とすべき賃金の範囲 ── 247
　　　3 割増賃金の時間当たり単価の算出方法 ── 248
　　　4 改正法による割増率の引上げ ──── 249
　　　5 代替休暇制度の導入 ──────── 250
　　　6 中小企業に対する適用猶予 ──── 251

賃金Q＆A
　■賃金の範囲はどこまでか　253
　■不況対策として管理職の賃金カットはできるか　254
　■賃金控除協定の手続はどうしたらよいか　256
　■不就業の場合の賃金カットはどのようにすればよいか　257
　■ストライキの場合、月決めの諸手当もカットできるか　258
　■妻子に賃金を支払ってもかまわないか　259
　■妹の結婚費用は非常時払いの対象か　260
　■残業手当を一律に決める場合の注意点は　261
　■昼食代の支給は割増賃金の算定基礎に入るか　262
　■荒天作業手当は割増賃金の算定基礎に入るか　263
　■生産奨励手当は割増賃金の算定基礎に入れるか　264
　■不払いの割増賃金は何年分遡及請求できるか　265
　■自発的な残業にも割増賃金を支払うのか　266

第8章　懲戒処分

　1 懲戒権の根拠と限界 ─────────── 268
　　　1 懲戒権の根拠 ─────────── 268
　　　2 懲戒権の限界 ─────────── 269
　2 懲戒処分の種類とその留意点 ─────── 273
　　　1 戒告または譴責 ──────────── 274
　　　2 減　給 ───────────────── 274
　　　3 出勤停止 ──────────────── 275
　　　4 降　格 ───────────────── 277

Contents

 ⑤ 懲戒解雇—————————————————277
懲戒処分Q＆A
 ■労基署長に対する解雇予告除外認定申請が認められない場合でも懲戒解雇扱いにできるか　282
 ■労働者の私生活上の行為が原因で懲戒権を発動することができるか　283
 ■無断欠勤相当額を賃金から差し引くのは減給の制裁か　288
 ■出勤停止処分の日数に制限はないか　288
 ■出勤停止とは自宅謹慎まで義務づけるのか　290

第9章　解雇、退職

1　労働契約の終了原因—————————————294
 ① 解雇と退職の相違—————————————294
 ② 有期労働契約の雇止め————————————295
 ③ 定年・休職期間の満了————————————299
2　解雇に関する保護規定等————————————300
 ① 解雇は自由か———————————————300
 ② 法令による解雇制限—————————————302
 ③ 労働協約または就業規則に違反する解雇—————307
3　解雇の手続————————————————310
 ① 解雇の意思表示の方法————————————310
 ② 解雇通知の効力発生時期———————————310
 ③ 解雇予告制度———————————————311
 ④ 解雇予告制度の例外—————————————312
4　経歴詐称と懲戒解雇の問題点———————————315
 ① 懲戒解雇の対象となる理由———————————315
 ② 詐称した経歴の内容による差異—————————317
 ③ 経歴詐称と採用後の勤務態度などとの関係—————319
5　退職の手続等————————————————319
 ① 退職の種類————————————————319
 ② 任意退職の場合の申出期間———————————320

③ 合意退職の場合 ——————————— 320
　　　④ 辞表は撤回できるか ——————————— 321
　　　⑤ 懲戒解雇該当者の退職願の効力 ——————————— 322
　6　解雇、退職に伴う整理等 ——————————— 323
　　　① 労使おのおのの義務 ——————————— 323
　　　② 金品の返還 ——————————— 324
　　　③ 退職時等の証明 ——————————— 325
　　　④ ブラックリストの交換禁止 ——————————— 325
　　　⑤ 社宅の明渡し ——————————— 326
　7　退職金の支払い ——————————— 327
　　　① 退職金は賃金か ——————————— 327
　　　② 支払時期と受給権者 ——————————— 327
　　　③ 退職金規程の解釈 ——————————— 328
　　　④ 退職金債権が譲渡された場合の支払いの相手方 ——————————— 328

解雇、退職Q＆A
　■本意でない退職願も効力が生ずるのか　330
　■解雇予告中に業務上の交通事故にあった場合、予告の効力発生日はいつになるか　332
　■交通事故で禁錮刑を受けた労働者を懲戒解雇できるか　333
　■社員が寮から外出中に行方不明、解雇の方法はどうするのか　337
　■自己都合退職の場合の退職金は会社都合退職の半額とすることができるか　340
　■死亡した労働者の退職金受給者は誰か　341
　■退職者には必ず7日以内に賃金を精算すべきか　342

裁判例索引 ——————————— 344
行政通達索引 ——————————— 349

法令名等の略語

労基法……労働基準法
労契法……労働契約法
労組法……労働組合法
安衛法……労働安全衛生法
労災保険法……労働者災害補償保険法
労働者派遣法（または派遣法）……労働者派遣事業の適正な運営の確保及び派遣労働者の保護等に関する法律
高年齢者雇用安定法……高年齢者等の雇用の安定等に関する法律
障害者雇用促進法……障害者の雇用の促進等に関する法律
男女雇用機会均等法……雇用の分野における男女の均等な機会及び待遇の確保等に関する法律
育児・介護休業法……育児休業、介護休業等育児又は家族介護を行う労働者の福祉に関する法律
賃金支払確保法……賃金の支払の確保等に関する法律
承継法……会社分割に伴う労働契約の承継等に関する法律
身元保証法……身元保証ニ関スル法律
発基……労働基準局関係の事務次官通達
基発……労働基準局長通達
基収……労働基準局長が疑義に答えて発する通達
基監発……労働基準局監督課長通達
婦発……婦人局長通達
婦収……婦人局長が疑義に答えて発する通達
労収……労政局長が疑義に答えて発する通達
労基署長……労働基準監督署長

第1章

労働契約の概念

1 労働契約とは何か

1 労働契約は合意で成立する

　近代社会においては、中世の領主と農奴の関係、大名と家臣の関係のような身分関係は否定され、何人も自己の自由な意思によって結ばれた契約のみに拘束され、契約以外に他人の拘束を受けないという大原則が打ち立てられています。

　労働者は、使用者の指揮命令のもとに労働を提供し、その対価として、使用者は労働者に賃金を支払います。民法や労働基準法(以下「労基法」といいます。)は、労使のこのような関係を契約であるとしています。つまり、採用が決定したときに、「働く」という応募者の意思と、「働いてもらう」という会社の意思が合致して労働することを内容とする契約が成立し、その契約が労使双方に権利を与え義務を課す根拠になっていると理解されます。

　この契約を民法では「雇用契約」といい(623条)、労基法(13条以下)及び労働契約法(以下「労契法」といいます。1条以下)では「労働契約」と呼んでいます。

2 労基法と労契法

　民法は両当事者が対等の立場にあることを想定しているものですが、労働関係においては、「使用従属関係」と表現されるように労使当事者間に実質的な格差があるところから、歴史的にも、民法の契約自由の原則に修正する形で労基法をはじめとする労働諸法制が立てられてきました。労契法もまた、労使間の自主的な決定を尊重しつつも、同時に、労働者の保護の目的を図りつつ、個別の労働関係の安定に資することを目的とする民事法であり、民法の特別法です(同法1条)。

労契法の制定までは、労働条件の最低基準を使用者に対して罰則をもってその履行を強制する労基法を中心に各種の関係法令が整備されました。一方、労働契約の労使当事者間の権利義務関係については、労基法や民法等の一般的な契約ルールによるほか、法律で明確に定められていない事項については、裁判例の積み重ねによって形成されたいわゆる「判例法理」に委ねられてきました。すなわち、使用者・労働者間の権利義務に関する民事法はなかったのです。

　しかし近年、労働関係が個別化・多様化し、そこで生ずる労使間紛争の多発傾向に対応するためには、判例法理を法制化して民事的な労働関係に関するルールとする必要性が求められました。また、元来監督指導を前提とする取締法規である労基法に、労働契約の民事的効力に関する規定はなじまないものと考えられてきたところから、基本原則と確立した判例法理の法文化を中心として、平成19年12月に労契法が公布され、翌20年3月1日より施行されたのです。

3　労働契約を締結・変更するときの基本原則（合意）

　労契法1条は、この法律の目的として、「労働者及び使用者の自主的な交渉の下で、労働契約が合意により成立し、又は変更されるという合意の原則」という文言により、労働契約にも、契約自由の原則、合意原則という契約一般のルールが妥当することをまず確認しています。また、同法は一貫して、労働契約は合意が基本であることを強調しています。すなわち、総則の3条1項で基本原則として労働契約の締結・変更の際の合意原則を定め、さらに各論において、労働契約締結に当たって労働条件を決定する場面、労働条件を途中で変更する場面でも、それぞれ合意原則を定めています（6条、7条、8条）。

4　労働契約の期間

(1) 契約期間の意義

　労働契約を契約期間の面からとらえてみると、「期間の定めのない契約」と「期間の定めのある契約」(有期労働契約)に分けられます。

　労働者は普通、「期間の定めのない契約」で雇われているので、とくに期間の定めがあることが明示されない限り、期間の定めのない労働契約が結ばれたものと解されます。

　期間の定めのある契約は、原則としてその期間中、労働者は労働する契約上の義務を負い、また、使用者側においてもその期間中は労働させる契約上の義務を負うことになります。そしてとくに「やむを得ない事由」のない限り、途中で退職したり解雇したりすることが認められず、これに違背すれば損害賠償を請求される関係になります。

　その限りで、労働者は退職、転職の自由が拘束されることとなります。

(2) 契約期間の上限

　そこで労基法では、契約期間を定める場合は、その最高を「1年」と制限しましたが、有期労働契約を締結する労働者の多くが契約更新を繰り返すことにより、一定期間継続して雇用されている現状や有期労働契約が労使双方から良好な雇用形態の一つとして活用されるようにするため、平成16年1月からこれを「3年」に延長しました。なお、この改正に伴い、1年を超える労働契約を締結した労働者は、その労働契約が1年を経過した日以後は、とくに「やむを得ない事由」がなくても、いつでも退職を申し出ることができるという暫定的な規定が設けられることとなりました(労基法137条、改正附則3条)。

　この労働契約の期間の制限には、以下のような三つの例外が定められています。

　その第一は、一定の事業、例えば、ダム建設工事などのように3年以上の期間を必要とする事業について「事業の完了が予定されている場合に、その事業が完了するまでに必要な期間を定めること」は差し支えないこと

とされています。

　その第二は、職業能力開発促進法に基づく認定職業訓練を行う場合です。都道府県労働局長の許可を条件に、訓練期間に応じた契約期間を定めることが認められています（労基法70条、71条）。

　その第三は、高度の専門的知識等を有する労働者で、かつ、高度の専門的知識等を必要とする業務に就く者と満60歳以上の労働者については契約期間の上限を5年間とすることができます。

　この高度の専門的知識等を有する労働者に関する基準は厚生労働大臣が定めることとされており、以下のとおり定められています（平15.10.22厚生労働省告示356号、改正：平20.11.28厚生労働省告示532号）。

① 博士の学位（外国において授与されたこれに該当する学位を含む。）を有する者
② 次に掲げるいずれかの資格を有する者
　イ　公認会計士
　ロ　医師
　ハ　歯科医師
　ニ　獣医師
　ホ　弁護士
　ヘ　一級建築士
　ト　税理士
　チ　薬剤師
　リ　社会保険労務士
　ヌ　不動産鑑定士
　ル　技術士
　ヲ　弁理士
③ 次のいずれかの能力試験合格者
　イ　システムアナリスト試験合格者
　ロ　アクチュアリー資格試験合格者
④ 次のいずれかに該当する者

第1章　労働契約の概念

イ　特許法2条2項に規定する特許発明の発明者
　　ロ　意匠法2条2項に規定する登録意匠を創作した者
　　ハ　種苗法20条1項に規定する登録品種を育成した者
　⑤　次のいずれかに該当する者で、労働契約の期間中に支払われることが確実に見込まれる賃金額を1年当たりの額に換算した額が1,075万円を下回らないもの
　　イ　一定の学歴及び実務経験(注1)(注2)を有する次の者
　　　(イ)　農林水産業の技術者
　　　(ロ)　鉱工業の技術者
　　　(ハ)　機械・電気技術者
　　　(ニ)　建築・土木技術者
　　　(ホ)　システムエンジニア
　　　(ヘ)　デザイナー
　　ロ　システムエンジニアとして5年以上の実務経験を有するシステムコンサルタント
　⑥　国、地方公共団体、一般社団法人または一般財団法人その他これらに準ずるものにより、その有する知識・技術・経験が優れたものであると認定されている者（前記①～⑤に準ずる者として厚生労働省労働基準局長が認めた者に限る。）

　以上のように、3年を超える長期契約の締結には制限が設けられていますが、3年を超えない契約においては特別な制限は設けられていません。

(3) 契約期間についての使用者の配慮
　有期労働契約の問題は、とくにその終了場面である「雇止め」において、労使間のトラブルを発生しやすいものです。労契法では、契約期間中の雇

(注1) 学歴及び実務経験の要件
　　　大学卒＋実務経験5年以上
　　　短大・高専卒＋実務経験6年以上
　　　高卒＋実務経験7年以上
(注2) 学歴の要件は、大学等で就こうとする業務に関する学科を修めて卒業することが必要。

用保障を明確に定め、契約期間は必要以上に短い期間を定めることにより労働契約の反復更新をすることのないよう使用者に配慮を求める規定を置いています（同法17条2項）。

5　有期労働契約の問題と労契法

（1）雇用の不安定さと格差の問題

　近年、雇用形態の多様化が進み、派遣労働者、パートタイム労働者など「期間の定めのある労働者」（有期契約労働者）の割合が、労働者全体の3割を超えている現状にあります。これら有期契約労働者は雇用の調整弁として利用されてきた背景もあり、賃金などの労働条件や処遇が正社員より低い水準に設定されることが多く、また、契約期間満了時点で雇止めされることによって労使間のトラブルを惹起する傾向が強いといえます。非正規労働者の雇用の不安定さと正規労働者との格差の問題は、現下の我が国において、労働問題の喫緊の課題となっています。このため、労契法は、とくに有期労働契約の終了場面を中心とするルールを明確にし、それに関するトラブルを未然に防止することを目的の一つとして制定されたといっても過言ではありません。すなわち、同法では、期間途中の解雇について、「やむを得ない事由がある場合でなければ、その契約期間が満了するまでの間において、労働者を解雇できない」（17条1項）と明文化しました。同項は、契約期間中の雇用保障が原則であることを強調したものと解されていますが、問題は、さらに深刻であり、困難です。

（2）労契法の改正による有期労働契約ルールの明確化

　反復更新される途中で生じる「雇止め」による雇用の不安定さや有期雇用であるがゆえの不合理な労働条件を改善するために、労契法の改正が行われ、平成25年4月1日から全面施行されました。主な改正点は、①通算5年を超える有期労働契約の無期労働契約への転換（18条）、②反復更新された有期労働契約への判例法理の適用（19条）、③有期労働契約であることを理由とする不合理な労働条件の禁止（20条）です。

①の「無期労働契約への転換」は、同一の使用者との間で、有期労働契約が通算で5年を超えて繰り返し更新された場合は、労働者の申込みにより、無期労働契約に転換するものです。有期労働契約の濫用的な利用を抑制し、雇用の安定を図ることを目的としています。

- 契約期間を通算した期間（通算契約期間）のカウントは、平成25年4月1日以後に開始する有期労働契約が対象です。同年3月31日以前を契約の初日とする有期労働契約は、通算契約期間に通算しません。
- 「申込み」は、労働者の権利（無期転換申込権）であり、申込みをするかどうかは労働者の自由です。申込みをすると、使用者が申込みを承諾したものとみなされ、無期労働契約がその時点で成立します。
- 無期転換申込権が発生するには、「同一の使用者」について「2以上の有期労働契約」の通算契約期間が5年を超えることが要件です。これに関連して、有期労働契約が複数回更新される際に、有期労働契約と有期労働契約の間に契約をしない期間（無契約期間）を設けた場合の期間の通算方法について、労契法18条2項はルールを定めました。

  すなわち、同一の使用者との間で、ある有期労働契約（複数の連続した有期労働契約を含む。）と次の有期労働契約との間に、原則として6か月以上の無契約期間があった場合には、契約期間の通算がリセット（クーリング）され、この無契約期間の後の有期労働契約から、通算契約期間のカウントが始まるとするものです。
- 無期労働契約の労働条件は、別段の定めがない限り、直前の有期労働契約と同一となります。例えば、時給1,000円、週3日勤務としていた1年契約を更新し続けて5年を超えた場合、無期転換の結果は原則として時給・勤務日は変わらず、「1年契約」という期間の定めのみがなくなります。ただし、無期労働契約への転換に当たり、従前の有期労働契約から労働条件を変更することについて、労働協約、就業規則及び個々の労働者との個別の合意によって、適法に「別段の定め」をした場合には、期間以外の労働条件を変更することが可能です。
- この制度で注目すべきは、要件を満たせば労働者の申込みだけで無期労働契約への転換を認めるという、従来の法制にはない画期的な制

度を導入したことです。と同時に、労働者が、現実に置かれた環境のなかで、この制度を自らの権利として積極的に行使する勇気をもつかどうかがきわめて重要だということです。また、使用者が5年の有期雇用満了直前に、一律に更新を拒否することは生じないか、就業規則上の雇用期間を5年以内とすることはないか等、将来の事態が懸念されるところです。

- 施行通達では、無期転換申込権の放棄について、以下のとおり述べています（平24.8.10基発0810第2号、改正：平24.10.26基発1026第1号）。

 「無期転換申込権が発生する有期労働契約の締結以前に、無期転換申込権を行使しないことを更新の条件とする等有期契約労働者にあらかじめ無期転換申込権を放棄させることを認めることは、雇止めによって雇用を失うことを恐れる労働者に対して、使用者が無期転換申込権の放棄を強要する状況を招きかねず、法第18条の趣旨を没却するものであり、こうした有期契約労働者の意思表示は、公序良俗に反し、無効と解されるものであること」

- なお、この無期転換申込権は、科学技術の研究者等及び大学の教員等の場合について、関係法令の改正により、「有期5年」で無期転換となるところを、特例として「有期10年」に延長されました[注3]。

②の「有期労働契約の雇止め」については、**第9章**で解雇と関連して述べます。

③の「不合理な労働条件の禁止」は、同一の使用者と労働契約を締結している、有期労働者と無期労働者との間で、期間の定めがあることにより不合理に労働条件を相違させることを禁止するルールです。雇止めの不安があることによって、不合理な労働条件を受け入れてしまいがちな有期契

（注3）前述の契約期間の上限が5年とされた高度の専門的知識等を有する有期契約労働者及び定年後に有期労働契約で継続雇用される高年齢者については、特例を設ける特別措置法案が国会へ提出されています（平成26年9月1日現在）。

約労働者の存在が指摘されていることを踏まえて、有期労働契約の労働条件を設定する際のルールを法律上明確化したものです。

・　労契法20条は、有期契約労働者と無期契約労働者の労働条件が相違する場合に、その相違について、職務の内容（業務の内容及び業務に伴う責任の程度）、当該職務の内容及び配置の変更の範囲（今後の見込みも含め、転勤、昇進といった人事異動や本人の役割の変化など（配置の変更を伴わない職務の内容の変更を含む。）の有無や範囲）、その他の事情（合理的な労使の慣行等）という三つの要素を総合的に考慮して、期間の定めのあることを理由とする不合理なものと認められるものであってはならないとするものです。したがって、例えば、定年後に有期契約労働者として継続雇用された者の労働条件が、定年前の他の無期契約労働者の労働条件と相違しても、直ちに不合理と認められることにはならないのです。

2　業務命令権

1　業務命令権の根拠

　使用者は業務命令権をもっているといわれていますが、その根拠や範囲を検討してみましょう。

　一般に業務命令といわれるものは、就業に関する使用者の指揮命令だといってよいでしょう。所定労働時間中であっても、いかなる労働にどの程度服務すべきかは、使用者の具体的命令によってはじめて決まるといってよいわけです。結局、労働契約というものは、細かい仕事の内容などは決めないで、「使用者の指揮命令に従って就労する」という内容になっているわけで、この労働契約を根拠として業務命令が発せられるのだと考えて

よいでしょう。

　どんな機材を使い、どの程度の精度の製品をどのくらいのスピードで生産したらよいか、あるいは、どのような服装でどのような接客態度で商品を販売するかなどは、いずれも企業内で確立された職制を通じて行われる業務命令によって指揮され、契約上の義務として、労働者はこの命令に従うわけです。理由もなく業務命令に従わない場合は、その違反の程度に応じて懲戒されたり、契約の解除（解雇）をされることになります。

2　業務命令の限界

　もちろん、業務命令といえども、違法なものは拘束力をもたないと解されていますし、また、契約の趣旨や労働慣行に反する業務命令も拘束力をもたないと考えられます。

　違法な業務命令としては、例えば、犯罪行為の実行を命令する場合があげられますが、このほかには次のような労基法の規制があります。

　すなわち、強制労働の禁止（労基法5条）、危険有害業務の就業制限（労基法62条、64条の3、安衛法61条）、病者の就業禁止（安衛法68条）、年少者や女性の坑内労働の禁止・制限（労基法63条、64条の2）、年少者の深夜業の禁止（労基法61条）、徒弟の酷使の禁止、技能の習得を目的とする労働者の家事その他技能習得に関係ない作業への使用禁止（労基法69条）があり、これに反する業務命令は違法な命令として、拘束力をもたなくなると解されます。

　契約との関係では、生命の危険がある労働への従事命令があげられます。どの程度の危険があるかによって異なってくるでしょうが、安衛法で定める措置基準に反するなど生命の危険性がきわめて高いものであれば、これについては業務命令が拘束力をもたなくなると考えるべきでしょう（昭43.12.24最高裁第三小法廷判決、電電公社千代田丸事件）。

3 超過労働命令

次に、業務命令のなかでも超過労働命令、いい換えれば、休日労働命令、時間外労働命令、宿日直勤務命令について取り上げてみましょう。

これらの場合は、契約上、労働義務の課せられていない休日や時間外における労働の要求であり、その限りにおいてその都度労働契約の変更が行われるとみるべきだという考え方も成り立ちますが、労働契約はそれほど狭いものとみるべきでなく、時間外労働や休日労働も労働契約に基づく使用者の業務命令で命じ得るとの合意が包括的に成立していると解したほうが実情に合致すると考えられます。

労働契約の内容になるとみられている就業規則の規定をみても、一般に時間外労働や休日労働を命ずることがある旨の規定が設けられており、時間外労働や休日労働の命令権が労働契約上、あらかじめ確保されていると解されます。

4 超過労働命令の限界

ところで、時間外労働、休日労働、宿日直勤務等の超過労働が使用者の契約上の指揮命令権に属する業務命令であるとした場合、これに従わない労働者はすべて義務違反とみられるかというとそうではありません。労働者の側に正当な事由があれば（例えば組合活動に従事するなど）、超過労働命令を拒否できるわけです。

また、これらの超過労働命令は、通常の労働義務を超えた労働命令ですから、一般に契約または就業規則に定められた条件に従うことが要求されますし、また、労基法による労働時間の制限との関係が問題になってきます。

まず、労基法の規定との関係を考えてみると、労働時間は、原則として休憩時間を除き1週40時間、1日8時間が限度とされ、休日は週休が原則とされています（労基法32条、35条）。これを超える労働、すなわち1日8時間あるいは1週40時間を超える労働、週休日の労働は、労使協定の範囲（同法36条）で、または非常災害の場合（同法33条）に認められます。

年少者については、非常災害の場合を除き、一切の時間外、休日労働が禁止（同法60条）されています。

以上の労基法の制限規定に従わない違法な超過労働命令は、労働者を拘束する力がありません。したがって、命令違反を理由として懲戒の措置をとることはできないと解されます。例えば、労使協定が法定のとおり結ばれていないのに1日8時間を超える時間外労働を命じた場合は、違法な超過労働命令であるという理由で労働者はこの命令を拒否しても差し支えないこととなります（同旨、昭25.10.10 東京地裁決定、宝製鋼所事件）。

法令の規定に抵触しない超過労働命令も労働契約、就業規則、労働協約などに違背するものであれば、やはり、労働者に対する拘束力をもたないと解されます。

そもそも所定労働時間を超えて労働を命じ得る根拠は、労働契約にあるわけですから、その契約に定める条件に従わなければならないのは当然といえます。したがって、例えば、法定より短い1日7時間を所定労働時間とする会社では、法定の8時間に達するまでの1時間の残業は、法令の範囲内での残業となり本来自由に残業を命じ得るものですが、この残業についても就業規則で、例えば、労使協定を結んだうえで命ずるという趣旨の規定があるにもかかわらず、協定がないときに出された残業命令は、労働者に対する拘束力をもたないこととなります。

5 業務命令と誠実履行、権利の濫用

(1) 労働者の誠実履行義務

業務命令一般の問題に返ってみると、業務命令については契約の一般原則として労働者は誠実に履行すべき義務があります（民法1条2項）。

業務命令は、一般に作業の実情に応じて比較的具体的に指示されますが、それでもなお完全な労働の遂行については、労働者の積極的協力が期待される分野が多いわけです。そこで、労働者は、その職務を遂行するに当たっては、できるだけ企業目的に寄与、貢献するよう十分な注意を払い、信義誠実の原則に従って就労する義務を負うと考えられています。この原則は、

労基法及び労契法にも規定されています（労基法2条2項、労契法3条4項）。

これは「誠実履行義務」とも呼ばれていますが、例えば、自分の担当している機械が故障した場合は、自ら補修するか、または上司にすみやかに連絡して補修を受けるなどの措置をとる義務があるわけです。それは職務の内容、職務上の地位などによってその程度が異なるので、これらを総合的に勘案して、それに要求される誠実履行義務がなされたか否かが検討されます。

(2) 権利濫用の禁止

契約当事者は、契約に基づく権利を濫用してはならないことも、契約の一般原則です（民法1条3項）。労契法では、労働契約の各場面（例えば、人事異動、懲戒、解雇など）において権利を濫用してはならないことを基本原則として明文化しています（同法3条5項）。

3 配転・業務転換命令権

1 配転命令の根拠

配置転換（配転）命令権、業務転換命令権という権利が果たして使用者にあるのでしょうか。労働契約のなかにその根拠を見出すことができるでしょうか。旋盤工とかプレス工といった業務の種類や勤務場所は、通常雇入れに当たって労働者に知らされています。労基法でも「就業の場所及び従事すべき業務」を雇入れ時に明示すべきことを規定しています（労基法15条、労基法施行規則5条）。

雇入れに当たって、労働契約でこのように勤務場所と従事すべき職種が

決められれば、一見これを使用者が一方的に変更することはできず、少なくとも相手方労働者の承諾がなければできないと解釈されそうです。

しかし、近代的企業にあっては、経営の合理的運営の観点から雇い入れた労働者を使用者の責任において適材適所に配置し、組織づける必要がありますし、雇われる側においても、雇入れ当時の勤務場所及び職種が未来永劫不変のものであるとは認識しておらず、将来については、企業の必要性に応じて職種変更や配転させられる可能性のあることを理解している場合が多いというのが実態と思われます。

この点についても、一般的に就業規則のなかに、業務の必要により職務の変更、配転等を行うことがある旨の規定が設けられている場合が多く、このような場合には業務転換、配転等の命令に服する義務が労働契約上あらかじめ包括的に合意されているものと解されます。

これは、多くの労働契約が、終身雇用といわれるように、長期の継続的契約関係であること、企業運営は流動的に行われる実態にあることなどから、労働契約の趣旨と労働関係の慣行から認められるものであると思われます。したがって、積極的に配転をしない、業務転換はさせないという特別の約束を取り交わしていれば、これに拘束されることになりますが、このような特約が行われていなければ、一般的には企業の配転命令権、業務転換命令権を承認して雇われたと解される場合が多いと思われます。

2 配転命令の限界

配転や業務転換が不当労働行為（労組法7条）あるいは国籍・信条・社会的身分による差別的取扱い（労基法3条）等を禁止した強行法規に抵触すれば、その命令は無効となるほか、就業規則や労働協約に配転等を制限する規定があればこれに反してはならないことは当然です。また、強行法規や就業規則・労働協約等に触れないとしても、使用者が一方的、恣意的に行う配転命令は、信義則違反あるいは権利の濫用として無効とされる場合があります（労契法3条4項、5項）。判例としても、使用者の配転命令権の行使の是非について、企業の必要性と労働者の受ける不利益を比較

衡量し、しかもそれを実施するに際して労働者の納得を得られるよう十分誠意を尽くしたか否かを判断基準としているものが多いようです。

このような配慮を尽くしたうえでなされた配転命令については、労働者はこれに従うべき契約上の義務を負い、これを拒否して就労しないことは重大な義務違反として就業規則の規定に照らし、懲戒処分に付せられることもあり得るわけです。

例えば、71歳の母、保母である妻、2歳になる子供という家庭事情にある労働者について、広島営業所に転勤を命じ、これを拒否したことから懲戒解雇した事例について、最高裁は、「使用者は業務上の必要に応じ、その裁量により労働者の勤務場所を決定することができるものというべきであるが、転勤、特に転居を伴う転勤は、一般に、労働者の生活関係に少なからぬ影響を与えずにはおかないから、使用者の転勤命令権は無制約に行使することができるものではなく、これを濫用することの許されないことはいうまでもないところ、当該転勤命令につき業務上の必要性が存しない場合又は業務上の必要性が存する場合であっても、当該転勤命令が他の不当な動機・目的をもってなされたものであるとき若しくは労働者に対し通常甘受すべき程度を著しく超える不利益を負わせるものであるとき等、特段の事情の存する場合でない限りは、当該転勤命令は権利の濫用になるものではないというべきである。右の業務上の必要性についても、当該転勤先への異動が余人をもっては容易に替え難いといった高度の必要性に限定することは相当でなく、労働力の適正配置、業務の能率増進、労働者の能力開発、勤務意欲の高揚、業務運営の円滑化など企業の合理的運営に寄与する点が認められる限りは、業務上の必要性の存在を肯定すべきである」と判示しています（昭61.7.14最高裁第二小法廷判決、東亜ペイント事件）。

この判決は、配転命令の正当性の判断基準として、業務上の必要性、人選の合理性、手続の妥当性とともに、その配転によって労働者が被る不利益が「甘受すべき程度を著しく超えている場合には当該命令は権利の濫用」として無効となることを示したものです。

近時の社会的状況をみると、配転命令に関しての争いは、共働きのなかの遠隔地転勤や老親の介護などの事例が多く、家庭事情への配慮が人事面

で大きな問題となっています。平成14年4月施行の改正育児・介護休業法では「労働者の配置に関する配慮」が事業主の義務とされ（26条）、労契法では「仕事と家庭の調和」への配慮が規定されました（3条3項）。上記の正当性判断基準も、具体的には、ワーク・ライフ・バランスの観点から考えられるべきものと思われます。

4 出　向

1 出向とは

(1) 出向の種類

　出向というのは、普通、経営技術援助、企業相互間の技術提携、人事交流等の目的をもって、関連会社において労働者を就業させる制度であり、次の2種類があります。

　その一つは、当初勤務していた会社（出向元）の労働者としての地位をそのままにして新たに出向先の会社との間に労働契約を締結する場合で、一般に「在籍出向」と呼ばれるものです。

　もう一つは、出向元の会社における労働者としての地位を失い（退職）、新たに出向先の会社との間に労働契約を締結する場合で、一般に「移籍出向」（転籍）と呼ばれています。

(2) 在籍出向の特徴

　在籍出向の場合、一般に出向元の会社へ復帰することが保障されており、また、復帰した場合に出向期間が不利にならないよう、例えば退職金等の算定基礎となる勤続年数の取扱いなどは、出向期間も通算するなどの措置がとられている場合が多くみられます。

(3) 在籍出向と出向元への復帰

在籍出向の場合の出向元への復帰について、最高裁の判例では、「出向元が、出向先の同意を得た上、右出向関係を解消して労働者に対し復帰を命ずるについては、特段の事由のない限り、当該労働者の同意を得る必要はないものと解すべきである。けだし、右の場合における復帰命令は、指揮監督の主体を出向先から出向元へ変更するものではあるが、労働者が出向元の指揮監督の下に労務を提供するということは、もともと出向元との当初の雇用契約において合意されていた事柄であって、在籍出向においては、出向元へ復帰させないことを予定して出向が命じられ、労働者がこれに同意した結果、将来労働者が再び出向元の指揮監督の下に労務を提供することはない旨の合意が成立したものとみられるなどの特段の事由がない限り、労働者が出向元の指揮監督の下に労務を提供するという当初の雇用契約における合意自体は何らの変容を及ぼさず、右合意の存在を前提とした上で、一時的に出向先の指揮監督の下に労務を提供する関係となっていたにすぎないものというべきである」（昭60.4.5最高裁第二小法廷判決、古河電気工業・原子燃料工場事件）とし、出向元への復帰に当たって労働者の同意は必要ないとしたものがあります。

いずれにしても、出向させられる労働者の立場からみれば、出向先における労働条件や復帰後の待遇など不安定な要素が多いので、出向元と出向先との間で具体的な取決めを行い、その内容を当該労働者に明示する必要があります。

2 配転との基本的な相違

出向は、配転の取扱いと厳密に区別することなく取り扱っている例が多いようですが、法律的には大きな相違があり、その取扱いを明確に分けて処理する必要があります。

なぜかといえば、出向の場合、出向労働者は実際の労務を第三者である出向先会社に提供し、また、その指揮を受ける関係に立ちます。同じ会社内の勤務場所または業務の範囲内で転換を命ずる配転命令とは非常に趣を

異にするわけです。労働契約上の権利として、使用者が一方的に第三者のもとで労務に従事しろと命ずることが認められるかどうかということが問題となります。

この点に関連して、検討されなければならないのは、労働関係の「一身専属性」という点です。

民法は、雇用契約について一身専属性を規定し、労働者は使用者の承諾がなければ、自己に代わって第三者を労働に従事させることができず（民法625条2項）、また、使用者は、労働者の承諾がなければ、その権利を第三者に譲渡できません（同条1項）。

労働契約についても、当然この一身専属性の原則が適用になると解されているので、この原則から出向制度を考えてみると、企業内の配転とは異なり、第三者である出向先会社で労務に従事することになるので、これは相手方労働者の承諾を要件とする必要があると考えられます。また、企業内の配転命令のように、使用者が一方的に命令という形で拘束することはできないと解すべきでしょう。

この点に触れた次の裁判例は、ほぼ同じ結論をとっています。すなわち、東京地裁は、「使用者は労働契約に際し明示した労働条件の範囲を超えて当該労働者の労働力の自由専恣な使用を許すものではなく、当該労働者の承諾その他これを法律上正当づける特段の根拠なくして労働者を第三者のために第三者の指揮下において労務に服させることは許されない」（昭41.3.31 東京地裁判決、日立電子事件）と判示し、労働者の同意を得ずに行った出向命令は、これを拒否しても業務命令の違反に該当せず、命令拒否を理由に懲戒解雇をしても無効であるとしています。

3 二重の労働関係

出向という制度は、労働者の同意を得て第三者である出向先会社の労働者として勤務させる制度であるといえます。在籍出向、移籍出向とも、出向労働者と出向先会社との間に新たに労働関係が成立することになります。

移籍出向の場合には、出向元との労働関係は消滅し、出向労働者の使用

者責任はすべて出向先が負うことになります。これに対して、在籍出向の場合には、出向元の労働者としての地位を保持したまま出向先会社に労務を提供してその指揮命令に従うこととなるので、出向元と出向先との間で取決めが行われるのが通常であり、労基法上の使用者責任は、例えば賃金や解雇問題については出向元で、作業の具体的遂行、労働時間・休日・休暇、安全衛生等の問題については出向先がそれぞれ責任を負うというように、それぞれ労働関係の存在する限度で、出向元と出向先が責任を分担することとなります。

4 出向命令権の根拠と限界

　出向は、法的には、出向元が出向先へ使用者としての権利の一部を譲渡するものとみることができます。そして、出向を命じるためには、すでに述べたように、労働者の同意が必要です。この場合、どの程度の同意が必要かという点については、就業規則や労働協約に規定があることをもって包括的な同意があったとみる説、労働者がその都度同意することが必要とする説、包括的な同意に加え出向規程等で労働条件、出向期間等が定められていることを必要とする説等学説が分かれています。裁判例では、出向を命じ得る規定があるだけで当然に出向を命じ得るものではないとする一方で、出向の際に労働者の個別の同意までは求めていないとされたものがあります（平15.4.18 最高裁第二小法廷判決、新日本製鐵（日鐵運輸第2）事件）。この判決では、就業規則上の出向条項に加え、労働協約において、出向期間、出向中の社員の地位、賃金、退職金、手当等の処遇に関して、出向労働者の利益に配慮した詳細な規定が設けられていることに言及して出向命令の有効性を認めています。

　また、出向を命じることができる場合でも、使用者による出向命令が実質面で権利の濫用に当たる場合には、当該出向命令が無効となるとされています（同判決）。この判例法理を法文化したものが労契法14条です。すなわち同条は、使用者が労働者に出向を命じることができる場合において、当該出向命令が、その必要性、対象労働者の選定に係る事情その他の事情

に照らして、権利を濫用したものと認められる場合には、その出向命令は無効とすると定めています。

　労契法制定のための論議のなかでは、出向を命じるためには少なくとも個別の合意、就業規則または労働協約に基づくことが必要であることを明文化すべきであるとする意見もみられましたが、結局、出向命令権の濫用の場合には無効とする規定（14条）のみとなった経緯があります。行政通達では、「権利濫用であるか否かを判断するに当たっては、出向を命ずる必要性、対象労働者の選定に係る事情その他の事情が考慮されることを規定したもの」とされています。

5 転　籍

1　転籍とは

　転籍とは、従来雇用されていた会社との労働契約関係を解消し、新たに他の会社との間で労働契約を締結させることをいい、「移籍出向」とも呼ばれます。元の会社の退職と新たな会社への就職がセットになるという相互に条件づけられる関係にあると考えられています。転籍先での採用が決定しなければ転籍元での退職は効果をもちません。反対に、転籍元を退職しなければ転籍先での採用も効力を発生しないことになります（平5.6.11東京地裁判決、生協イーコープ・下馬生協事件、同控訴審（平6.3.16東京高裁判決）もこれを維持）。

2　転籍の要件―労働者の同意

　転籍（移籍出向）は出向（在籍出向）とともに企業間人事異動の1類型

ですが、それまでの労働契約を断ち切る点が出向と根本的に異なる点です。転籍元との労働契約関係の解消という重大な契約上の効果を生じさせるものであり、本人の同意が欠かせません。民法625条1項により、使用者は労働者の承諾がなければ、その権利を第三者に譲渡できない（一身専属性）とされているからです。したがって、出向と異なり、就業規則や労働協約等の規定による包括的合意では足りず、対象となる労働者との個別の合意が必要であるとされています（昭48.4.12最高裁第一小法廷判決、日立製作所横浜工場事件）。

　転籍は、雇用調整のために行われることがあります。この場合、労働者が転籍に個別に同意すれば問題は生じませんが、転籍を拒否し、それでも会社が一方的に転籍を命令して、これに従わなければ業務命令違反で懲戒解雇した場合は問題です。裁判例では、会社再建のために営業部門を分社化して、営業部員全員を転籍出向させた事例について、「経営上の必要から直ちに、右転籍出向命令を拒否した営業部員を業務命令違反として解雇することができるわけのものではなく、右解雇が許容されるためには……被告（会社）において営業部員全員を対象に人員整理をする業務上の必要性の程度、転籍出向命令に同意しない原告（労働者）の解雇を回避するために被告のとった措置の有無・内容、……原告の不利益の程度、……当該営業部員又は組合との間で交わした説明・協議の経緯等を総合的に判断して、本件解雇が整理解雇の法理に照らしてやむを得ないものであると認められることを要する」として、転籍命令を拒否した者を解雇するには「整理解雇4要件」を満たさなければならないとして、営業部門分社化の必要性は認めても、一方では、転籍命令拒否を理由とする解雇は無効と判断したものがあります（平7.12.25東京地裁判決、三和機材事件）。

6 企業再編成に伴う労働契約の承継

1 企業再編成の類型

　近時、企業活動を拡大・変容させる目的で、組織を柔軟に変動させる必要が高まり、これが労働者に大きな影響を与える事態が多くみられます。雇用や労働条件に直接影響を及ぼす組織変動は、合併、会社分割、及び事業譲渡です。このうち、労働契約の承継について法律による解決方法が示されているのは合併及び会社分割であり、事業譲渡については解決のための規定がありません。そのため、事業譲渡にあっては、紛争が複雑となる事例が起こりがちです。

2 合　併

　会社の合併には、A社がB社を吸収する「吸収合併」と、C社がD社と合併してE社を新設する「新設合併」とがあります。合併によって消滅する会社の権利義務は、存続会社・新設会社に包括的に承継されます（会社法750条1項、754条1項）。この包括承継によって、労働契約も当然に承継されることになります。使用者も労働者もこの承継を拒否できません。会社が合併に当たって一部の労働者の受入れを拒否することは、解雇の意思表示を意味します。労働者が労働契約の承継を拒否すると、辞職を意味するか、あるいは拒否自体が解雇の理由となります。

　合併の場合は、就業規則や労働協約、労働契約も包括的に承継されるので、労働条件の統一が必要となります。この場合、一方または双方の会社の労働者にとって不利益な内容での労働条件変更が行われた場合には問題が生じるリスクが高まります。就業規則の変更についての一連の重要な最高裁判例は、秋北バス事件判決（昭43.12.25最高裁大法廷判決）において、労働者に不利益な労働条件を一方的に課す就業規則の作成・変更も、当該

規則条項が合理的なものであれば、これに同意しないことを理由としてその適用を拒否することは許されない旨判示しており、第四銀行事件（平9.2.28最高裁第二小法廷判決）では、就業規則変更の合理性に関する判断要素について「具体的には、就業規則の変更によって労働者が被る不利益の程度、使用者側の変更の必要性の内容・程度、変更後の就業規則の内容自体の相当性、代償措置その他関連する他の労働条件の改善状況、労働組合等との交渉の経緯、他の労働組合又は他の従業員の対応、同種事項に関する我が国社会における一般的状況等を総合考慮して判断すべきである」と判示しました。

合併後の労働条件統一の是非が争われたケースについて、大曲市農業協同組合事件（昭63.2.16最高裁第三小法廷判決）では、「当該規則条項が合理的なものであるとは、就業規則の作成又は変更が、その必要性及び内容の両面からみて、それによって労働者が被ることになる不利益の程度を考慮しても、なお当該労使関係における当該条項の法的規範性を是認できるだけの合理性を有するものであることをいうと解される。特に賃金、退職金など労働者にとって重要な権利、労働条件に関し実質的な不利益を及ぼす就業規則の作成又は変更については、当該条項が、そのような不利益を労働者に受忍させることを許容できるだけの高度の必要性に基づいた合理的な内容のものである場合において、その効力を生ずる」と判示しています。

合併に伴って生じる賃金や退職金規定の統一に当たっても、労働組合が存在する場合には、労働組合と協議のうえ、労働者の意向を精査し、全体に対して公平な内容の変更になるよう留意することが重要といえます。

3　会社分割

会社分割制度は、平成13年4月から当時の商法改正により導入されましたが、現在は平成17年の会社法制定によって同法上の制度となっています。会社分割を行う場合には、A会社がその事業に関して有する権利義務の全部または一部を分割してB会社を設立する「新設分割」と、C会社の事業

の全部または一部をＤ会社が吸収する「吸収分割」とがあります。
　いずれの場合も、分割に伴う権利義務の承継は、分割会社が分割計画書（新設分割の場合）または分割契約書（吸収分割の場合）に記載した限度で、権利義務が設立会社または承継会社（以下「承継会社等」といいます。）へ包括的に承継される「部分的包括承継」となっています。この際、労働契約も権利義務の一つであるため、会社分割に伴い、承継事業に従事する労働者の労働契約を承継会社等に承継することが可能です。この場合の労働契約の内容の承継については、平成12年に「会社分割に伴う労働契約の承継等に関する法律」（以下「承継法」といいます。）が制定されました。
　詳細については、同法施行規則、指針（平12.12.27労働省告示127号、改正：平24.9.27厚生労働省告示518号）で定められています。
　なお、承継法は、会社分割の場合の労働契約や労働協約の承継について定めたもので、事業譲渡には適用されません。

（１）承継法の定める手続
①手続の概要
　承継の手続に関して、分割会社は、会社分割を企図する段階において、すべての事業場において、労働者の過半数で組織する労働組合がある場合はその組合、ないときは過半数代表者との協議その他の方法によって、労働者の理解と協力を得るように努めなければならない（承継法7条。同法施行規則4条。「7条措置」と呼ばれます。）とされています。
　「協議その他の方法」とは、名称のいかんを問わず、労働者の理解と協力を得るために、労使対等の立場に立ち誠意をもって協議が行われることが確保される場において協議することが含まれます。理解と協力を得るよう努める事項としては、
　　ア　会社分割を行う背景と理由
　　イ　会社分割後の分割会社及び承継会社等の債務の履行に関すること
　　ウ　労働協約の承継に関すること
　　エ　会社の分割に当たり、労働者との間に生じた問題の解決手続
等があります。

そして、分割会社は、承継される事業に従事している労働者と、労働契約の承継に関して協議しなければなりません（平成12年商法等改正法附則５条１項。いわゆる「５条協議」）。この場合、会社分割後に労働者が勤務することとなる会社の概要や、当該労働者が分割される事業に主として従事する労働者に当たるか否かなどについて十分に説明し、本人の希望を聴取したうえで、労働契約の承継の有無、承継される場合または承継されない場合それぞれにおける従事することが予定される業務の内容、就業場所などについて、協議しなければなりません。

　この事前協議は、後掲の最高裁判例に判示されたとおり、５条協議をまったく行わず、行われたときでも、説明や協議の内容が不十分で趣旨に反することが明らかな場合は、労働者は承継法３条の定める労働契約承継の効力を争うことができると判断されるものであり、重要な手続です。

　次に、会社は、分割契約書（分割計画書）について株主総会の承認を得る前に、その期日の２週間前までに、関係労働者個人に対して、その氏名が分割契約書等に記載されること、その労働者が異議を申し出ることができる期限日等について、書面により通知しなければならない（承継法２条）とされています。

②手続違反と労働契約承継の効力

　承継法上の手続違反に関して、日本アイ・ビー・エム事件（平22.7.12最高裁第二小法廷判決）では次のように判示しました。なお、この判決は、平成12年に制定された承継法を正面から扱った最初の最高裁判決であり、注目すべき内容を有する判決といわれています。前記の５条協議及び７条措置の手続に違法な瑕疵があるなどと主張して訴えが提起された事例です。

　「労働者との関係において５条協議が全く行われなかったときには、当該労働者は承継法３条の定める労働契約承継の効力を争うことができるものと解するのが相当である。また、５条協議が行われた場合であっても、その際の分割会社からの説明や協議の内容が著しく不十分であるため、法が５条協議を求めた趣旨に反することが明らかな場合には、分

割会社に5条協議義務の違反があったと評価してよく、当該労働者は承継法3条の定める労働契約承継の効力を争うことができるというべきである。……他方、……7条措置……は分割会社に対して努力義務を課したものと解され、これに違反したこと自体は労働契約承継の効力を左右する事由になるものではない。7条措置において十分な情報提供等がされなかったがために5条協議がその実質を欠くことになったといった特段の事情がある場合に、5条協議義務違反の有無を判断する一事情として7条措置のいかんが問題になるにとどまるものというべきである。」

(2) 承継法による労働契約の承継

承継法によれば、会社分割に伴う労働契約の承継は、以下のようになっています。

① 承継事業に主として従事する労働者のうち、分割契約書等でその労働契約が承継会社等に承継されるとした労働者は、当然に労働契約が承継される（承継法3条）。

② 承継事業に主として従事する労働者のうち、分割契約書等でその労働契約が承継会社等に承継されないとした労働者は、異議を申し出れば、自動的に労働契約が承継される（4条）。

③ 承継事業に従として従事する労働者のうち、分割契約書等でその労働契約が承継会社等に承継されるとした労働者も当然承継となるが、異議を申し出れば労働契約が承継されず、元の会社に残ることになる（5条）。

④ 承継事業にまったく従事していない労働者は、会社分割制度に基づく承継の対象とならない。

①の場合は、労働契約は合併の場合と同じように当然に承継され、労働者は上記の最高裁判決にいう重大な手続違反があるときしか、これに反対することはできません。②及び③の場合の「異議」は、要件を満たす者が申し出れば直ちに効力が発生します。また、分割会社及び承継会社等は、異議を申し出たことを理由に解雇その他不利益取扱いをしてはならないとされています。

4 事業譲渡

　事業譲渡とは、一定の事業目的のために組織化され、有機的一体として機能する財産の全部または重要な一部を譲渡し、これによって、譲渡会社がその財産によって営んでいた営業的活動の全部または重要な一部を譲受会社に受け継がせることをいいます。

　労働契約の承継については、譲渡会社と譲受会社間の事業譲渡契約で、①希望するすべての労働者の労働契約が承継される旨の合意がなされた場合と、②譲渡会社が労働者全員の労働契約を解約し、そのうちの希望者から譲受会社が選考のうえ採用する旨の合意がなされる場合があります。①の場合では、労働契約は転籍により承継されるのが一般的であり、労働契約の当事者の地位の一身専属性（民法625条）から、当該労働者の承諾が必要となります（特定承継）。したがって、労働者が事業譲渡に際して転籍に応じなかったことを理由に解雇しても解雇無効となります（平7.12.25東京地裁判決、三和機材事件）。

　①の場合に関連して、譲受会社が一部の従業員を排除しようとする場合、または譲渡元での労働条件を承継しようとせず、新たな労働条件で雇用しようとする場合に、事業譲渡する前に、譲渡元が従業員を解雇しておくことが事業譲渡の契約条件となる場合があります。しかし、この労働契約の承継は雇用にかかわる問題ですから、不当な目的で一部の労働者を排除するための選別は認められません。また、雇用の維持を条件に労働条件の一方的な引下げを強要したりすることは適切ではありません。形式上は譲渡元から譲受会社への譲渡行為が成立していても、実質的には同一性を認められる事情もあります。裁判例でも、事業譲渡によって形式的には使用者が変わっても、労働者の属する営業または事業に高度の同一性があるときは、原則として労働関係も承継されると解した判断があります（平11.1.11奈良地裁決定、日進工機事件）。また、「（譲受会社への不採用は）実質的には解雇法理の適用を回避するための法人格の濫用であると評価せざるをえない」と判断して、無効とした例があります（平6.8.5大阪地裁決定、新関西通信システムズ事件）。

7 労働者派遣

1 労働者派遣とは

　企業が多様化する業務に効率的に対応するためには、自社の雇用する労働者だけでなく、一時的に社外の労働者を使用する必要が生じます。社外労働者の利用方法の一つとして、労働者派遣が広く普及しました。

　これらの場合、労働者を雇用し派遣する使用者（派遣元）と、派遣労働者との間で、従事すべき業務、賃金などに関し労働契約が締結され、双方は労働関係の当事者となります。

　一方、派遣労働者の派遣を受け、特定の業務に従事させる使用者（派遣先）と派遣労働者との間には、労働契約関係は存在せず、事実上、派遣労働者を指揮命令する立場のみが認められます。

　派遣労働者が派遣先においてなんらかの義務違反を行ったとしても、その責任は派遣労働者に直接生ずるのではなく、派遣元が責任を負うのです。この点は、前述の出向の場合と基本的に異なるわけです。

【図表】労働者派遣における三者関係

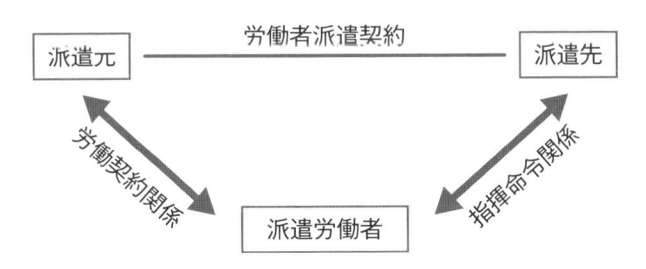

```
          労働者派遣契約
 派遣元 ─────────── 派遣先
     ＼                    ／
      ＼労働契約関係  指揮命令関係／
       ＼                ／
        派遣労働者
```

［常用型派遣］
　派遣元に雇用される。派遣期間が終了しても派遣元との雇用関係は存続する。
［登録型派遣］
　派遣先へ派遣就業する際に派遣元と雇用契約を結ぶ。派遣先が決まらない登録状態では、派遣元との雇用関係はない。

2 労働者派遣法による規制

(1) 労働者派遣法の制定

　元来、労働者供給契約に基づき、労働者を他人の指揮命令を受けて労働に従事させることは、「労働者供給」として禁止されています(職業安定法4条6項、44条)。

　労働者派遣事業は、形式上労働者供給の一類型ではありますが、一律に労働者供給事業を禁止するのではなく、反社会性のない一部の労働者供給事業について、一定の規制のもとに適法なものとして認められたものです。就業形態が複雑多様化するなかで、これを労働力需給調整システムの一つとして位置づけ、一定の専門的知識、技能を有する労働者のミスマッチの解消を図る手だてとする検討がなされるに至りました。このためには、労働者派遣事業を職業安定法が禁止する労働者供給事業の枠外とすること、派遣事業に対し一定の規制を行うとともに、派遣元、派遣先の使用者の措置義務を明確にし、派遣労働者の就業条件の適正化、労働条件の保護を図るための特別法の制定が必要とされたのです。

　これが、「労働者派遣事業の適正な運営の確保及び派遣労働者の就業条件の整備等に関する法律」で、同法は、昭和60年に制定され、翌61年7月から施行されました(平成24年改正により法律名が変更され、現在は「労働者派遣事業の適正な運営の確保及び派遣労働者の保護等に関する法律」。以下「労働者派遣法」といいます。)。

(2) 労働者派遣における労基法の適用

　同法は、労働者派遣事業に一定の規制を行うとともに、労基法等で定める派遣元事業主の責任の一部を、実際に派遣労働者を就業させる派遣先事業主に課すこととしています。

　また、派遣先事業主において労基法等の違反が生ずる場合には、派遣元事業主は、労働者を派遣してはならないのですが、それにもかかわらず労働者派遣を行い、派遣先事業主に同法等に抵触する行為があったときは、派遣元事業主の労基法等違反に係る責任の範囲は、派遣労働者との関係に

【図表】労基法の適用に関する派遣元・派遣先の責任分担

	規　　定	派遣元	派遣先
総則	均等待遇（3条）	●	●
	男女同一賃金（4条）	●	
	強制労働の禁止（5条）	●	●
	公民権行使の保障（7条）		●
労働契約	労基法違反の契約（13条）・契約期間（14条） 労働条件の明示（15条）・賠償予定の禁止（16条） 前借金相殺の禁止（17条）・強制貯金（18条） 解雇（19～21条）・退職時・解雇理由の証明（22条） 金品の返還（23条）	●	
賃金	賃金の支払い（24条）・非常時払い（25条） 休業手当（26条）・出来高払いの保障給（27条）	●	
労働時間・休憩・休日・休暇	労働時間（32条・33条）・休憩（34条）・休日（35条）		●
	変形労働時間制等の協定の締結・届出（32条の2～32条の4）	●	
	時間外・休日労働の協定の締結・届出（36条）	●	
	時間外・休日労働（36条）		●
	時間外・休日労働、深夜業の割増賃金（37条）	●	
	事業場外のみなし労働時間制の協定の締結・届出（38条の2）	●	
	専門業務型裁量労働制の協定の締結・届出（38条の3）	●	
	年次有給休暇（39条）	●	
	労働時間・休憩の特例（40条）・適用除外（41条）		●
年少者	最低年齢（56条）・年少者の証明書（57条）	●	
	労働時間・休日（60条）・深夜業（61条） 危険有害業務の就業制限（62条）・坑内労働の禁止（63条）		●
	帰郷旅費（64条）	●	
女性	産前産後休業（65条）	●	
	産前産後の時間外・休日労働・深夜業に係るもの（66条） 育児時間（67条） 生理日の就業が著しく困難な女性に対する措置（68条）		●
	災害補償（75～88条）	●	
就業規則	就業規則の作成・届出（89条・90条）	●	
	制裁規定の制限（91条）	●	
	法令・労働協約との関係（92条）	●	
雑則	申告を理由とする不利益取扱いの禁止（104条） 報告の義務（104条の2）・法令等の周知義務（106条）	●	●
	労働者名簿（107条）・賃金台帳（108条）	●	
	記録の保存（109条）	●	●

着目して整理され、労働者派遣法44条から47条の2までに規定されています（労基法の適用については前頁の表を参照）。

例えば、派遣労働者が派遣先において時間外労働を行う場合、三六協定の締結、届出の義務は労働契約関係の当事者たる派遣元事業主にあります。

三六協定の限度時間を超え、あるいは三六協定のないまま派遣労働者に時間外労働を行わせた場合の責任は、派遣労働者を直接指揮命令する派遣先事業主に生じます。

この場合、派遣元事業主に対しても、前述の特別規定に基づき、罰則規定が適用されることになります。なお、時間外労働に伴う割増賃金の支払義務は、時間外労働が適法か違法かのいかんを問わず、派遣元事業主が負うものです。

（3）労働者派遣法改正の推移

その後、対象業務の拡大や派遣期間の拡大等、基本的に規制緩和の方向で数次の労働者派遣法の改正が行われました。平成11年には派遣対象業務が原則自由化され、それまでのポジティブリスト方式を改め、建設、港湾運送、警備、物の製造業務等の禁止業務のみを規定するネガティブリスト方式へと転換しました。

さらに、平成16年3月1日から、いわゆる26業務以外の業務について派遣可能期間が最長3年に延長され、同時に、派遣の役務提供の終了後に職業紹介を行うことを予定する紹介予定派遣が制度化されるとともに、製造業務への派遣が解禁された影響で派遣労働者の数は一挙に増大しました。

しかし、平成18年秋以降、偽装請負、二重派遣、日雇派遣など社会問題化した事例が蔓延したことに加え、平成20年秋以降のいわゆるリーマンショックによる不況の影響により、輸出型製造業を中心に、派遣労働者や有期契約労働者が雇用調整の対象とされ、深刻な事態が現出しました。このような状況から、平成24年に同法の改正が行われ、同年10月1日から施行されました。規制緩和の一途を辿ってきた同法は、この改正により、派遣労働者保護へ大きく方向転換したといえます。

(4) 平成24年改正労働者派遣法の内容（平成24年10月1日施行）

＜改正法の概要＞

平成24年施行の改正法の概要は次のようなものです。

①事業規制の強化
- 日雇派遣（日々または30日以内の期間を定めて雇用する労働者派遣）の原則禁止
- グループ企業内派遣の8割規制、離職した労働者を離職後1年以内に派遣労働者として受け入れることを禁止

②派遣労働者の無期雇用化や待遇の改善
- 派遣元事業主に、一定の有期雇用の労働者派遣につき、無期雇用への転換推進措置を努力義務化
- 派遣労働者の賃金等の決定に当たり、同種の業務に従事する派遣先の労働者との均衡を考慮
- 派遣料金と派遣労働者の賃金の差額の派遣料金に占める割合（いわゆるマージン率）などの情報公開を義務化
- 雇入れ等の際に、派遣労働者に対して、1人当たりの派遣料金の額を明示
- 労働者派遣契約の解除の際の、派遣元及び派遣先における派遣労働者の新たな就業機会の確保、休業手当等の支払いに要する費用負担等の措置を義務化

③違法派遣に対する迅速・的確な対処
- 違法派遣の場合、派遣先が違法であることを知りながら派遣労働者を受け入れていた場合には、派遣先が派遣労働者に対して労働契約を申し込んだものとみなす
- 処分逃れを防止するため、労働者派遣事業の許可等の欠格事由を整備

＜改正法の主要点＞

労働者派遣法の平成24年改正で、実務的にもっとも注目されるのは、上

記列挙事項のうち、①日雇派遣の原則禁止（改正法35条の３）、②グループ企業内派遣の８割規制（同法23条の２）、③離職後１年以内の労働者派遣の禁止（同法35条の４・40条の６（平成27年10月１日以降は40条の９））、④労働契約申込みみなし制度（平成27年10月１日施行の同法40条の６）です。

①日雇派遣の原則禁止

日雇派遣については、その就業実態から、派遣先・派遣元双方から適切な雇用管理が果たされない場合が多く、法令違反、労働災害発生が問題とされていましたが、改正法では労働者保護のため、「日々又は30日以内」の期間を定めて雇用する労働者を適用対象として、原則として派

【図表】日雇派遣の原則禁止の例外として認められる業務（いわゆる17.5業務）

（派遣法施行令４条１項参照）

	※	業　務
1	1号	ソフトウェア開発の業務
2	2号	機械設計の業務
3	5号	事務用機器操作の業務
4	6号	通訳、翻訳、速記の業務
5	7号	秘書の業務
6	8号	ファイリングの業務
7	9号	調査の業務
8	10号	財務処理の業務
9	11号	貿易取引文書作成の業務
10	12号	デモンストレーションの業務
11	13号	添乗の業務
12	16号	案内・受付、駐車場管理等の業務のうち、建築物または博覧会場における来訪者の受付または案内の業務（これが0.5に当たるとされた）
13	17号	研究開発の業務
14	18号	事業の実施体制の企画、立案の業務
15	19号	書籍等の制作・編集の業務
16	20号	広告デザインの業務
17	23号	ＯＡインストラクションの業務
18	25号	セールスエンジニアの営業、金融商品の営業関係の業務

※平成24年改正前の26業務の号数

遣禁止とされました（改正法35条の3）。この規定は、政府案では「日々又は2か月以内」であったのを国会で修正されたものです。

　しかし、禁止された対象には二つのかなり大幅な例外が設けられました。例外の一は、いわゆる専門26業務のうち、ソフトウェア開発や機械設計などのいわゆる17.5業務（前頁の表参照）であり、これらは、専門的知識、技術または経験を必要とする業務であるため労使交渉において労働者の交渉力が高いと認められること等を理由に、日雇派遣が行われても労働者保護の観点から問題がないと考えられた業務です（労働者派遣法施行令4条1項）。

　禁止対象のもう一つの例外は日雇派遣に就労する労働者に着目したもので、
① 60歳以上の者
② 雇用保険の適用を受けない学生（昼間学生）
③ 年間の生業収入が500万円以上の者（副業）
④ 生計を一にする配偶者等の収入により生計を維持する者であって、世帯収入の額が500万円以上の者（主たる生計者以外の者）
です。

②グループ内企業派遣の8割規制

　企業再編が進むなかで、グループ企業において派遣会社を設立し、もっぱらグループ内の企業に派遣を行うグループ企業内派遣が広く行われています。しかし、労働者派遣制度が、労働力需給調整の仕組みとして位置づけられていることにかんがみると、企業グループ内のみで雇用調整の一環として労働者派遣事業を行うことは、労働市場における需給調整を趣旨とする制度本来の目的から外れたものとなるおそれがあります。

　そこで改正法では、グループ企業内の派遣会社がそのグループ企業に派遣する割合（定年退職者を除く全派遣労働者のグループ企業での総労働時間／全派遣労働者の総労働時間）を8割以下に制限することとしました。グループ企業の範囲は、派遣元事業主の親会社及び親会社の子会社とし、親子関係は連結決算の範囲を基準として判断されます。

③離職後1年以内の労働者派遣の禁止

　離職した労働者を離職後に同一企業が派遣労働者として受け入れることは、本来直接雇用すべき労働者を派遣労働者とすることで、労働条件を切り下げている可能性があり、また、常用雇用を派遣に代替させようとすることを規制する労働者派遣法の趣旨に反するものです。

　このことから、改正法は、派遣元の義務として、離職した労働者を離職後1年以内に離職前の事業者へ派遣労働者として派遣することを禁止し、派遣先の義務として、そのような労働者を派遣労働者として受け入れることを禁止しました。

④労働契約申込みみなし制度

　今回の改正点でもっとも論議され、施行後も論議が予想されるのは、違法派遣の場合の労働契約みなし制度が設けられたことです（平成27年10月1日施行の40条の6）。具体的には、違法派遣であることについて派遣先が知らず、かつ、そのことについて派遣先に過失がない（善意無過失）場合を除き、違法状態が発生した時点において、派遣先が派遣労働者に対して、その派遣労働者の派遣元事業主における労働条件と同一の労働条件を内容とする労働契約の申込みをしたものとみなされ（1項）、違法行為の終了日から1年間は当該申込みを撤回できず（2項）、その1年間に派遣労働者が承諾の意思表示をすれば、原則として派遣労働者と派遣先との間に直接労働契約が成立するというものです。

　違法派遣の場合とは、

　　ア　労働者派遣が禁止されるいわゆる適用除外業務（港湾運送等、建設、警備、医療の一部等の業務）への派遣の受入れ（4条3項違反）

　　イ　無許可、無届事業主からの派遣受入れ（24条の2違反）

　　ウ　派遣受入れ期間の制限のある業務への期間を超える派遣の受入れ（40条の2第1項違反）

　　エ　いわゆる偽装請負（請負・委任のなどの名目で受け入れる社外労働者に対し、受入れ企業が指揮命令する形態）

の各場合です。

　労働契約申込みみなし制度において、派遣先が上記の違法派遣である

ことについて善意無過失である場合には、みなし効果は生じないとされているところから、派遣先において行う派遣労働者の適正管理は格段に重要性を増すことになったといえます。なぜなら、善意無過失の主張立証責任は派遣先にあると考えられるからです。労働契約申込みみなし制度の運用においては、今後多くの裁判や論議が発生することが考えられます。

なお、法律の名称に「派遣労働者の保護」を明記し、「派遣労働者の保護・雇用の安定」を目的規定に明記したことも、この改正を象徴するものであったといえます。

また、前頁④の「労働契約申込みみなし制度」の施行日は、改正法の施行（平成24年10月1日）から3年経過後とされ、平成27年10月1日から施行されることとなりました。

(5) 労働者派遣法の改正をめぐる論議

平成24年改正は、政府案に盛り込まれていた「登録型派遣・製造業務派遣の原則禁止」を削除しましたが、「登録型派遣・製造業務派遣の在り方」を検討事項とし、また、労働契約申込みみなし制度の施行日を法の施行から3年経過後に延期するなど、国会で修正が行われました。改正法施行後の議論でも、経済政策の転換の影響を受けて、早くも労働者派遣法の根本的な見直しについて論議されています。

3　紹介予定派遣

平成15年の労働者派遣法改正によって制度化された「紹介予定派遣」は、まず、労働者派遣を行い、その終了後に職業紹介を行うという形態の派遣で、実態としては、労働者本人、派遣先双方が労働契約の締結を目指しつつ、当初は派遣労働者として就労する形態です。派遣の開始前または開始後に職業紹介を行い、または行うことを予定するものをいい、当該職業紹介により、派遣労働者が派遣先に雇用される旨が、派遣の終了時に派遣労

働者と派遣先との間で契約されるものを含む（2条6号）とされています。

紹介予定派遣は、一般の労働者派遣と職業紹介の双方を予定するものですので、労働者派遣契約とは次の点で異なる内容となります。

① 派遣期間は6か月を超えてはならない。
② 派遣開始前の派遣先からの特定行為（派遣先による派遣労働者の事前面接など）は禁止されていない。
③ 派遣元事業主は、派遣労働者を雇い入れるに際して、紹介予定派遣の対象の派遣労働者であることを明示しなければならない（法32条）。
④ 労働者派遣契約を締結の際に、紹介予定派遣であること及びそれに関する事項を定める（法26条1項）。
⑤ 派遣元管理台帳、派遣先管理台帳に紹介予定派遣に関する事項について記載する（法37条1項7号、42条1項6号）。

4 労働者派遣と請負・業務委託との区別

(1) 請負・委任・業務委託

請負は、当事者の一方がある仕事の完成を約束し、相手方がその仕事の結果に対して報酬を与えることを約束することによって成立する契約です（民法632条）。委任は、法律行為を委託することを相手方に委託し、承諾によって成立する契約です（民法643条）。また、法律行為でない事務の委託（準委任）についても、民法の委任契約の規定が準用されます（民法656条）から、委任の内容としては広く事務の委託と解することができ、「業務委託」と呼ばれる契約形態は、準委任的な労務利用契約と考えられています。

(2) いわゆる偽装請負

偽装請負や偽装委託が問題となるのは、形式的には請負契約や業務委託契約の形をとっていても、現実の請負のなかには、自らは労働者の指揮監督をせずに、労働者のみを注文者の下に派遣して、注文者が労働者を指揮命令して業務を行うケースがあります。これは、雇用と使用が分離している形態となるところから、「労働者派遣」に該当し、許可を受けていない

業者が行うときは、労働者派遣法違反となります。

　偽装請負の実質的な弊害は、とくに労働災害が発生したときに起こります。責任を取るべき者は注文者か、請負人か、事故発生前の安全管理の責任者は誰か、判然としないことが多いからです。

　偽装請負に関連して、最高裁が示した判決があります。

　パナソニックプラズマディスプレイ（パスコ）事件の控訴審判決（平20.4.25大阪高裁判決）では、業務委託契約の名目でありながら社外労働者を正規従業員と混在・共同して作業に従事させる実態にある場合に、それは労働者供給契約であるか、そうでないにしても違法な労働者派遣であるとして、職業安定法44条、労基法6条に違反し公序に反して無効と判断されており、上告後の最高裁の判断が注目されましたが、最高裁（平21.12.18最高裁第二小法廷判決）は次のように判示しました。

　「労働者派遣法の趣旨及びその取締法規としての性質、さらには派遣労働者を保護する必要性等にかんがみれば、仮に労働者派遣法に違反する労働者派遣が行われた場合においても、特段の事情のない限り、そのことだけによっては派遣労働者と派遣元との間の雇用契約が無効になることはないと解すべきである。」

　（派遣先と労働者との関係について）派遣先が派遣労働者の採用に関係したり、給与等の額を決定していた事情がなく、派遣元が労働者の就業形態を一定限度で決定し得る地位にある等の事情のもとでは、「派遣先と労働者との間において雇用契約関係が黙示的に成立したものと評価することはできない。」

　しかし、平成24年の労働者派遣法改正では、派遣先は上記のような偽装請負など一定の労働者派遣法違反の事実を知りつつ派遣の役務の提供を受けたときは、派遣労働者に対して、同一の労働条件で労働契約の申込みをしたものとみなされるとされました（施行は平成27年10月1日。36頁参照）。

労働契約Q&A

出向社員の懲戒処分は誰が行うのか

Q A社から3年間ということで当社に出向してきているKについて、当社の職場規律を乱す行為が認められますが、Kに対する懲戒処分は、当社ではできないのでしょうか。

A **出向契約の内容にもよるが、懲戒解雇は出向元が原則**

　出向を行うに当たっては、出向先と出向元との間で、出向労働者の労働条件を取り決めるのが通常で、設問の懲戒処分に関しても、この出向契約のなかで、どのような場合にどちらで行うか定めておくことになります。在籍出向の場合、出向労働者に対する懲戒処分は、出向元のみとすることも、出向先において一定の範囲で懲戒処分を行い得るとすることも可能です。
　しかし、出向先における懲戒処分には、おのずと限界があり、懲戒解雇のように労働関係の根幹に及ぶものは、出向元においてのみ行い得るといえます。

派遣労働者が年次有給休暇を請求してきたが

Q 当社がK社から派遣を受けているSが、1週間の年次有給休暇を請求してきました。Sの業務を代行する社員はいません。この場合に時季変更権を行使することはできますか。

A **派遣労働者の年次有給休暇の請求は派遣元に対して行うもの**

　派遣労働者に係る年次有給休暇の規定は、すべて派遣元事業主を使用者とすることとされています。

したがって、派遣労働者Sさんが年次有給休暇を取得しようとするときは、派遣元事業主K社に対して請求することになります。派遣元K社が、Sさんに年次有給休暇を取得させ、代わりにその間、他の労働者を御社に代替要員として派遣することになります。

また、業務の性質などから代替要員によって代えることができない場合には、Sさんの年次有給休暇の取得が、派遣元の事業の正常な運営を妨げることになりますので、K社は時季変更権の行使をなし得ることになります。

御社は、時季変更権の行使ではなく、K社に代替要員を求めることができます。

派遣労働者に企画業務型裁量労働制を適用できるか

Q 企画、立案などの業務でも派遣労働者を受け入れることができるということですが、この派遣労働者を派遣先での企画業務型裁量労働制の対象労働者とすることはできますか。

A **派遣先との雇用関係がないのでできない**

企画、立案などの業務で労働者派遣が可能となっていますが、派遣労働者には企画業務型裁量労働制を適用できない点に注意する必要があります。

なぜなら、派遣労働者は派遣先の事業場で就労しているわけですが、派遣先との雇用関係がないため、派遣先は自社と雇用関係のない派遣労働者に企画業務型裁量労働制を適用することができないからです。

派遣労働者に対する労基法の読み替え規定を定めた労働者派遣法44条には、企画業務型裁量労働制（労基法38条の4）についての読み替え規定がなく、企画業務型裁量労働制の適用事業場は派遣先の事業場をいうなどの特別の読み替え規定もありません。

したがって、派遣労働者に企画業務型裁量労働制を適用することはできません（平12.3.28 基発180号）。

第2章

採　用

1 雇入れに際しての法の規制

1 労働条件の明示

　労働契約が労働者としての地位取得に向けられ、契約の内容である労働条件は、定型的に定められている就業規則の定めるところに従うとする場合が多いことは、すでに述べたとおりですが、労働者の募集に当たって、実際よりよい労働条件のようにみせかける弊害があったので、労基法は、雇入れに当たっては、労働条件を明示すべきことを使用者に義務づけています（労基法15条1項）。

　そして、明示した労働条件が事実と違っていた場合には、労働者は即時に退職できることとし（同条2項）、その労働者が就業のために住居を変更した場合であって、退職後14日以内に帰郷するときは、その帰郷に必要な旅費を請求できることとしています（同条3項）。

(1) 明示すべき事項

　労基法15条の規定によって、明示すべき労働条件は、法律では「賃金、労働時間その他の労働条件」とだけ定められており、その具体的内容は、労基法施行規則5条に次のように列挙されています。

① 労働契約の期間に関する事項
② 期間の定めのある労働契約を更新する場合の基準に関する事項
③ 就業の場所及び従事すべき業務に関する事項
④ 始業及び終業の時刻、所定労働時間を超える労働の有無、休憩時間、休日、休暇並びに労働者を2組以上に分けて交替に就業させる場合においては就業時転換に関する事項
⑤ 賃金（退職手当及び⑧に掲げるものを除く。）の決定、計算及び支払いの方法、賃金の締切り及び支払いの時期並びに昇給に関する事項
⑥ 退職に関する事項（解雇の事由を含む。）

⑦　退職手当の定めが適用される労働者の範囲、退職手当の決定、計算及び支払いの方法並びに退職手当の支払いの時期に関する事項
⑧　臨時に支払われる賃金（退職手当を除く。）、賞与等並びに最低賃金額に関する事項
⑨　労働者に負担させるべき食費、作業用品その他に関する事項
⑩　安全及び衛生に関する事項
⑪　職業訓練に関する事項
⑫　災害補償及び業務外の傷病扶助に関する事項
⑬　表彰及び制裁に関する事項
⑭　休職に関する事項

　以上の項目が雇入れに当たって最低限明示しなければならない事項ですが、⑦から⑭までの事項については、そのような定めをする場合にのみ明示することで足ります。
　なお、②の有期労働契約を更新する場合の基準については、平成24年の労契法の改正に対応して、労基法施行規則が改正され、労基法が義務づける労働条件の明示事項の一つとされました（平成25年4月1日施行）。

(2) 明示の方法

　上記の項目のなかで、①から⑥の各事項（ただし、⑤の賃金に関する事項のうち「昇給に関する事項」を除きます。）については、書面を交付することによりこれを明示しなければならないこととされています（労基法15条1項、労基法施行規則5条2項、3項）。
　なお、④から⑬まで（④のうち、所定労働時間を超える労働の有無を除きます。）の10項目は、いずれも就業規則の必要記載事項（労基法89条）と一致しています。このことから、これらの各項目の明示を、就業規則を交付することによって代えることは可能です。

(3) 労働条件通知書制度

　平成10年の労基法改正により文書交付により明示しなければならないとされた事項が追加されたことに伴い、その円滑な施行を図る観点から、「労

働条件通知書」のモデル様式が作成されています。このモデル様式は、それぞれの雇用形態に応じ、一般労働者用（常用・有期雇用型、日雇型）、建設労働者用（常用・有期雇用型、日雇型）、林業労働者用（常用・有期雇用型、日雇型）、短時間労働者・派遣労働者用（常用・有期雇用型）、派遣労働者用（日雇型）のものがあります。なお、これらは任意様式であり、必要事項が記載されていれば、これらの様式どおりとする必要はありません。

(4) 書面確認

　労契法4条では、労働契約締結時のほか、契約が継続している間の各場面で労働契約の内容（労働条件等）をできるだけ書面で確認することを定めています。労基法が罰則をもって労働条件の明示を義務づけているのに対し、労契法では書面確認を法的に義務づけたものではありません。

2　違約金と賠償予定の禁止

　労働契約期間の途中で退職したり、出勤を拒むなど労働契約を履行しない場合に備えて、巨額の違約金や損害賠償額を定めておくことは、労働者の意思に反して労働を継続する結果を招くので、労基法では労働契約の締結に当たって違約金を定め、または損害賠償額を予定する契約を結ぶことを禁止しています（労基法16条）。

　ここで禁止されている違約金というのは、労働契約の履行確保の手段として契約不履行の場合に労働者が使用者に支払うことを約束した金銭のことです。

　損害賠償額の予定というのは、契約不履行その他労働者が使用者に損害を与える行為があった場合に、どれだけの損害賠償をするかあらかじめ額を定めておくことです。

　いずれも実際の損害額のいかんにかかわらず、あらかじめ定めていた金額を支払う約束であるところに問題があり、法の禁止するところとなっています。

　この規定があるので、例えば、会社の養成所を修了したときは、その後

○年間勤務すること、もしその途中で退職する場合は、別にあらかじめ定める金額の弁償をさせるという趣旨の契約を結ぶことは認められないわけです。判例では、新入社員が勝手に退社するとき、指導訓練に必要な諸経費として、入社月に遡(さかのぼ)って1か月につき4万円の講習手数料を支払うなどの講習手数料契約を締結(けいてい)している場合について、浦和地裁は、「本件契約における従業員に対する指導の実態は、いわゆる一般の新入社員教育とさしたる逕庭(けいてい)はなく、右のような負担は、使用者として当然なすべき性質のものであるから、労働契約と離れて本件のような契約をなす合理性は認め難く、しかも本件契約が講習手数料の支払義務を従業員に課することにより、その自由意思を拘束して退職の自由を奪う性格を有する」から、「結局、本件契約は、労働基準法第16条に違反する無効なもの」としたものがあります（昭61.5.30 浦和地裁判決、サロン・ド・リリー事件）。

　最近の裁判例では、「被告は原告に対し、労働契約とは別に留学費用返還債務を負っており、ただ、一定期間原告に勤務すれば右債務は免除されるが特別な理由なく早期退職する場合には留学費用を返還しなければならないという特約が付いているにすぎないから、留学費用返還債務は労働契約の不履行によって生じるものではなく、労基法16条が禁止する違約金の定め、損害賠償額の予定には該当（しない）」（平9.5.26 東京地裁判決、長谷工コーポレーション事件、同旨平14.4.16 東京地裁判決、野村證券事件など）とするものがある一方で、「留学終了後5年以内に自己都合により退職したときは原則として留学費用を全額返還させる旨の規定は、海外留学後の原告への勤務を確保することを目的とし、留学終了後5年以内に自己都合により退職する者に対する制裁の実質を有するから、労働基準法16条に違反し、無効である」（平10.9.25 東京地裁判決、新日本証券事件）とするものがあります。また、病院が看護学校に通う看護士見習いに就学費用を貸与し、修学後に一定期間当該病院に勤務すればその返還を免除する約定が争われた事件について、貸与契約が看護学校在学中から病院での就労を事実上義務づけるものであること、契約締結の経緯等を考慮すると本件貸与契約は経済的足止め策とみられることとして、労基法16条などに違反するとした例があります（平14.11.1 大阪地裁判決、和幸会事件）。

第2章　採用

47

なお、労基法16条で禁止されるのは、損害賠償額等をあらかじめ金額で定めておくことですから、金額を定めておかずに、契約不履行などがあったときにその都度、実際に被った損害を算定し、これを請求することは禁止されていないと解されています（昭22.9.13発基17号）。

3 国籍等による差別的取扱いの禁止

国籍、信条、社会的身分を理由として労働条件について差別的取扱いをすることは禁止されています（労基法3条）。したがって、外国人であるとか、特定の宗教を信じているとか、特定の思想をもっているなどの理由で、賃金その他の労働条件について一般の労働者と差別することは許されません。

労働条件の範囲は、法文で明示される賃金、労働時間のほか、解雇、災害補償、安全衛生、寄宿舎等に関する条件も含まれます（昭23.6.16基収1365号）。

4 性による差別的取扱いの禁止

性による差別的取扱いの禁止については、賃金差別の禁止が労基法4条で、退職等に関する労働条件のほか、採用、配置、昇進等の職場における待遇等に関する差別的取扱いの禁止が、「雇用の分野における男女の均等な機会及び待遇の確保等に関する法律」（男女雇用機会均等法）で規定されています。

(1) 性による賃金差別の禁止

賃金については、女性であることを理由として男性と差別的取扱いをすることが禁止されています。「女性であることを理由として」差別的取扱いをするということは、労働者が単に女性であるということだけで、あるいはその事業場において、女性労働者が一般的、平均的に、能率が悪いこと、勤続年数が短いこと、扶養家族が少ないことなどを理由として、男性労働者と賃金について格差をつけることなどです。例えば、勤続年数、年齢、

職務内容等がほぼ同等である男性労働者４名の平均賃金と女性労働者Ｘが得た賃金との差額及びその賃金に基づいて算定された退職金の差額の支払いを求めた事案に係る判例では、東京地裁は、「入社７年目の昭和47年１月頃には、１名の部下を持ち、売店全体の管理、運営を任務とする神田店責任者としての職務に加え、高度の判断能力を要するエヌカー発注業務をも担当するようになったことは、前記認定のとおりである。このような経過に鑑みれば、原告は、遅くとも昭和47年１月頃の時点では、入社当初の時点で従事することが予定されていた補助的・定型的業務とは明らかに異なる業務を担当するに至ったものであり、その職務内容、責任、技能等のいずれの点においても、勤続年数及び年齢が比較的近い本件男子社員４名の職務と比較して劣らないものであったと評価することができる。……被告は、遅くとも昭和47年１月頃以降、原告の基本給を本件男子社員４名の平均基本給までに是正すべきものであったにもかかわらず、これを放置して適切な是正措置を講じなかったもので、その結果として、原告の基本給と本件男子社員４名の基本給との間に格差が生じたことが認められるから、原告が主張する昭和57年度以降の本件賃金格差は、原告が女子であることのみを理由としたものか又は原告が共稼ぎであって家計の主たる維持者でないことを理由としたもので、１か月当たりの賃金格差の金額も決して少なくないことを加味すれば、労働基準法４条に違反する違法な賃金差別というほかな（い）」と述べています（平４.８.27 東京地裁判決、日ソ図書事件）。

　また、よく争われる家族手当等について判例で、仙台高裁は、「控訴人銀行は本件規程36条２項本文後段を根拠にして、男子行員に対しては、妻に収入（所得税法上の扶養控除対象限度額を超える所得）があっても、本件手当等を支給してきたが、被控訴人のような共働きの女子行員に対しては、生計維持者であるかどうかにかかわらず、実際に子を扶養するなどしていても夫に収入（右限度額を超える所得）があると本件手当等の支給をしていないというのだから、このような取扱いは男女の性別のみによる賃金の差別扱いであると認めざるを得ない」と述べています（平４.１.10 仙台高裁判決、岩手銀行事件）。

労基法4条は、「女性であることを理由とした」賃金の差別的取扱いを禁じているのですから、個々の男女労働者の能率、技能その他の相違によって、賃金に個人的差異を設けることは違法とはなりません。なお、「差別的取扱いをする」とは、不利に扱う場合のみならず有利に取り扱う場合も含むとされています。

(2) 男女の均等な機会及び待遇の確保のための措置

　男女雇用機会均等法は、事業主の講ずべき措置として、募集、採用、配置、昇進のほか、一定の教育訓練、福利厚生、職種・雇用形態の変更、定年・退職・解雇についての差別的取扱いの禁止規定等を定めています。

　労働者を募集するに当たって男性に限るとすることや昇進、昇格の基準を女性が不利となるようにすることは、同法5条、6条に反するものです。

　また、女性若年定年を定めたり、女性の結婚、妊娠、出産、産前産後休業の取得等を理由として、その女性労働者に対して解雇のほか退職強要、降格、減給、不利益な配転、嫌がらせといった不利益な取扱いをすることは、同法9条が禁止するところです。

　男女雇用機会均等法は平成18年の改正で、直接差別に加えて、間接差別についても禁止規定を定めました。間接差別とは、募集・採用や労働条件等について、例えば、身長・体重・体力のような性別以外の基準を要件としていても、その要件を満たす男女の比率という点から実質的な差別となるおそれがあり、かつ、そのことに合理的な理由がない場合をいいます。同法7条は合理的な理由がなければ間接差別となり得る一定の措置を講じてはならない旨を定めました。ただし、同法にいう間接差別は、男女雇用機会均等法施行規則で定めるものに限定されます。使用者に差別の意図がない場合でも差別が成立すると認められる点で直接差別と異なり、使用者のほうが合理的な理由を立証しなければならないとされています。

　同規則2条では、間接差別となるおそれのある措置として、次の三つの場合が定められています。すなわち、①労働者の募集・採用に当たって、身長、体重、または体力を要件とすること、②募集・採用・昇進・職種の変更をする際に、転居を伴う転勤に応じることを要件とすること、③昇進

に当たり、転勤の経験があることを条件とすることです。

5 採用の自由と雇用対策

　労働者の雇入れは、契約自由の原則により、いかなる者をいかなる条件で雇い入れるかについて、法律その他による特別の制限がない限り、自由に決定できることが大原則です（昭48.12.12最高裁大法廷判決、三菱樹脂事件）。しかし、この判決でも判示されたように、例外として法律による制限があり、公正な社会生活が営まれるためには、社会的に弱い立場にある者にも雇用の機会が与えられなければなりません。

(1) 年齢制限の禁止

　労働者を募集・採用するに当たって、事業主には原則として、年齢制限が禁じられています（雇用対策法10条）。高年齢者といわゆる年長フリーターに対する雇用対策の一環です。これに違反すると、行政の助言・指導・勧告の対象となり、公共職業安定所（ハローワーク）に求人の受理を拒否される場合があります。

(2) 障害者の雇用義務

　障害者雇用促進法に基づいて、労働者数50人以上の事業主は、身体障害者または知的障害者の雇入れの義務を負っています。さらに、政令で定める雇用率（法定雇用率）に達する人数の障害者を雇用すべき義務が課せられています（同法43条）。法定雇用率を達成しない事業主は、障害者雇用納付金を納付しなければなりません。この制度は現在、常用雇用者数201人以上の事業主を対象にしていますが、平成27年4月からは101人以上の事業主に拡大されることになっています。

2 雇入れの手順

1 労働契約成立の時点

　労働者の雇入れによって、労使の関係が始まることはいうまでもありません。雇入れという行為をとらえて、労働者としての地位の取得であり、労働関係への編入だといっても、近代法のもとにおいては、身分関係の設定ではなくて、契約の締結であり、契約関係の開始だと理解しなければならないことはすでに述べたとおりです。

　それでは、労働契約の成立はどの時点からと考えるべきでしょうか。契約ですから一般には、労使両当事者の意思が合致したときに成立することになります。

　採用辞令を交付したり、労働契約書を取り交わすことが行われていますが、労働契約は契約締結について特別の書式を必要としないので、口頭による合意でも契約が成立します（労契法6条）。

　実際の雇入れに即して考えてみましょう。一般には、まず会社のほうで労働者募集を行い、この募集に対して応募した者のなかから、会社側で採用者を決定するわけです。

　このうち会社の行う募集行為は、公共職業安定所に求人申込みを行うときと、直接募集を行うときとがありますが、いずれも募集は契約申込みを誘い出す行為です。したがって、会社の募集に対して応募してもそれだけでは労働契約は成立しません。応募者に対して使用者側の採用決定があってはじめて両者の意思が合致し、労働契約が成立するわけです。

　採用試験や面接が行われ、その場で採否が決まる場合は、「採用します」といい渡したそのときから労働契約が成立します。試験や面接を行って後日採否を通知する場合は、採用通知を発信した日に労働契約が成立（民法526条）することになります。

　採用の通知で労働契約が成立するので、実際に勤務を始める以前に契約

が成立する場合もあります。

2 採用内定とその取消し

(1) 採用内定の性格

　新規学卒者を採用する場合には、一般に卒業期の相当以前に採用内定が行われています。したがって実際に就労を開始するまでの間に、例えば学校を卒業できなかったとか健康状態に異常を生じた等の理由で採用内定が取り消されるケースが出てきますが、近年この採用内定の取消しをめぐってトラブルが生じ裁判に持ち込まれる例が増えています。

　ところで、この採用内定というのは、法律的には労働契約の成立とみるのか、単なる労働契約締結の予約の意思表示とみるのか、あるいは労働契約の成立とみるとしてもどの時点で成立したとみるべきかというような問題点がありますが、一概に採用内定といってもその手続や合意の内容によって採用の仕方はさまざまですから、その法律効果も同一ではありません。

　しかし、一般的には「新規学卒者のいわゆる採用内定については、遅くも、企業が採用内定通知を発し、学生から入社誓約書又はこれに類するものを受領した時点において、過去の慣行上、定期採用の新規学卒者の入社時期が一定の時期に固定していない場合等の例外的場合を除いて、一般には、当該企業の例年の入社時期（4月1日である場合が多いであろう。）を就労の始期とし、一定の事由による解約権を留保した労働契約が成立したとみられる場合が多い」（昭50.3.24監督課長、企画課長連名内翰）といえるでしょう。これがいわゆる「解約権留保付きの労働契約」とみる立場で、最高裁（昭54.7.20最高裁第二小法廷判決、大日本印刷事件／昭55.5.30最高裁第二小法廷判決、近畿電気通信局事件）をはじめ多くの下級審判決も同様の見解に立っています。

(2) 採用内定の取消しが解雇となる場合

　採用内定が単に労働契約の予約の意思表示とみられる場合は、労働契約は未成立ですから採用内定の取消しについて解雇の問題は生じませんが、

採用内定がすでに労働契約の成立とみられる場合には、その内定の取消しは、いまだ労働者が現実に就労していない場合においても解雇と解されます。解雇となれば、労基法20条の解雇予告の規定の適用があり、30日前に解雇の予告をするか、あるいは平均賃金30日分以上の解雇予告手当を支払う必要が出てきます。

　解雇権が留保されている場合でも、採用内定の取消しは使用者が一方的、恣意的にできるものではなく、あらかじめ契約書等で定められた一定の解約事由、すなわち、例えば学校を卒業できなかったとか、破廉恥罪を犯したなど内定時の評価に質的な変更が生じた場合に限られるべきでしょう。

　この点に関して、前掲大日本印刷事件の最高裁判決では、採用内定を取り消された新卒者が提出した誓約書に5項目の内定取消事由が記されており、「(企業の留保解約権に基づく大学卒業予定者の) 採用内定の取消事由は、採用内定当時知ることができず、また知ることが期待できないような事実であって、これを理由として採用内定を取消すことが解約権留保の趣旨、目的に照らして客観的に合理的と認められ社会通念上相当として是認することができるものに限られると解するのが相当である」とし、本件については、「上告人〔編注：会社〕としてはその段階で調査を尽くせば、従業員としての適格性の有無を判断することができたのに、不適格と思いながら採用を内定し、その後右不適格性を打ち消す材料が出なかったので内定を取り消すということは、解約権留保の趣旨、目的に照らして社会通念上相当として是認することができず、解約権の濫用というべきであ (る)」としています。

3 契約書と誓約書

　労働者の雇入れが、法的には労働契約の締結とみられますが、一般の労働者の雇入れに当たって労働契約書が作られることは少ないのが実態です。

　これは、法律上、労働契約については特別の書式行為が要求されておらず、契約当事者の意思の合致があれば口頭で契約が成立することとされているからでもあります。

書式行為がとられている場合でも、採用辞令のように使用者側の一方的な書類作成行為がとられており、労働者と使用者が連署した労働契約書を作成する事例は、それほど多く見当たりません。しかし、それでも十分労働契約は有効に成立するわけです。

　一方、企業が労働者から誓約書を提出させる事例は多くみられます。例えば労働者本人から、「私は、貴社に従業員として採用されましたことについては、貴社就業規則その他の諸規程、命令を遵守し、誠実に職務に精勤することを誓約します」というような誓約書を出させ、これに併せて、身元保証人2名ほどに「私等は、右誓約人の身上に関する一切の責任を負い、万一右本人の故意又は重大な過失により貴社に損害を与えたときは身元保証人として右本人と連帯して賠償の責を負い、貴社に迷惑はおかけ致しません」というような誓約文に連署させて提出させている例も少なくありません。

3　労働契約に付随する特約

　労働契約には、各種の特約が付加されることがあります。もっとも多いのが身元保証契約ですが、このほかにも、身元保証金の特約、社内預金契約、採用期間の特約、特許権の特約、社宅入居契約の特約などがあげられます。いずれも法律上問題の多いものばかりなので、問題点を検討してみましょう。

1　身元保証契約

　身元保証契約は、新規採用労働者の身元保証を身元保証人に行わせ、その労働者が会社に損害を及ぼしかつその者に賠償能力がないときは、身元

保証人に賠償の責任を負わせる保証契約であり、労働契約に付随して広く行われている特約です。

保証契約ですから一般に身元保証人と雇用主との間で書面で契約するのが普通ですが、労働者自身の誓約書と身元保証契約書とを一体にしたものもみられます。

身元保証契約は、どうしても身元保証人に不利になりがちなので「身元保証ニ関スル法律」（身元保証法）でその保護を図っています。したがって、身元保証契約を結ぶ場合は、この法律との関係に留意する必要があります。

一般的な身元保証契約は、①身元保証の範囲、②契約期間、③通知義務などが内容とされます。

(1) 身元保証の範囲

身元保証契約とは、被保証人である労働者が会社に与えた損害を賠償することを保証するものです。これを法律的にみると、労働契約による義務の不履行によって損害を及ぼした場合と労働者の不法行為、例えば横領行為のような犯罪的なものから、自動車事故のように過失により会社の物品を損壊した場合などまで、一切の損害を賠償させるように表現されているのが普通です。この点については、法律でもなんら直接規定を設けていません。

実際に損害を受けた場合に、これを請求できるか、また、請求できる金額はいくらかという点は、一般の損害賠償と同様に、その都度実情に応じて決定されるべきものです。最終的には裁判所によって判定されますが、裁判所は身元保証の場合には、労働者の監督に関する使用者の過失の有無、身元保証人が身元保証をなすに至った事由、及び身元保証をするために用いた注意の程度、労働者の任務または地位の変化などの事情を斟酌することとされています（身元保証法5条）。

(2) 契約期間

身元保証契約は、期間を定めていなかったときは3年、期間を定めたときは5年間が最長期間とされます。自動更新は無効となります。

(3) 通知義務

　身元保証人の保証責任が事実上加重されるおそれがある特定の事由が発生した場合には、身元保証法は、以後の保証契約を身元保証人が解除できることとして、身元保証人の保護を図っています。その契約解除事由は次に掲げる二つの場合ですが、このような事実が発生した場合には使用者から身元保証人へ通知すべき義務を課しています（身元保証法3条）。

(イ)　被用者（労働者）に業務上不適任、または不誠実な事跡があり、このため身元保証人の責任を惹起するおそれがあることを知ったとき

(ロ)　被用者（労働者）の任務または任地を変更しこれがため身元保証人の責任を加重し、またはその監督を困難にしたとき

2　身元保証金の特約

　身元保証金というのは、労働者が使用者に被らせた損害の賠償を確保するために、雇入れに当たって使用者に預けさせる金銭、または有価証券のことです。最近は、あまりみられなくなりましたが、集金業務のように、使用者の直接管理の及ばないところで、金銭の取扱いをする業務などにみられます。

　身元保証金は、借家関係の敷金のように、保証金の所有権は労働契約が終了するまで使用者に属し、労働者が損害を与え賠償義務が生じたときに、その賠償額を控除した残額について労働契約が終了したときに返還する義務が生ずると考えられます。

　現在までのところ、特別の法律規制を受けないので、保証金額などは雇入れの条件として自由に定められることになっています。ただ、先に触れたとおり、違約金や損害賠償額の予定は禁止されているので、実際に損害を被ったときに、その実損額の程度に応じて控除する方法によらなければなりません。

　身元保証金の返還義務は、原則として労働契約が終了したときに発生します。労基法では労働者が退職後返還を請求したときは7日以内に返還すべきことを定めています（労基法23条）。

もちろん、労働者の側に損害賠償すべき義務があるときは、賠償額を控除した残額を返還しなければなりませんし、また、労使間で返還すべき額などに関して争いがあるときは、異議のない部分を返還する必要があります。

3　貯蓄契約

　いわゆる社内預金など労使の間で貯蓄の契約を行うことは、古くから行われていました。しかし、使用者が貯蓄金について関与する場合に、往々にして貯蓄金を労働者の足止め策として利用する弊害がみられたので、労基法18条1項では、「使用者は、労働契約に附随して貯蓄の契約をさせ、又は貯蓄金を管理する契約をしてはならない」と強制貯蓄を禁止し、同条2項以下で任意貯蓄の管理についても一定の規制を加えています。

　強制貯蓄として禁止されるものは、労働契約に附随する貯蓄の契約、または貯蓄金を管理する契約です。「労働契約に附随する」とは、貯蓄契約をすることが雇入れの条件となったり雇用継続の条件となっていることで、「労働者である限り貯蓄契約をしていなければならない。貯蓄契約をやめるならば、労働契約も解除する」という契約が禁止されるわけです。例えば、賃金の10％は、必ず貯蓄しなければならないという契約は、強制貯蓄に該当します。また、貯蓄金を管理する契約とは、いわゆる社内預金のほか、労働者の個人名義で銀行などの金融機関に預け入れた通帳や印鑑を保管する「通帳保管」も含まれます。

　社内預金制度は、通常労働者から受け入れた預貯金に市中金利より有利な利子をつけるため、労働福祉の観点からそれなりに意味があったのですが、企業倒産に際して返還不能に至る事例もみられることから、保全措置を講じなければならない（賃金支払確保法2条）ほか、いくつかの規制が設けられています。

（1）労使協定を締結し監督署に届け出ること

　任意貯蓄をする場合の第一条件として、貯蓄金管理に関する労使協定を行い、労基署長に届け出なければなりません（労基法18条2項）。

この協定の当事者は、貯蓄金管理をする事業場の使用者と労働者の過半数を代表する者であり、労働者の過半数を代表する者とは、その事業場に労働者の過半数で組織する労働組合があるときはその労働組合、労働者の過半数で組織する労働組合がないときは労働者の過半数を代表する者とされています。
　協定すべき事項については、預金の受入れを行う場合には、預金者の範囲、預金者1人当たりの預金額の限度、預金の利率及び利子の計算方法、預金の受入れ及び払戻しの手続並びに預金の保全の方法について協定しなければなりません（労基法施行規則5条の2）。
　また、いわゆる社内預金については毎年4月30日までに過去1年間の預金の管理状況を所轄労基署長に報告しなければなりません（労基法施行規則57条3項）。

(2) 貯蓄金管理規程の作成
　使用者は、任意貯蓄の管理をする場合には貯蓄金の管理に関する規程を定め、これを労働者に周知させるため作業場に備えつける等の措置をとることが要求されています（労基法18条3項）。管理規程は、労使協定で定められた事項のほか貯蓄金の利子計算方法、預入れ、払戻しの手続など貯蓄金の取扱いに関する各種の規定を定めるものです。

(3) 預金の利率及び利子の計算方法
　社内預金として使用者が貯蓄金を直接預かる場合は、平成26年4月1日現在、年利5厘以上の利率による利子をつけることが必要とされています（労基法18条4項、預金利率に関する省令）。法律はこの最低利率だけを定め、最高利率の制限をしていません。
　利子の計算方式については、郵便貯金の例にならい、利子は預入れの日からつけなければなりません。ただし、月の16日以後に預け入れた金額及び払戻しをした金額については、その月の利子をつけなくてもよいとされています。

(4) 貯蓄金の返還

　労働者が貯蓄金の返還を請求したときは、遅滞なく返還しなければなりません（労基法18条5項）。これは貯蓄金管理が労働者の足止め策として利用されることを防止しようというものです。

　返還請求に対しては、請求事由のいかんにかかわらず遅滞なく返還する必要があり、これを拒否し、貯蓄金管理を使用者に継続して容認しておくことが労働者の利益を著しく害すると認められるときは、労基署長が貯蓄金管理の中止命令を出すことができることとされています（同条6項）。

(5) 保全措置

　受け入れた社内預金については、毎年3月31日現在の残高について、一定の保全措置を講じなければなりません（賃金支払確保法3条）。

　講ずべき保全措置は、次のいずれかの方法によらなければなりません。
① 　事業主の労働者に対する預金の払戻しに係る債務を銀行その他の金融機関において保証することを約する契約を締結すること。
② 　事業主の労働者に対する預金の払戻しに係る債務の額に相当する額につき、預金を行う労働者を受益者とする信託契約を信託業務を営む金融機関と締結すること。
③ 　労働者の事業主に対する預金の払戻しに係る債権を被担保債権とする質権または抵当権を設定すること。
④ 　預金保全委員会を設置し、かつ、労働者の預金を貯蓄金管理勘定として管理すること、または支払準備金制度を講ずること。

　なお、保全措置がなされていなかったり、不適当と認められる場合には、労基署長が保全命令を出すこととされています（賃金支払確保法4条）。

4 社宅使用の特約

　労働者に対して、社宅または寮などの居住施設を提供することが広く行われています。これは、一般に福利厚生施設の提供であって、とくに労働契約上の特約として意識されることはまずないといってよいでしょう。

しかし、解雇、退職時において居住施設を直ちに明け渡す義務が生ずるか否かという点で厳密な法律論を展開すると、居住施設の使用関係に借地借家法が適用になるかどうかという問題に発展し、居住施設を使用させている法律上の関係が問題とされます。この意味では、社宅使用の特約として検討してみる価値があります。

(1) 社宅使用は労働契約上の条件か

まず第一は、居住施設の使用は労働契約上の労働条件であるかどうかという点です。社宅等居住施設を使用させること、あるいはその使用料がいくらであるかということは、労働者にとって経済的に大きな影響があるので無関心であり得ないことはいうまでもありませんが、果たして、これが労働契約上の労働条件であるか否かについては争いのあるところです。

実際問題としては、社宅使用料の値上げとか社宅使用規程の改正を団体交渉事項としなければならないかどうかということと関連して、これが労働条件であるとする説と、単なる福利厚生施設であって労働条件ではないとする説とが対立しています。

実際の居住施設は、社宅のほかに、寮、寄宿舎などもあり、その使用実態においても、職務上入居を義務づけているものがあれば、抽せんで当たった者が入居できるものもあり、その間に、ほとんど全員に社宅が与えられる実態にあるもの、あるいは社宅に入居していないものには、入居者との均衡をとるため住宅手当を支給している場合など、各種各様です。

したがって、社宅等の住居施設の提供が労働条件であるか、単なる福利厚生施設であるかは、一律に決めるべきでなく実態に応じて決められるべきものですが、一般には福利厚生施設とみなし、入居が実質的に義務づけられている場合は、労働条件になると考えるのが妥当でしょう。

(2) 社宅使用関係と居住権の保障

第二は、社宅等の使用関係と居住権の保障との関係です。

社宅等の居住施設を貸与する場合には、一般には使用者は「社宅使用規程」などを設けて、社宅使用上の義務ないし条件を定めています。そのう

ち、社宅使用料の納付とか、無許可の変改造の禁止、返還時の原状回復義務などは社宅貸与の条件であり、一般の借家関係と比べて、とくに問題はありませんが、退職時等の社宅明渡し義務については、借地借家法の適用の有無と関連して難しい問題があります。

　一般的に社宅使用規程などでは、社宅を貸与する期間を労働者として在職している間に限る趣旨の規定が設けられています。このような規定が借地借家法の居住権を保障する規定との関係で有効かどうかが問題とされています。

　この点について判例は、社宅の使用関係と借地借家法の適用について見解が分かれていますが、いずれも、退職等によって労働関係が終了したときは、社宅の使用関係も終了するという立場をとっています（昭30.5.13最高裁第二小法廷判決、東北電力事件）。社宅の使用関係が一般の家屋の賃貸借と異なり労働関係が介在しているところからみれば、当然の結論であると考えられます。

　しかしながら、社宅明渡し義務は労働関係の終了と同時であるか、猶予が認められるべきかについては、やはり、社宅とはいえ居住権にかかわるものですから一定の猶予期間が置かれてしかるべきだと考えられます。

　なお、退職時の社宅の明渡しについては、326頁を参照してください。

労働者の採用Q&A

労働者と事業主の定義と各法律上の解釈は

Q 労基法のほか、労契法、労働者災害補償保険法（労災保険法）、健康保険法、雇用保険法などの法律で使用されている事業主（使用者）と労働者という言葉について、厳密にはその意味が異なっているように思われるのですが、はっきりしないので教えてください。

A **業務執行権をもたないものは労働者**

（1）労基法の場合

労基法では、9条、10条の規定によって、労働者、使用者の意味、範囲がそれぞれ次のように規定されています。

▶労働者とは

労働の性質（肉体労働であるとか、精神労働であるとかの）に関係なく、事業主との間に使用従属関係があり、しかも労務提供の対償として、賃金が支払われている者をいいます。

したがって、賃金は支払われていても、「法人、団体、組合等の代表者又は執行機関たる者の如く、事業主体との関係において使用従属の関係に立たない者は労働者ではない」（昭23.1.9 基発14号）とされています。

これとは逆に「法人の所謂重役で業務執行権又は代表権を持たない者が、工場長、部長の職にあって、賃金を受ける場合は、その限りにおいて、法第9条に規定する労働者である」（昭23.3.17 基発461号）とされています。

▶使用者とは

まず、事業主とは、個人企業ではその企業主個人、会社その他の法人組織の場合はその法人そのものをいうとされています。

次に「労働者に関する事項」について、事業主のために行為をするすべての者が使用者とされます。ここでいう「労働者に関する事項」には、人

事、給与、厚生、労務管理など労働条件の決定や業務命令の発出、具体的な指導監督を行うことなど、すべてこれに含まれるものと解されています。

具体的には「使用者とは、本法各条の義務についての履行の責任者をいい、その認定は、部長、課長等の形式にとらわれることなく各事業において、本法各条の義務について実質的に一定の権限を与えられているか否かによるが、かかる権限が与えられておらず、単に上司の命令の伝達者にすぎぬ場合は使用者とみなされないこと」（昭22.9.13 発基17号）とされています。

したがって、9条にいう労働者であっても、その人が同時に、ある事項について権限と責任をもっていれば、10条の使用者となります。

(2) 労契法の場合

労契法では、労働者については労基法と同旨とする規定が置かれています（2条1項）。使用者については、2条2項に、「使用者とは、その使用する労働者に対して賃金を支払う者」とされており、事業の経営主体を指し、労基法の「使用者」より範囲が狭いものです。労働契約を締結する主体である法人あるいは個人事業主そのものをいいます。

(3) 労災保険法の場合

労災保険法は、本来、労基法8章に規定する労働者の業務上の傷病または死亡に対する使用者の各種補償責任を代替するものですから、同法上の事業主及び労働者の定義は、労基法とまったく同一であるといえます。

なお、現行の労災保険法は、労働者の業務上の事由による傷病等に対する補償給付のほか、通勤途上の災害による傷病等に対しても給付がなされますし、また、労災保険法上の特別加入制度として、中小企業の事業主・一人親方、一部の家内労働者等については、労働保険事務組合等を通じて本人の申請により特別加入を認めており、この場合、保険給付については、便宜上労働者とみなす扱いがなされています。

(4) 健康保険法、厚生年金保険法の場合 ── 被保険者で区分

この両法においては、労働者、使用者の範囲で区分されておらず、被保

険者となれる者、なれない者として区分されています。ここでいう「使用される者」とは、事業所と事実上の使用関係があれば足り、事業主との間の法律上の雇用関係の存否は、使用関係を認定する参考となるにすぎないとされています。具体的には、例えば株式会社の社長であっても、事業所（事業主）と使用関係にありますから被保険者となるわけです。

(5) 雇用保険法の場合 —— 賃金生活者は労働者
▶事業主とは

雇用保険法上の事業主とは「当該事業についての法律上の権利義務の主体となるもの」を原則としています。したがって雇用関係については、雇用契約の一方の当事者となるもののことです。事業主は、自然人であると法人であるとを問いません。

具体的には、法人の場合は、その法人が事業主となるのであって、その代表者ではありません。また、事業主が数事業所を有しているような場合、各事業所の責任者が事業主となるのではなく、事業主の委任を受けて、その代理人となり得るにとどまるものとされています。

▶労働者とは

雇用保険法における労働者の定義については、明文の規定はありませんが、労組法3条の「職業の種類を問わず、賃金、給料その他これに準ずる収入によって生活する者」と同様であると解されています。

具体的には事業主に雇用されて、事業主により支給される賃金によって生活している者及び事業主に雇用されることによって生活しようとする者で、現在、その意に反して就業し得ない者も雇用保険法上の労働者とされています。

(6) 各法律のもつ範囲

以上、労働者と事業主についての区分を説明しましたが、各法律によってかなりその解釈は異なってくることが分かります。

まず、労基法と労災保険法においては同様に扱ってよいわけです。また、健康保険法と厚生年金保険法においても同様な扱いがされています。

というのは、労基法上では、労働関係が主となり、事業主とその役割を行う者を使用者としています。労災保険法では労基法に定められている「災害補償」等の取扱いが同一見解であることから、同様の立場に立った解釈がなされるのです。
　また、健康保険法と厚生年金保険法は、社会保障の立場に立った解釈がなされます。これは事業主と労働者（被保険者となれる者）という明確な区分からなっており、事業主という意味はかなり狭義なものとなってきます。
　雇用保険法での事業主は、健康保険法とか厚生年金保険法でいわれる事業主よりさらに狭義となり代表者などは含まれず、労働契約の一方の当事者ということになります。また、労働者についても、賃金生活者であるすべての者ということになり、労使ともにきわめて明確な形であることが分かります。

社長の妻子は労働者といえるか

Q 次の場合、長男、長女、奥さんは、労基法の適用を受ける「労働者」の範囲に入るのでしょうか。
(1) 労働者200名の株式会社で、代表取締役社長の長男が勤務している場合、その者は「労働者」となりますか。身分、労働条件などは他の労働者とまったく同じですが、社長と同居し、同一生計にあります。
(2) 店員6名の個人商店で、店主（使用者）の長女が働いている場合、長女は「労働者」となりますか。長女は労働時間、休日など他の労働者とまったく同じ労働条件で勤務していますが、店主と同居し、同一生計にあります。
(3) 労働者40名の株式会社で社長の奥さんは名称は取締役ですが、実態は毎日労働者と同じように勤務し報酬を受け取っています。いうまでもなく、奥さんは社長と同一生計にあります。

A **法人組織か個人経営かで判断**

ご質問の場合は、いずれも同居の親族のほかに、他人を使用しているわけですから、当然労基法の適用があります。したがって、事業主の親族がその事業場で他の労働者と一緒に働いており、賃金名義の金銭の支給を受けている場合でも、形式的には労基法の適用があるといえなくはありません。

　しかしながら、事業主と同居し、生計を一にしている親族については、実質的にみれば、事業主と利益を一にして、事業主と同一の地位にあると認められます。すなわち、このような親族は、一般には、事業主に「使用されている」というよりは、事業主の一員として、事業主とともに事業を行っているものと考えられます。いわゆる「使用従属」の関係にある労働者とは考えられないので、原則として労基法上の労働者には該当しません。

　ただし、同居の親族であっても、常時同居の親族以外の労働者を使用する事業において、例えば一般事務とか現場作業に従事しており、かつ、次の (1) 及び (2) の条件を満たすものについては、一般に私生活の面での相互協力関係とは別に、独立した労働関係が成立しているとみられるので、労基法上の労働者として取り扱うものとされています。

(1)　業務を行うにつき、事業主の指揮命令に従っていることが明確であること。

(2)　就労の実態が当該事業場における他の労働者と同様であり、賃金もこれに応じて支払われていること。とくに、①始業及び終業の時刻、休憩時間、休日、休暇等、②賃金の決定、計算及び支払いの方法、賃金の締切り及び支払いの時期等について、就業規則その他これに準ずるものに定めるところにより、その管理が他の労働者と同様になされていること。

(昭54.4.2 基発153号)

　法人組織の事業主は法人そのものであり、社長はその代表者です。法人の場合、企業利益がそっくり法人の代表者である社長の収入となるのではなく、役員会において決められた額の報酬が支払われるにすぎません。

　また、社長と同居して生計を一にしている親族について考えてみると、たとえこのような者が同じ会社で働いていたとしても、他の労働者と同様の労働条件で働いている場合には、社長との間における個人的な関係は別として、経営主体たる法人との間には、もはやそのような関係は存在せず、

そこでは法人という組織のなかで、使用従属関係に立った労働者として位置づけられています。

さて、ご質問の個々のケースについて考えてみますと、(1)の場合については、いままでの説明のように、労働者であることを否定すべき要素はないように思われます。

(2)については、小規模個人商店であること、店主と住居及び生計を一にしている店主の娘ですが、労働時間、休日などは他の労働者とまったく同じ条件であるとのことであり、賃金が他の労働者と同様の方法で決定、計算、支払い等が行われているのか不明であるため断定できませんが、前出行政解釈に照らしてみると、労基法上の労働者として取り扱われるケースもあるでしょう。

(3)については、社長の奥さんが取締役ということですから、まず、取締役について労基法上の労働者となるか否かを検討してみると、一般に、「法人、団体、組合等の代表者又は執行機関たる者の如く、事業主体との関係において使用従属の関係に立たない者は労働者ではない」(昭23.1.9基発14号)が、「法人の所謂重役で業務執行権又は代表権を持たない者が、工場長、部長の職にあって賃金を受ける場合は、その限りにおいて法第9条に規定する労働者である」(昭23.3.17基発461号)とされています。したがって、ご質問の場合は、奥さんが業務執行権や代表権をもつ場合は労働者ではなく、業務執行権や代表権をもたない場合は労働者として扱われる場合もあることになります。

当社と労働条件の違う出向社員をどう受け入れるか

Q 当社では、新製品の開発に伴い、親会社から、技術者を２名、当社の社員として受け入れることにしました。
　しかし、親会社と当社では、企業規模が違うばかりでなく、賃金、労働時間など種々の労働条件面で格差があり、労働条件の切下げにならないか心配です。
　出向社員の受入れの際、どんな点について留意しなければならないのでしょうか。

A **相違点の取扱いを定める**

（1）出向元・出向先との間での取決め

　関連企業・系列企業間などで技術提携を図り、また、企業間の連携を強めるために、企業相互の人事交流を図る制度として、いわゆる"出向制度"がみられます。この制度を直接対象とした法律的規制がなかったのですが、労契法では、出向命令権の濫用に当たる場合はその出向命令は無効となることを明らかにしています（14条）。裁判となった事件などは、いずれも出向させる会社とその労働者との関係について問題となる場合が多いのです。
　ご質問の場合は、出向を受け入れる場合の問題であり、個別ケースによって複雑な問題がありますが、一般的には、次の点に留意すべきでしょう。
　親会社と貴社との間で出向社員について、次のような賃金、労働時間、休日、休暇、社会保険などの諸点で明確な取決めをしておくことです。

① 賃金……賃金水準に差がある場合の処置。賃金の支払い方、諸手当の種類と金額、昇給に差がある場合の取り扱い方。賞与・退職金などについても同様。
② 労働時間……労働時間に差がある場合の取り扱い方。
③ 休日……週休２日制の有無、祝祭日等の特別休暇に差がある場合の取り扱い方。
④ 休暇……年次有給休暇の取り扱い方、とくに親会社での年次有給休暇

請求権を貴社が引き継ぐことにするかどうか、また、その日数、年次有給休暇権の発生要件での差異がある場合の取り扱い方。さらに特別休暇に差異がある場合の取り扱い方。
⑤　社会・労働保険……雇用保険・労災保険・健康保険・厚生年金保険などの取り扱い方（昭35. 11. 18 基収4901号の2、昭35. 11. 2 基発932号など参照）。万一、その出向社員が業務上傷病とされた場合の補償責任は誰が負うか。親会社か、貴社か。
⑥　職場規律……出向社員の遵守する職場規律は、万一両者の規律が二律背反になったときはどちらをとることにするのか（とくに、秘密遵守義務で貴社の秘密を親会社に漏らしては困るときなど）。
⑦　人事考課……貴社と親会社とのどちらが人事考課を行うのか。貴社での人事考課を親会社との関係で報告するのか、しないのか。
⑧　表彰・懲戒……出向期間中、貴社で表彰・懲戒を行うのか、それともあくまで親会社が責任を負って行うのか、とくに解雇に該当するときはどうなるのか。

(2) 出向に関する労基法の適用と行政解釈

以上が一般的な留意点ですが、法律的な問題を行政通達（昭35. 11. 18 基収4901号の2）が説明した事例に即して整理すると以下のとおりです。

このケースは化学会社数社が共同出資して共同研究機関として設立した事業組合に関するものです。各社は自社の技師等を事業組合の運転部員、作業員及び事務局員として派遣し、派遣された者は各社より出向形式で常態として研究事業に従事し、その労働条件などは、その会社の労働協約、就業規則によって決定され、労働の記録は事業組合で管理し、その記録を事業組合より各社に送付し、これに基づいて各社は賃金などを直接技師などに支払うという事業形態です。

事業組合は労働者の採用、解雇はしません（出向元会社が行います。）が、事業組合における毎日の就業（始業、終業、休憩、休日等）の労働条件は事業組合の指揮監督に服します。

以上のような出向労働者に対して、「運転部員、作業員及び事務局員（以

下「労働者」という。）は作業の具体的遂行、始業、終業、休憩その他の事項について組合の指揮命令をうけており、その限度で、労働者と組合との間に労働関係が存在するが、反面、解雇の権限は出向元の会社に留保されており、また、賃金は、出向元の会社から支払われているから、その限度で、出向元の会社との間にも労働関係が存在する。この場合において、労働基準法は当該使用者について、労働関係の存在する限度で適用があるということになる……」とされています。

なお、具体的な取扱いは次のとおりとされています。

①賃金（労基法24条関係）

　出向労働者の賃金は、出向元の会社において支払われているが、勤務場所と賃金支払場所が異なることは労基法24条に定める一定期日払いの原則の履行を困難にする場合も考えられるので、違反が生じないよう注意すること。なお、労基法24条の協約及び協定は、賃金支払者たる出向元の会社とで締結すればよい。

②労働時間、休憩、休日、休暇

　これらの規定は事業組合が履行義務を負うこと。三六協定は出向労働者と事業組合との間に締結されなければならない。

③安全衛生関係

　出向労働者が具体的に労務を提供する事業組合において、関係規定の遵守義務を負う。

④災害補償関係

　事業組合が履行義務を負うが、保険料及び平均賃金の算定は当然、出向元の会社が出向労働者に支払った賃金により行うこととなる。

⑤就業規則関係

　就業規則に関する諸規定の義務の履行は、事業組合または出向元の会社が、それぞれが権限を有する事項において、当該事項について行わなければならない。

⑥労働者名簿・賃金台帳

　労働者名簿及び賃金台帳の調製等の義務は、事業組合及び出向元の会社のそれぞれが負う。

「試用期間」は就業規則でどう定めるか

Q 試用期間の長さはどのくらいが適当でしょうか。また、一応試用期間を定めても運用に弾力性をもたせるために「会社の都合によって伸縮することができる」というような規定を設けることは差し支えありませんか。

A 伸縮も可能だが、あまり長くない期間が適当

　労働者を採用する場合、学科試験や面接によって、一応は選考しますが、それだけでは的確にその人物や能力をつかむことができないので、採用後に実際に職場に配置して働かせ、適格性の有無を調べるために雇用の当初に置かれた期間が試用期間です。これを裏からいえば、試用期間の間は本採用の労働者が身分保障のために就業規則や労働協約で定められている種々の解雇の制限を受けることなく、不適格を理由として解雇できる解雇権を使用者が留保しているとみられるのです（解約権留保付き労働契約）。なお、見習期間というのは、正確には技能の習得のために定められた期間であって、試用期間とは意味が異なりますが、実際には同じ意味で使っている場合が多いようです。

　試用期間は、法令等によりその長さが決められているわけではありません。したがって、各企業で適格性の有無を調べるのにどのくらいの期間が必要であるかを企業の実情に即して決めるのが正しい態度といえます。

　試用期間中に、適格性なしと判断された場合は、解雇され得るのですから、その間の地位はきわめて不安定なものです。したがって、労務管理の観点からいえば、できるだけ早くこれを安定させて、能力を十分に発揮させるように仕向けるのが望ましい態度といえます。

　試用期間は、労働者にとってその地位が不安定な期間であるため、必ず期間を定めなければなりません。例えば、「会社が当社の社員としてふさわしいと認めたときに本採用とする」というような定めは、公序良俗に反するものとして無効となります。試用期間の長さについては、現在では、3か月程度以下が多くみられますが、長くても6か月を超えない範囲で定

めるべきでしょう。裁判例では、最短の者で6か月ないし9か月、最長の者で1年ないし1年3か月で適格性を判断することは十分可能であり、見習社員から試用社員に登用した者について、さらに6か月ないし1年の試用期間を設けているのは、合理的な範囲を超えているとして、このような特約は公序良俗に反し無効と判示したものがあります（昭59.3.23名古屋地裁判決、ブラザー工業事件）。

就業規則には、例えば「試用期間は3か月とする。ただし、会社の都合によりこの期間を短縮することがある」などと定めたものが多くみられます。この規定のただし書は、適格性あること疑いなしと判断した場合に、試用期間の途中でも本採用とすることができるようにしたものであって、合理的な規定の仕方といえます。

臨時雇いの労働契約には期間を定めるべきか

Q 社員食堂の手伝いに近くの主婦を臨時雇いの形で雇うことにしました。この場合、労働契約書を取り交わすに当たって、労働契約期間を明確に決めておかなければならないのでしょうか。また、労働契約の法的性格や臨時雇いの場合の契約の結び方についても教えてください。

A **期間を定める場合は3年以内で**

労基法14条には、「労働契約は、期間の定めのないものを除き、一定の事業の完了に必要な期間を定めるもののほかは、3年（編注：高度の専門的な知識等を有する者または満60歳以上の者との労働契約にあっては、5年（5頁参照））を超える期間について締結してはならない」とあります。したがって、ご質問のように、5年までの期間を定めることができるなどの特例が認められる場合でなければ、労働契約期間は3年以下にしなければなりません。ただし、ご質問の主婦が60歳以上であれば5年までの契約期間とすることができます。

なお、労基法施行規則5条では、書面で交付しなければならない労働条

件の事項の一つとして「労働契約の期間に関する事項」を定めており、したがってご質問の場合も労働契約期間を明確に定め、書面で交付する必要があります。また、期間の定めのある労働契約（有期労働契約）の場合は、「有期労働契約を更新する場合の基準に関する事項」を定め、同様に書面で交付しなければなりません。

労働契約というのは「労働者が使用者に対して労働に服することを約し、使用者がこれに賃金給料などの報酬を与えることを約する契約」です。これは民法にいう雇用契約（民法623条以下）に当たりますが、民法の規定は契約自由の原則に立っているため、労基法はこれを修正し、労働者保護の観点から特別の規制を加えています。

契約期間については、長期労働契約による人身拘束の弊害を排除するため、労基法14条においては従来、最長期間を原則として1年に制限していました。というのは期間の定めのない労働契約の場合、労働者はいつでも解約する自由がありますが（民法627条1項）、契約期間の定めがある場合は、期間が満了するまでの間に「やむを得ない事由」があるとき（同法628条）、使用者破産の場合（同法631条）、使用者の債務不履行の場合（同法541条以下）があったときに限り労働者は契約を解除できますが、これ以外の理由では契約を解除できないからです。

しかしながら、近年有期労働契約の多くが契約更新を繰り返すことにより、一定期間雇用されている現状を踏まえ、有期労働契約が労使双方から良好な雇用形態の一つとして活用されるよう、労基法を改正し、平成16年1月より契約期間の上限を1年から3年に延長しました。期間の定めのない契約では、労働者が退職するか、使用者のほうで解雇するまでは、労働関係が継続する仕組みになっているので労働契約書のその期間が問題になることはありません。

臨時労働者やパートタイム労働者については、契約期間の定めを置く例が多く、また、定められた契約期間が満了した場合、さらに契約を更新し、相当長期間に及んで事実上雇用が継続する例もみられます。

当初の雇入れ時はもとより、契約更新時にも労働条件をいかにするかを明らかにしておくことは重要なことであり、このため、厚生労働省では、

労働者の雇入れ時に主要な労働条件について書面により明示するためのモデル様式「労働条件通知書」を示しているので、これを利用するとよいでしょう。

なお、有期労働契約を反覆更新した後に、更新拒絶を行う場合、これを解雇とみるか否かは難しい問題です。とくに有期労働契約が反復更新されることによって、実態的に期間の定めのない契約に転化し、実質的には解雇に当たるとする判断は容易ではありません。一般に有期労働契約が期間満了をもって更新されないことを「雇止め」と呼んでいますが、雇止めが解雇であるか否かの法的判断は別にして、有期労働契約が反復更新された後の雇止めは、労使間のトラブルの原因となることが多いのです。

このようなことから、厚生労働省では有期労働契約をめぐるトラブルの未然防止を図るため、法14条2項の規定に基づき「有期労働契約の締結、更新及び雇止めに関する基準」（平15.10.22厚生労働省告示357号）を定め、これに従い使用者に対して必要な助言及び指導をしています。

また、平成24年の労契法の改正により、確立した判例法理（雇止め法理）が法律に明記され、有期労働契約に関するルールが設けられました（295頁参照）。

採用後一定期間の勤務を義務づけることができるか

Q 学校卒業者を地方から採用するに際し、支度金として10万円を送金し、「この支度金は雇用契約書に記載した1か年間を勤務することを前提として受領する」旨の受領書を出させるとした場合、
(1) 1か年未満で本人が退職するとき、この支度金の返還要求をすることができるでしょうか。
(2) 金額の多少はともかくとし、これにより1か年間を拘束することになるかについて、労基法上問題はないでしょうか。

A **条件付き就職支度金支給も違反ではない**

ご質問のような条件付き就職支度金支給制度の当否の判断は、労基法16条の規定（賠償予定の禁止）に触れるかどうかにかかわるものと思われます。同条は、使用者が、労働契約の不履行について違約金を定めたり、いまだ実際上の損害を与えた事実がないにもかかわらず、与えることがあるであろう場合を予想して、あらかじめその賠償額を定めるなどの契約を禁止するものです。したがって、あらかじめこれらの契約をすることなく、違約のため、損害額が現実に明らかに証明できる場合、または現実に機械、器具等を損傷するなどの実損害額を賠償させる場合は違法ではない、ということになります。

　ご質問の受領書に表示された「雇用契約書に記載した１か年間を勤務することを前提として受領する」とは、文理上「契約を履行しない場合は返還を要求する」との会社側の意思の表明であり、一方、受領者本人側からすれば、これも文理上「契約不履行の場合は返還要求に応ずる」という意思表示とみなければなりません。逆にいえば、10万円の支度金を受けたことについては「契約期間である１か年間は継続勤務する」旨を契約したことと解さなければならないものです。

　したがって、支払者、受領者が相互に確認した契約ですから「要求できるか」というより、むしろ明らかに「要求し」、「返還する（１年間は勤務する）」ということになります。

　ここで考えられることは、労働者側に「１か年勤務するか」それとも「10万円を返還するか」の選択の自由があることです。つまり、契約を履行しない代わりに支度金を返還することにより、自由な行動がとれるということです。このことは、使用者側でも同様、支度金を返還する限り、身分を拘束することはないということです。法律の禁止趣旨は、あくまでも「労働契約の不履行についての違約金を定める契約」そのものにあるのであって、前述のような内容とは無関係のものと解されます。以上の点を総合すれば、ご質問の条件付き就職支度金は違法とは認められません。

学費返還の請求は拒否できるか

Q　「5年間勤続する。その代わりに、使用者は美容学校の学費・食事代等を賃金とは別に支給する」という約定のもとに、美容院に住み込んでいる美容師です。結婚のため退職の意思表示をしたところ、途中で辞めたのでは契約に反するとして、使用者から学費の返還を請求されました。返済しなければならないのでしょうか。

A　**業務上の必要性からの学費は返還の必要はない**

　労働契約には、期間の定めのある契約（有期労働契約）と期間の定めのない契約とがあります。有期労働契約を結ぶ場合は、民法では最長期間が5年と定められています（民法626条1項）が、労基法では、これを短縮して、原則として3年を超える期間を定める労働契約を締結してはならないと定めています（同法14条1項）。これは、労働者を不当に長く拘束しないようにという配慮から設けられた規定です。

　しかし、この規定には、高度の専門的な知識等を有する者を当該高度の専門的な知識等を必要とする業務に就かせる場合の労働契約または満60歳以上の者との労働契約にあっては5年を超える期間締結してはならないとするほか、次のような二つの例外が認められています。

　第一は「一定の事業完了に必要な期間を定める場合」（労基法14条）であり、第二は職業能力開発促進法24条1項の認定を受ける労働者について、必要の限度で労基法14条の契約期間の例外を厚生労働省令で定めた場合（労基法70条）です。

　したがって、これらの例外を除いて、5年間という労働契約を結んでも、3年を超える部分については無効とされます。

　また、労働契約の不履行について損害賠償額を予定する契約は、それ自体禁じられています（労基法16条）。それは経済的圧迫を恐れる労働者をして不当に労働を強制し、使用者への隷属関係を強める結果となるからです。

　判例には、労基法16条は強行法規であり、これに反する契約は無効であ

るとしているものがみられる一方、学費等単純な立替払いの返還等は、請求しても同条に反しないとするものもみられます。

ご質問の場合の、5年間の勤続という違法な拘束は当然視できません。しかし、学費の返還については、貸借の関係が明白であり、立替払いであれば返還しなければなりませんが、学費は使用者負担で通学させるという内容の労働契約を結んだ場合、もしくは業務上の必要性から通学させたような場合には、使用者の利益に帰属する給付とみられるので、返還の必要はないと考えられます。

なお、参考までに労基法16条に違反するものではないとする裁判例を紹介すれば、技能検定のための研修費用を社費で負担し、その代わり今後1年間退職しないこととし、退職したら研修費用として3万円支払う旨を誓約させたことについて、①その性質において会社が講習を希望する労働者に対する訓練費用の立替金であると認められ（3万円は実費の範囲内であると認められる）、②立替金の額が適当であり、③契約拘束期間も短期である等を総合して、労働者に対して使用継続の関係を不当に強要するものとは考えられないので、その誓約は、労働契約の不履行につき違約金を定め、または損害賠償額を予定する契約をしたものとはいえず、労基法16条に違反しないとしたものがあります（昭43.2.28 大阪高裁判決、藤野金属事件）。

未成年者の労働契約は親権者の同意が必要か

Q 知人の紹介で17歳の少年を雇い入れましたが、間もなく、本人の父親が「私に無断で雇ったので、警察に訴えるぞ」と、少年の引取りを要求してきました。あとで聞いたところでは、父親は彼の就職を別に決めていたようです。

未成年者の雇入れについては、親の了解を得なければならないのでしょうか。

A **民法5条により法定代理人の同意が必要**

未成年者を雇い入れる場合には親権者または後見人の同意が必要です。民法5条には「未成年者が法律行為をするには、その法定代理人の同意を得なければならない」という規定があります。この規定は未成年者本人が自ら労働契約を締結するに当たっても適用されます。

　一方、労基法では「親権者又は後見人は、未成年者に代って労働契約を締結してはならない」「親権者若しくは後見人又は行政官庁は、労働契約が未成年者に不利であると認める場合においては、将来に向ってこれを解除することができる」（労基法58条）とされています。

　ともすると、この規定から民法5条の適用はないと考えがちですが、労基法は労働契約の特殊性と未成年者保護の観点から、親権者または後見人が未成年者に代わって労働契約を締結することを禁じ、その範囲で代理権を制限したもので、同意権にはいささかの消長もないとされています。最高裁の判例も、未成年者が労働契約を締結する場合には民法5条の原則に則って法定代理人、すなわち親権者等の同意を得なければならないとしています。したがって、ご質問のケースのように、親権者の同意のない17歳の少年との労働契約は無効といわざるを得ません。

　一方、年少者（満18歳未満）の労働に伴う弊害の典型的なものとして、かつては親が子に代わり、子の知らない間に使用者と契約を締結し、多くの場合、親はその際使用者から前借りし、これを子が働いて得るべき賃金と相殺することを認めたり、あるいは子に賃金を支払うことなく、親に送金するような事例が多くみられました。しかも、年少者は容易に労働契約を解除できず、不当な労働条件のもとに、長期間労働せざるを得ない状況にありました。しかし、親権が認められるのは子供の利益及び社会の利益のためです。この親権の濫用を防止するため、労基法58条が定められたものです。したがって、ご質問のように親が子に代わって労働契約を結ぶことはできません。

　このほか、未成年者は、独立して賃金を請求することができ、親権者または後見人は、未成年者の賃金を代わって受け取ってはならない（同法59条）などの保護規定があります。

年少者の戸籍証明書とはどんなものか

Q 労基法では、18歳未満の者を使用する際は、その年齢を証明する戸籍証明書を事業所に備えつける義務を課しています。この戸籍証明書とはどういうものでしょうか。本人の戸籍謄本あるいは抄本などを取り寄せればそれでよいのでしょうか。

A 住民票記載事項の証明書を備えつける

　労基法57条は、「使用者は、満18才に満たない者について、その年齢を証明する戸籍証明書を事業場に備え付けなければならない」と規定しています。年齢を証明する戸籍証明書については、「住民基本台帳法第7条第1号（氏名）及び第2号（出生の年月日）の事項についての証明がなされている「住民票記載事項の証明書」を備えれば足りること」（昭50.2.17 基発83号、婦発40号）とされており、住民票記載事項証明書を備える必要があります。

　なお、これに関連して、戸籍謄（抄）本、住民票の写しを画一的に提出させることはできないとされています。戸籍謄（抄）本が必要となった場合には、その具体的必要性に応じ、本人に対し、その使用目的を十分明らかにしたうえで提示を求め、確認後はすみやかに本人に返却することとされています（前掲通達）。

第3章

就業規則

1 就業規則の作成

1 就業規則の作成義務

　労基法は、「常時10人以上の労働者を使用する」事業の使用者に、就業規則を作成し、これを労基署長に届け出るべき義務を課しています（89条）。
　いうまでもなく、就業規則と呼ばれるものは、工場、事業場において、その職場規律や労働時間、賃金その他の労働条件の内容を定めた諸規則の総称です。
　先にも触れたように、多数の労働者を使用する企業においては、労働条件や職場規律を画一的、統一的に定めておく必要があり、自然発生的に一定の規律ができています。この規律が実質的な意味での就業規則です。したがって、結果的には、この実質的な就業規則を成文化して、届け出るべきことを定めているのが、労基法89条だといえます。
　就業規則というものは、元来企業の職場秩序を確立し、これを維持するために制定されるものですから、法律によってその作成が義務づけられなくても、企業経営の立場から当然作成されるべきものですし、また、事実、法律上の作成義務が課せられる以前においても使用者が一方的に作成していたものです。
　労基法は、このような事実と就業規則がもつ実際上の強い力、すなわち、その事業場における労働条件の最低基準を設定し、労働契約の内容を決定するという役割と就業上の規律を定めることによる紛争の予防という重要な機能とに着目して、それにある程度の規制を加え、併せて、労働条件を明確にさせるため、就業規則の作成と届出の義務を課しているわけです。
　なお、労基法上の就業規則作成・届出義務は、常時10人以上の労働者を使用する事業場に課せられていますが、その合理性と周知という一定要件のもとで、就業規則で定められた労働条件の内容が個別の労働契約の内容となる法的効果をもち、労働契約の内容が就業規則で定める労働条件によ

るものとされる（労契法7条、10条）ところから、労働条件を集団的、統一的に設定する効果、職場規律など人事管理上重要な機能を活かすため、10人未満の事業場においても、就業規則を作成する例が多くみられます。

2　就業規則に記載すべき事項

　労基法89条は、就業規則の作成届出を義務づけるとともに就業規則に必ず記載しなければならない事項を定めています。

　同条の規定では、「必ず記載しなければならない事項（絶対的必要記載事項）」と「定めがあれば必ず記載しなければならない事項（相対的必要記載事項）」との二つに分けています。

　「絶対的必要記載事項」は、いかなる事業場の就業規則でも必ず記載すべき事項であり、「相対的必要記載事項」とは、その事項に関して内規その他の定めがある場合には、就業規則に記載しなければならない事項とされています。

●**絶対的必要記載事項**
　① 　始業及び終業の時刻、休憩時間、休日、休暇並びに労働者を2組に分けて交替に就業させる場合においては就業時転換に関する事項
　② 　賃金の決定、計算及び支払いの方法、賃金の締切り及び支払いの時期並びに昇給に関する事項
　③ 　退職に関する事項（解雇に関する事由を含む。）

●**相対的必要記載事項**
　① 　退職手当の定めが適用される労働者の範囲、退職手当の決定、計算及び支払いの方法並びに支払いの時期に関する事項
　② 　臨時の賃金等及び最低賃金額に関する事項
　③ 　食費、作業用品その他労働者に負担させるものに関する事項
　④ 　安全及び衛生に関する事項
　⑤ 　職業訓練に関する事項

⑥　災害補償及び業務外の傷病扶助に関する事項
⑦　表彰及び制裁に関する事項
⑧　その他事業場の労働者のすべてに適用される事項

　以上の事項を記載することによって、労働時間、休日、休暇、賃金、退職に関する事項などの労働条件が就業規則中に具体的に記載されることにより、労働条件が明確化されることとなります。

3　就業規則の作成要領

　就業規則の内容となるべき職場秩序や労働条件は、業種業態によって異なるほか、その企業の経営状態や労務管理方針によって各企業ごとに決められるべき性質のものであり、就業規則も結局、各企業の実情に応じて独自のものとして作られる必要があります。このようなことは、いまさらいうまでもなく当然のことですが、就業規則についてはこのことを強調する必要があるように思われます。というのは、就業規則の場合は、これを作成する知識経験に乏しい関係からか、他の事業場の就業規則をそのまま丸写しにしたり、あるいは、外向けに体裁はよくても実際とはかけはなれていて、守られない就業規則であったりするものがよく見受けられます。

　名実ともに自分の会社の就業規則とし、これを柱として労務管理が行えるよう就業規則の作成の段階から注意する必要があります。

　企業の実情に即した就業規則を作成する手順を示すと、次のようになります。

　第一に、まず自己の企業で現在実施している職場規律や労働時間、休日、休暇、賃金等の労働条件に関する諸慣行を箇条書きに整理してみます。

　第二に、上記の箇条書きした事項のなかから就業規則に記載しなければならない事項や就業規則に記載しておいたほうがよいと思われる事項を選び出し、就業規則案要綱といったものを作ってみます。この場合に労基法89条の「就業規則に記載すべき事項」と対比して記載もれがないかどうかを検討し、もし記載もれがあればそれを補うこととします。

　第三に、前記の就業規則案要綱は、いわば現行制度についての規則案要

綱です。さらに就業規則を作成する機会に、既存の労務管理を検討し、より合理的なものとするために必要な事項について補正を加えることも必要なことと思われます。これにより規則案要綱が固まるわけですから、この時点で各事項の配列を検討し各章別に分類しておくとよいでしょう。

　第四は、要綱を基礎として条文化作業に移ります。この過程でモデル就業規則や解説書を参考にして、労基法その他の法令に抵触しないように注意するとともに、企業の実情に即するよう規定方法にも工夫をこらすことが大切です。このほか、条文化に当たってはなるべくやさしく表現すること、正確、かつ、簡潔に規定するように注意することです。就業規則は労使の権利義務に関するものであり、もしこのことに争いが生じ、裁判が行われる場合は、裁判所も就業規則を根拠として判断するので、正確、かつ、条文相互間に矛盾がないように規定することが重要です。

　要綱をすべて条文形式に書き改めたら、各条文の右肩に「条文見出し」をつけると分かりやすいでしょう。

　できあがった就業規則があまり膨大なものになったときは法律上、すべての事項について別規則とすることが認められているので、例えば、一般的に膨大な量となると考えられる賃金規則や安全衛生規則は別規則にすると使用に便利です。

4　就業規則の作成変更手続

　就業規則は労働者の労働条件と職場秩序を定め、労働者を規律するいわば"職場の憲法"ともいうべき性格をもっています。したがって、その作成変更の手続も国の法律を制定変更する場合と同様、制定権者が作成のうえこれを公布するという手続がとられてしかるべきだといえます。

　しかし、このような当然の手続のほかに労基法は、①労働者代表の意見を聴取すること、②行政官庁へ届け出ること、③全労働者に周知することの三つの手続をとることを定めています。そこで、次にこれらの手続に関する問題点について検討してみましょう。

　なお、労契法は、就業規則の変更の手続に関しては、労基法89条及び90

条の定めるところによる、と規定しています（同法11条）。

(1) 労働者代表の意見を聴取すること

　就業規則は労使の団体交渉によって締結される労働協約と異なり、使用者が一方的に制定変更できるものと解されています。

　このため従来は、ややもすれば、労働者の関知しないままに労働条件や制裁規定が定められることが多くみられたので、労基法は、就業規則の制定変更に当たっては、あらかじめその内容を労働者代表に提示させ、かつ、それに意見を述べる機会を与えることとし、次のような規定を置いています。

　「使用者は、就業規則の作成又は変更について、当該事業場に、労働者の過半数で組織する労働組合がある場合においてはその労働組合、労働者の過半数で組織する労働組合がない場合においては労働者の過半数を代表する者の意見を聴かなければならない」（労基法90条1項）。

　この規定で問題なのは、「意見を聴く」の意味と労働者代表の範囲です。

　「意見を聴く」とは、いわゆる諮問の意味であって、同意を得るとか、協議をするとかいう程度までは要求していないと解されています。

　本条が意見を聴くことのみを要件とするにとどめ、労働者代表の同意を要件としなかったのは、労働協約の締結を強制する結果となって適当でないからであり、労働者が就業規則の内容をあらかじめ知らされる機会を確保すれば、あとは労働者の団結権、団体行動権の自由に委ねられることとなり、十分にして妥当なところであるというのが立法の趣旨だと理解できます。

　以上のような解釈に立てば、本条に基づいて労働者代表の意見が提出された場合も、これを取り入れるべき義務は生じないと考えるべきであり、さらには、労働者代表が意見を提出しないことがあっても、意見聴取のため十分な説明と検討の時間が与えられていれば、法の意図している意見聴取の手続は、十分尽くされているとみてよいこととなります。解釈例規もこの立場を明らかにしています。

　労働者代表については、労働者の過半数で組織する労働組合がある場合は、その労働組合を労働者代表として意見を聴く必要があり、組合でない

単なる「労働者の過半数を代表する者」の意見を聴けば足りる場合とは、過半数組合がない場合に限られています。したがって、例えば「鉱山において鉱員と職員とがそれぞれ鉱員組合および職員組合を組織している場合に、鉱員組合が過半数組合であるときは、その組合の意見を聴かなければならない。たとえ職員に適用される就業規則の制定変更であっても過半数組合である鉱員組合の意見を聴く必要がある」（昭23.8.3基収2446号）とされています。

なお、この場合、法律上は過半数組合である鉱員組合の意見を聴く必要があるわけですが、実務上はさらに直接の当事者といえる職員組合の意見を聴くことも必要でしょう。

過半数組合がない場合は、単なる過半数代表者を選出してその者の意見を聴く必要が出てきます。この場合の代表者については、これを適正なものとするため、次のいずれにも該当する者とする必要がある旨が規定されています（労基法施行規則6条の2）。

　イ　労基法41条2号の監督または管理の地位にある者でないこと。
　ロ　労使協定の締結などを行う者を選出することを明確にして実施される投票、挙手などの方法による手続により、選出された者であること。

この過半数代表者の要件は、後述の三六協定や変形労働時間制の労使協定など労基法で締結が義務づけられているすべての場合について具備しておく必要があります。また、労働者が過半数代表者であること、過半数代表者になろうとしたこと、過半数代表者として正当な行為をしたことを理由として、不利益な取扱いをすることも禁止されています。

(2) 行政官庁への届出

労基法89条による就業規則を作成または変更した場合、行政官庁（労基署長）に対する就業規則の届出に当たっては、(1)に述べた労働者代表の意見を記した書面（様式はとくに定められていませんが、労働者代表の署名または記名押印のあるものに限ります。）を添付すること（労基法90条2項、労基法施行規則49条）としています。これによって、就業規則の内容の審査とともに、労働者の意見聴取に関する監督措置が講ぜられてい

るわけです。

　ところが（1）に述べたように、労働者代表が意見表明を故意に拒み、または意見書の提出をしないことがあります。このような場合については、（1）に述べた趣旨から使用者の側で意見聴取について十分な手段を尽くしていることが客観的に証明できる限り、労働者代表の意見書の添付がない届出も受理されることになっています（昭23.5.11基発735号、昭23.10.30基発1575号）。

（3）本社一括による届出

　複数事業所を有する企業では、事業場ごとにそれぞれを管轄する労基署へ届け出なければならず、大きな負担となるところから、内容が同一であれば本社で一括して届け出ることができる取扱いがされています。本社で一括して届け出る場合には、本社の代表者（使用者）の名前で届け出ることになります。

（4）労働者への周知

　労基法106条は就業規則を、「常時各作業場の見やすい場所へ掲示し、又は備え付けること、書面を交付することその他の厚生労働省令で定める方法によって、労働者に周知させなければならない」と就業規則の周知義務を定めています。

　就業規則が一種の社会的規範であるところからすれば、労働者への周知は当然のことですが、往々にして必要なときに労働者が就業規則を閲覧できないこともあるので、本条が設けられたわけです。

　就業規則の効力発生要件に関連して、本条による周知手続を欠いた就業規則の効力が問題とされることがあります。判例では、「公示等の手段により従業員に周知し得る状態におかれることを効力発生要件とする」という見解をとるものがほとんどです。フジ興産事件（平15.10.10最高裁第二小法廷判決）では、「就業規則が法的規範としての性質を有するものとして、拘束力を生ずるためには、その内容を適用を受ける事業場の労働者に周知させる手続が採られていることを要する」と判断しています。

2 就業規則の法的性格

1 就業規則の定めによって労働条件を決定するルール

(1) 就業規則が拘束力をもつ根拠

　我が国では、「職場のルール」として就業規則が定着している実態があります。そこで、労働契約を締結する場合、あるいは契約の途中で労働条件を変更する場合のルールを法律で明確にするに当たって、就業規則と個別の労働契約との関係をどのように整理すべきかが、労契法制定の際の一つの焦点であったといわれます。

①就業規則の定めが労働契約の内容となる場合

　労契法では、7条で労働契約の成立場面における就業規則と労働契約との関係について規定し、10条では合意の原則によることを確認したうえで、労働契約の内容である労働条件の変更について、変更後の就業規則の定めるところによるものとされる場合を明らかにしました。

　就業規則による労働条件の決定・変更に関しては、秋北バス事件判決（昭43.12.25最高裁大法廷判決）に代表される判例の積み重ねにより、一定のルールが確立していました。この判決は、就業規則の法的性格について、契約説と法規範説といわれる学説・判例の分かれる間にあって、法規範説に立つことを明らかにしたもので、その後の判決はこれを踏襲するものが多くみられます（昭61.3.13最高裁第一小法廷判決、電電公社帯広局事件／平3.11.28最高裁第一小法廷判決、日立製作所武蔵工場事件等）。

　労契法7条は、これらの最高裁判例をもとに規定化されたものです。同条は、労働契約において労働条件を詳細に定めずに労働者が就職した場合において、「合理的な労働条件が定められている就業規則」であること及び「就業規則を労働者に周知させていた」ことという要件を満た

している場合には、就業規則で定める労働条件が労働契約の内容を補充し、「労働契約の内容は、その就業規則で定める労働条件による」という法的効果が生じることを規定したものです。

②就業規則で定める労働条件によらない個別の合意がある場合

労働契約を締結する際、あるいは変更する際に、当事者間で就業規則で定める労働条件によらないことを個別に合意している場合は、その合意していた内容が優先して、労働条件となります（労契法7条ただし書、10条ただし書）。しかし、就業規則を下回る個別の合意を認めた場合は、就業規則の内容に合理性を求めている7条本文及び10条本文の規定の意義を失わせることになるところから、この場合において、同法12条では、就業規則を下回る部分が無効となることを規定しています。その結果、就業規則で定める労働条件によらない個別の合意をする場合は、就業規則で定める基準以上の労働条件を定めた場合のみ有効となることを明らかにしたもので、この点についても判例法理を規定化したものです。

参考判例

◆ 秋北バス事件（昭43.12.25 最高裁大法廷判決）

「多数の労働者を使用する近代企業においては、労働条件は、経営上の要請に基づき、統一的かつ画一的に決定され、労働者は、経営主体が定める契約内容の定型に従って、附従的に契約を締結せざるを得ない立場に立たされるのが実情であり、この労働条件を定型的に定めた就業規則は、一種の社会的規範としての性質を有するだけでなく、それが合理的な労働条件を定めているものであるかぎり、経営主体と労働者との間の労働条件は、その就業規則によるという事実たる慣習が成立しているものとして、その法的規範性が認められるに至っている（民法92条参照）ものということができる。」

◆ 電電公社帯広局事件（昭61.3.13 最高裁第一小法廷判決）

「労働条件を定型的に定めた就業規則は、一種の社会的規範としての性質を有するだけでなく、その定めが合理的なものであるかぎり、個別的労働契約における労働条件の決定は、その就業規則によるという事実たる慣習が成立しているものとして、法的規範としての性質を認められるに至っており、当該事業場の労働者は、就業規則の存在及び内容を現実に知っていると否とにかかわらず、また、これに対して個別的に同意を与えたかどうかを問わず、当然にその適用を受けるというべきである……〈秋北バス事件判決〉」

「換言すれば、就業規則が労働者に対し、一定の事項につき使用者の業務命令に服従すべき旨を定めているときは、そのような就業規則の規定内容が合理的なものであるかぎりにおいて当該具体的労働契約の内容をなしているものということができる。」

（2）就業規則の定める労働条件によるための要件（就業規則の合理性）

上記の秋北バス事件判決では、「新たな就業規則の作成・変更によって既得の権利を奪い、労働者に不利な労働条件を一方的に課することは許されない」という原則を確認のうえで、当該就業規則が「合理的なものである限り」という条件付きで、労働者はその就業規則の適用を拒否することはできないと判示しています。

参考判例

◆ 秋北バス事件最高裁判決（前掲）

「新たな就業規則の作成又は変更によって、既得の権利を奪い、労働者に不利益な労働条件を一方的に課することは、原則として、許されないと解すべきであるが、労働条件の集合的処理、特にその統一的かつ画一的な決定を建前とする就業規則の性質からいって、当該規則条項が合理的なものである限り、個々の労働者において、

これに同意しないことを理由として、その適用を拒否することは許されないと解すべきであ（る。）」

　そこで労契法10条が適用される場合、すなわち就業規則の変更による労働条件の変更が労働者の不利になる場合の、「就業規則の変更が合理的なものである」ことという要件はどう判断されるかが重要です。この点について、後述の第四銀行事件最高裁判決は、判断要素として７項目をあげ、これらを総合的に勘案して合理性を判断するものとしています。10条はこの判例法理に沿ったものです。

第四銀行事件最高裁判決の列挙した合理性判断の考慮要素７項目

①就業規則の変更によって労働者が被る不利益の程度
②使用者側の変更の必要性の内容・程度
③変更後の就業規則の内容自体の相当性
④代償措置その他関連する他の労働条件の改善状況
⑤労働組合等との交渉の経緯
⑥他の労働組合または他の従業員の対応
⑦同種事項に関する我が国社会における一般的状況等

（3）就業規則の合理性の判断

　就業規則の合理性は、個別事案ごとに、裁判所で具体的な諸事情を総合的に考慮して判断されることによって、労働契約の内容の実質的な公正さが担保されます。

参考判例
　どのような場合に就業規則の変更が「合理的なもの」と判断されるのかを明らかにした重要判例

◆ 大曲市農業協同組合事件（昭63.2.16 最高裁第三小法廷判決）

　「当該規則条項が合理的なものであるとは、当該就業規則の作成又は変更が、その必要性及び内容の両面からみて、それによって労働者が被ることになる不利益の程度を考慮しても、なお当該労使関係における当該条項の法的規範性を是認できるだけの合理性を有するものであることをいうと解される。特に、賃金、退職金など労働者にとって重要な権利、労働条件に関し実質的な不利益を及ぼす就業規則の作成又は変更については、当該条項が、そのような不利益を労働者に法的に受忍させることを許容できるだけの高度の必要性に基づいた合理的な内容のものである場合において、その効力を生ずるものというべきである。」

就業規則の変更が「合理的なものである」か否かを判断するに当たって考慮すべき７つの要素を明らかにした重要判例

◆ 第四銀行事件（平9.2.28 最高裁第二小法廷判決）

　「特に、賃金、退職金など労働者にとって重要な権利、労働条件に関し実質的な不利益を及ぼす就業規則の作成又は変更については、当該条項が、そのような不利益を労働者に法的に受忍させることを許容することができるだけの高度の必要性に基づいた合理的な内容のものである場合において、その効力を生ずるものというべきである。右の合理性の有無は、具体的には、就業規則の変更によって労働者が被る不利益の程度、使用者側の変更の必要性の内容・程度、変更後の就業規則の内容自体の相当性、代償措置その他関連する他の労働条件の改善状況、労働組合等との交渉の経緯、他の労働組合又は他の従業員の対応、同種事項に関する我が国社会における一般的状況等を総合考慮して判断すべきである。」

多数労働組合との合意があっても、一方的に一部の労働者に大きな不利益を与えるものとして、就業規則の変更の合理性を否定した判決

◆ みちのく銀行事件（平12.9.7最高裁第一小法廷判決）

「本件における賃金体系の変更は、短期的にみれば、特定の層の行員にのみ賃金コスト抑制の負担を負わせているものといわざるを得ず、その負担の程度も前示のように大幅な不利益を生じさせるものであり、それらの者は中堅層の労働条件の改善などといった利益を受けないまま退職の時期を迎えることとなるのである。就業規則の変更によってこのような制度の改正を行う場合には、一方的に不利益を受ける労働者について不利益性を緩和するなどの経過措置を設けることによる適切な救済を併せ図るべきであり、それがないままに右労働者に大きな不利益のみを受忍させることには、相当性がないものというほかはない。」「本件では、行員の約73％を組織する労組が本件第一次変更及び本件第二次変更に同意している。しかし、Xらの被る前示の不利益性の程度や内容を勘案すると、賃金面における変更の合理性を判断する際に労組の同意を大きな考慮要素と評価することは相当ではないというべきである。」

2　効力発生の要件と時期

　それでは、制定または変更した就業規則は、いつから効力が発生するのでしょうか。

　就業規則は多数の労働契約の共通の内容となるべきものとして定型的に定められたものであり、また一面、法規範的効力を付与されたとみられます。現実に多数の労働者を規律する作用をもっているので、就業規則は、あたかも、国の定める法律や命令と同じような扱いを受けるべきだといえます。したがって、その効力発生は、少なくとも規律を受けるべき多数の労働者に知らせるべき手続がとられたときと解すべきでしょう。

　労基法上規定された就業規則作成・変更の手続を欠いた場合に、就業規

則の効力はどうなるかという問題があります。この問題が生じるのは、
① 労働者の意見を聴取していない場合、あるいは意見聴取を行っていても同意が得られていない場合
② 労基署長に届け出ていない場合
③ 労基法所定の労働者への周知手続を欠いている場合
に分けられます。

①については、就業規則は使用者が一方的に作成し、変更する権限をもっていますから、たとえ労働組合等の意見聴取手続をとっていない就業規則も有効と考えられています。裁判例でも、「臨時雇員就業規則に関しては、債権者らは、その内容を債務者から知らされており、ただ適用労働者側の意見聴取手続がなされていないというが、この手続の欠如についても、その効力要件でないことは、その法的性格からも明らかで、この点債権者の主張は理由がない」(昭51.9.6神戸地裁決定、関西弘済整備事件)、あるいは「労働者の意見を聴くことは就業規則の作成変更の有効要件ではない」(昭24.10.20京都地裁判決、京都市事件)としたものなどがあります。

②については、届出を怠れば、労基法違反として罰則の適用を受けることになりますが、民事上、従業員に対する効力をもたないということはありません。裁判例では、「右届出義務を課した趣旨は就業規則の内容についての行政的監督を容易ならしめようとしたものに過ぎないと解されるから、右義務違反に対して罰則が課せられることがあることはともかく、届出の有無は就業規則の効力に消長を来さないと解するのが相当と考える」(昭63.3.7浦和地裁決定、三矢タクシー事件)などがあります。

③については、「当該就業規則は既に従業員側にその意見を求めるため提示され且つその意見書が附されて届出られたものであるから、会社側においてたとえ右労基法106条1項所定の爾後の周知方法を欠いていたとしても、これがため同法120条1号所定の罰則の適用問題を生ずるは格別、そのため就業規則自体の効力を否定する理由とはならないものと解するのが相当」(昭27.10.22最高裁大法廷判決、朝日新聞社事件)として、有効性を認めたものがあります。この判旨はその後の事案に広く認められていますが、一方で、労契法は、最高裁判所で判示したフジ興産事件判決の

判例法理をもとに、就業規則を労働者に「周知させていた」ことを、就業規則で定める労働条件によることを認める要件としました（7条）。

参考判例

◆ フジ興産事件（平15.10.10最高裁第二小法廷判決）

「使用者が労働者を懲戒するには、あらかじめ就業規則において懲戒の種別及び事由を定めておくことを要する。そして、就業規則が法的規範としての性質を有するものとして、拘束力を生ずるためには、その内容を適用を受ける事業場の労働者に周知させる手続が採られていることを要するものというべきである。」

法定の周知方法は、労基法106条、同施行規則52条の2に定めており、
① 常時各作業場の見やすい場所へ掲示、または備えつけ
② 書面を労働者に交付
③ 磁気テープ、磁気ディスクその他これらに準ずるものに記録し、かつ、各作業場に労働者が当該記録の内容を常時確認できる機器を設置すること

とされていますが、労契法7条の「周知」はこれらに限定されるものではなく、実質的に判断されるものであることとされています（平24.8.10基発0810第2号、平24.10.26基発1026第1号）。

3 適用される労働者の範囲

就業規則の適用を受ける労働者の範囲は、一般に就業規則が適用される事業場の労働者です。就業規則自体で適用する労働者の範囲を限定的に定めている例があります。

パートタイム労働者、臨時工など一般の労働者の労働条件と異なる労働条件を設定する労働者について適用除外の扱いとしているものが多くみられますが、これらの労働者についても就業規則全体を適用除外することなく、

必要な特定の条項ごとに適用除外規定を置く方法、例えば、退職金の規定のところに「本章の規定は、パートタイム労働者、臨時工には適用しない」と定める方法をとるか、あるいは、工員就業規則と職員就業規則または本工就業規則と臨時工就業規則のように完全に別規則を作成する方法をとることも一つの方法です。なぜならば、就業規則を全面的に適用しないこととすれば、適用除外とされた労働者については、就業規則が全然定められていないこととなり、労基法の規定に違反するからです。この問題は労基法違反にとどまらず、例えば、パートタイム労働者については退職金や賞与を支給しないとする会社が、正社員の就業規則のみ作成してパートタイム労働者用の就業規則を作成していなかった場合に、正社員と同じように支給しなければ違法になるとも考えられるからです。判例でも、このような場合について、適用除外された臨時工に本工の就業規則が準用されるとした例（昭24.10.26 東京地裁決定、日本油脂事件）や、日雇に関する日本ビクター事件（昭41.5.25 横浜地裁決定）があります。雇用形態の異なる労働契約に準用されることに合理性を認めることは難しい面がありますが、トラブルを招くことのないよう正確な就業規則を定めるべきです。

　ところで、抽象的意味における就業規則は、その趣旨からみて、本来一つしかあり得ませんが、一つの就業規則を、形式上、適用の対象に応じて、就業規則の本則のほか臨時工就業規則、パートタイム労働者就業規則といったように、一部の労働者についてのみ適用される別個の就業規則を作成することは認められます。その場合には、就業規則の本則において別個の就業規則の適用の対象となる労働者に係る適用除外規定及び委任規定を設けることが必要です（昭63.3.14 基発150号）。

4　解釈運用上の注意点

　作成変更して現に実施されている就業規則は、労使とも誠実に遵守し義務を履行すべきことは労基法2条の規定を待つまでもなく当然のことといえます。しかしまた、就業規則運用の実際をみると、なかなかうまくいっていないものが多く認められます。

とくに、就業規則の運用に当たっては、第一に「守られる就業規則」とすること、第二に「解釈運用は客観的に行うこと」に留意する必要があります。
　第一の「守られる就業規則」とすることとは、就業規則の規定内容と現実の職場の実態が乖離しないように努めることです。これが乖離していると裁判上の争いとなった場合には、就業規則の表現にかかわらず、現実の職場の慣行を尊重して就業規則が解釈運用されることとなります。例えば、職場を無届で離れることを懲戒処分の対象とすることが就業規則上明定されていても、この職場秩序が現実に弛んでいれば懲戒処分は行われず、たまたま規定があることを理由に、特定の事案について懲戒処分を行っても、それは無効と判断されることになります。実際の判例でも、これに類した事例は枚挙にいとまがないほどです。
　したがって、就業規則でいったん確立した職場秩序はこれが弛むことのないよう常に心掛けるとともに、いったん弛んだ場合はこれを規定の水準まで引き上げるか、あるいは規定を実態の水準まで引き下げて「守られる就業規則」とすることが必要です。守られない就業規則は、権威のない"無用の長物"になってしまいます。この場合に、いったん弛んだ職場秩序を規定の水準まで引き上げるときは、完全実施に移る時期を明示して全労働者に周知させ、実施時期からは違背労働者の措置を規定に照らして厳しく確実に行う方策をとることが必要といえます。
　第二は、就業規則の「解釈運用は客観的に行うこと」です。
　就業規則は、使用者が一方的に制定するものですが、いったん制定されれば、客観的存在となり、その解釈運用は客観的に行われるべきものとなります。たとえ制定権者であっても、これを恣意的に解釈し、運用することは許されないものです。客観的運用がなされてはじめて就業規則の規範性を肯定できるものといえます。

就業規則Q&A

「労働者の意見聴取」はどの程度まで必要か

Q 就業規則の作成や変更に関する次の点について教えてください。
(1) 労基署への届出には労働者の意見を聴いてその意見書を添えなければならないといいますが、「意見を聴く」とはどの程度をいうのでしょうか。例えば承諾は必要なのでしょうか。また、意見書の書き方や様式はどうすればよいでしょうか。
(2) 労働組合などが故意に意見書を提出してくれない場合はどうなるのですか。
(3) 事業場が数個あり労働組合が単一である場合は、意見を聴く労働組合は組合本部だけでよいのでしょうか。または各事業場の労働組合でなければいけないのでしょうか。

A 内容を十分説明のうえ賛否の表明を求める

(1) 意見を聴く程度とその書き方

就業規則の作成、変更に当たっては「当該事業場に、労働者の過半数で組織する労働組合がある場合においてはその労働組合、労働者の過半数で組織する労働組合がない場合においては労働者の過半数を代表する者の意見を聴かなければならない」（労基法90条）とされています。この法90条の「意見を聴く」とは、作成、変更の内容を十分説明し、結果的には賛成か反対かの意見の表明を求めることが望ましいでしょう。

意見書については特別の届出様式はありません。過半数組合の代表者（または過半数代表者）が、事業場の代表者宛てに提出した、就業規則の作成、変更に当たっての意見が記載された書類を添付すればよいことになっています。なお意見書には、過半数組合の代表者（または過半数代表者）の氏名を記載し、押印する必要があり、意見としては、賛成、反対、一部反対

などの記載があるのが一般的です。

後記（2）の場合を除いて意見書が添付されていない場合や労働者を代表する者の記名押印がなければ、労基署でその就業規則の届出やその変更の届出が受理されないので注意する必要があります。

(2) 意見書が提出されない場合

労働者の意見は賛否どんな意見でもよいのですが、労働組合の場合などそのときの労使関係の悪化などで、労働組合が就業規則の変更などに際して故意に意見書を提出せず、使用者が、就業規則の届出義務を果たすことに差し支えが出てくる場合があります。このようなときの処置としては次のような通達があります。

「……労働組合が故意に意見を表明しない場合又は意見書に署名又は記名押印しない場合でも、意見を聴いたことが客観的に証明できる限り、これを受理するよう取扱われたい」（昭23.5.11 基発735号、昭23.10.30 基発1575号）。

したがって、このような場合は所轄の労基署にその旨申し出て、よく事情を説明すれば、よほどのことがない限り受理されることとなります。

(3) 数個の事業場で労働組合が単一の場合

会社の規模が大きく、数個の事業場があって労働組合が単一組織である場合、「意見を聴く」労働組合をどうするかというご質問ですが、労基法90条の規定の文言からみると、各事業場ごとに、労働者の過半数で組織された労働組合の意見を聴くことになっており、通常、ご質問のような場合は、それぞれの事業場の支部組織に意見を聴くこととなります。

本社と組合本部との間で労働条件の変更についての合意があった場合、組合本部の意見を聴くのみで十分ではないかという考え方もありますが、これについて解釈例規は、労働組合が単一組織であるうえに、就業規則の内容となる労働条件の主なものが本社と組合本部との団交による労働協約で定められている場合には組合本部から意見を聴取するとともに、本社において労働組合の意見を聴取する場合には関係各事業場についても同意見

であることを確認し、かつ、届出に当たってはその旨を付記すること（昭39.1.24　38基収9243号）を条件に便宜的な取扱いを認めています。なお、この場合にあっても、当該労働組合が個々の事業場において、労働者の過半数で組織する労働組合でなければならないのは当然のことです。

この解釈例規でいう「関係各事業場についても同意見であることを確認し」とは、組合本部が各事業場の支部または分会等の意見聴取を行い、本部が本社に提出する意見書に、関係事業場の労働組合支部または分会等も同意見である旨の付記をしておけばよいことになります。

作成当時の労働者が大半退職している場合の就業規則の効力は

Q 就業規則の効力についておたずねします。当社の労働者は現在課長を含めて53名で、就業規則は平成3年4月1日発効で現在に至っています。就業規則作成当時の労働者は現在14名います。その内訳は課長代理2名、係長8名、組長4名です。残りの39名は、就業規則発効後、つまり平成3年4月1日以降入社の者です。当時の就業規則は現在も有効なのでしょうか。

A　所定の手続を履践して成立し、その後変更もなければ効力はある

理論的には、貴社の就業規則は効力があるものと解されます。

貴社の就業規則は平成3年4月1日から発効しているとのことで、当時、手続的にみても意見聴取、届出や周知など所定の措置がとられていたとすれば、その後労働者に退職や昇進による異動があったとしても、それらは効力になんら影響を与えるものではありません。

労働者代表の意見の聴取は就業規則の手続上の成立要件であり、存続要件ではないので、使用者のほうで変更しない限り、最初の就業規則が効力を有していることになります。

なお、実務的にみれば、平成3年4月以降その内容にまったく変更がないことは考えづらいので、なんらかの見直しは必要になるものと思われます。

「退職に関する事項」は就業規則にどの程度書く必要があるか

Q 労基法89条によると、就業規則には「退職に関する事項」を定めなければならないことになっていますが、「退職」とはどういうことでしょうか。また、就業規則にどう書いたらよいのでしょうか。

A **できるだけ広い範囲で**

(1) 退職とは

退職という語には、狭い意味と広い意味とがあります。狭い意味では、労働者が自分の意思によって会社を辞める場合、すなわち一般に辞職といわれる場合だけを指しますが、広い意味では、労働者と会社との労働関係がなくなるすべての場合を指します。

なお、就業規則の絶対的必要記載事項である退職に関する事項には「解雇の事由を含む」とされています（労基法89条3号）。

ですから、解雇はもちろんのこと、定年退職の場合も、契約期間の満了によって会社を辞める場合も、広い意味での「退職」に含まれます。

そして、労基法89条は、このような広い意味での退職の各場合について、就業規則中に規定を設けておくことを要求しています。

(2) 普通解雇と懲戒解雇

多くの就業規則の実例をみると、解雇について基準を示す場合に、普通解雇と懲戒解雇とに区分して示しています。

懲戒解雇とは、労働者自身にとくに責任のある事由がある場合になされる解雇であって、その基準は、各事業場それぞれの事情に照らして定めなければなりませんが、「会社の秘密を漏らしたとき」、「会社の信用を著しく傷つける行為をしたとき」、「正当な理由なく業務命令に従わないとき」、「会社の金品を横領したとき」というように具体的に規定する必要があります。

普通解雇とは、懲戒解雇以外の解雇であって、その基準として就業規則

に定められているものには、例えば「心身の障害により業務に堪えないとき」、「所定の休職期間が経過しても休職の原因である病気がなおらないとき」、「会社の業務運営上やむを得ない必要があるとき」というようなものが多くみられます。

(3) 解雇規定の意味

ところで、以上のような解雇の基準の意味については、これを例示的列挙とみる立場と制限的列挙とみる立場とがあります。例示的列挙とみる立場に立てば、就業規則の解雇の基準は会社が解雇することができる主な場合の例をあげたにすぎないのだから、これに該当しない場合であっても、必要があれば解雇することに差し支えはないということになります。会社側にとって都合のよい立場といえます。

これに反して、制限的列挙とみる立場に立つと、就業規則に示されている基準に該当する場合以外には、みだりに解雇はできないこととなります。この場合は労働者にとって有利な立場です。

この点について判例は、制限的列挙とみる立場のものにほぼ固まっています。それは、労基法89条が労働者の保護のために「退職に関する事項（解雇に関する事由を含む。）」を就業規則で定めることを要求しているとみるからです。そうだとすると、就業規則を作るとき、解雇が必要だと思われるあらゆる場合を想定したうえで規定を設けなければならないから大変なことだと考える人がいるかもしれませんが、多くの就業規則は、解雇の基準を列挙したあとで、「その他前各号に準ずる不都合な行為があったとき」などと記載しており、だいたいこれで支障なく運用されているようです。

(4) 定年の定め

最後に、定年を定めるに当たっての関係法規をあげておきます。

第一に、定年の定めをする場合には、当該定年が60歳を下回らないように定める必要があります（高年齢者雇用安定法8条）。また、年金の支給開始年齢である65歳に満たない定年を定める事業主は、定年後も本人が希望すれば、引き続き65歳までの安定した雇用の確保を図るために必要な措

置を講ずることが義務づけられています（同法9条）。具体的には、①定年の引上げ、②継続雇用制度の導入、③定年の定めの廃止のいずれかの措置を講じなければなりません。このうち、②の継続雇用制度の導入については、従来労使協定で対象者選定の基準を設けることが容認されていましたが、平成25年4月1日施行の改正高年齢者雇用安定法では、基準を設けて対象者を限定する仕組みを廃止し、原則として65歳までの希望者全員を継続雇用することが義務づけられました。

第二は、男女差別定年を定めてはならないことです（男女雇用機会均等法6条4号）。

男女雇用機会均等法制定までをみると、**住友セメント事件（昭41.12.20 東京地裁判決）**で、結婚退職制は公序に違反すると判断された判例から始まり、**東急機関工業事件（昭44.7.1 東京地裁判決）**で、男性55歳、女性30歳のような女性若年定年制が特段の事情がない以上著しく不合理な男女の差別をなすもので、公序に違反し無効とされました。そして、最高裁判決（**昭56.3.24 最高裁第三小法廷判決、日産自動車事件**）では、男性60歳、女性55歳の差別定年制が公序に違反するとして無効と判断された歴史があり、これらの裁判例が昭和60年の男女雇用機会均等法制定の中枢を成したのです。

第4章

労働時間

1 労働時間とは

1 労働時間の定義

　労基法は、労働時間について定義規定を置いていません。

　しかし、労働契約は、労働者が自己の労働力を使用者に提供し、いわばその代価として賃金を得ることを基本とするものですから、その労働力を提供する時間——すなわち、労働する時間が、労働時間であることに間違いありません。

　また、労働者が労働に従事する場合、一般に使用者の指揮命令のもとに労働するのですから、労働するために、使用者の指揮命令下に置かれる時間は、現実に労働することがなくても、労働時間とすべきものです。

　この点について、ILO30号条約「商業及び事務所における労働時間の規律に関する条約」2条では、「本条約に於て『労働時間』と称するは、使用せらるる者が使用者の指揮に服する時間を謂う」と明確に規定しています。

　判例も、「労働時間とは、労働者が使用者の指揮命令下に置かれている時間をいい、右の労働時間に該当するか否かは、労働者の行為が使用者の指揮命令下に置かれたものと評価することができるか否かにより客観的に定まるものであって、労働契約、就業規則、労働協約等の定めのいかんによって決定されるべきものではない」としています（平12.3.9最高裁第一小法廷判決、三菱重工業長崎造船所事件）。

2 拘束時間と実労働時間

　就業規則などで定めている始業時刻から終業時刻までの時間を、通常「拘束時間」と呼んでいます。この時間のなかには休憩時間が含まれていますが、休憩時間も含めて労働者は一定の拘束を受ける時間という意味で拘束時間と呼んでいるわけです。

しかし、休憩時間は、労働者が権利として労働に従事しないことを保障される時間とされるため、通常、拘束時間から、休憩時間を除いたものを労働時間とみます。

　前述のＩＬＯ30号条約2条において、労働時間は、「使用せらるる者が使用者の指揮に服せざる休憩時間は包含せず」と規定し、また、法定労働時間を規定する労基法32条も「休憩時間を除き」としています。

3　手待時間

　労働時間は、前に述べたように、「使用者の指揮監督のもとにある時間」をいい、必ずしも現実に労働した時間のみを指すものではありません。

　作業と作業との間に生ずる手待時間は、実際に仕事をしないで休んでいるとしても、仕事があればいつでも仕事に取りかかるための待機時間であり、したがって、「休憩時間」とは異なり労働者はその時間を自由に利用できないため、労働時間とされるものです。

　実際に、休憩時間か手待時間かの区別は、使用者の指揮監督のもとにあるか否か、いい換えれば、労働者が自由に利用できることが保障されている時間であるか否かによります。

　判例も、ビル管理業務に服する労働者の仮眠時間について、最高裁は、「不活動仮眠時間であっても、労働から解放が保障されていない場合には労基法上の労働時間」と解しています（平14.2.28 最高裁第一小法廷判決、大星ビル管理事件）。

　また、マンション住み込み管理人が行った始業前・終業後及び土曜日の業務について、業務マニュアルにそのような作業に従事すべきことが記載されていれば、「黙示の指示」があったといえ、実作業に従事していない不活動時間も含めて労働時間であるとしています（平19.10.19 最高裁第二小法廷判決、大林ファシリティーズ（オークビルサービス）事件）。本件差戻審（平20.9.9 東京高裁判決）では、次のとおり判示されました。「午前7時の管理人室照明点灯、ゴミ置き場の扉の開錠等から指示業務を開始し、午後10時の管理人室消灯まで指示業務に従事していたものと認め

るのが相当である。また、本件マニュアルによると、時間外における住民や外来者からの要望による宅配物等の受渡しも、随時対応すべきものとされていたのであるから、本件会社の指示業務であるとみるのが相当である。」「（病院への通院と飼い犬の運動は私的行為であって）会社の指揮命令下にあったということはできない。……（毎日の夕食時の晩酌や夕食後の趣味のプラモデル製作中にも）必要な業務が生じたときにはこれに当たらなければならなかったものであり、上記通院等とは異なり、待機中であったことに変わりないというべきであるから、これに要した時間は時間外労働時間から控除するのは相当でない。」「日曜日及び祝日については、管理員室の照明の点消灯、ごみ置場の扉の開閉その他会社が明示又は黙示に指示したと認められる業務に従事した時間に限り、休日労働又は時間外労働をしたものというべきところ……本件では、日曜日及び祝日においても管理室に居住していることから、管理員室の照明の点消灯、ごみ置場の開閉以外にも、受付業務……をすることが多く、……これについては、管理日報を作成して会社に報告していたが、会社から制止されることがなかったのであり、かつ、これらの業務の遂行がマンション住民の利益にもなっていたことを認められるから、これらの業務についても会社から黙示の指示があったものとして原告らは時間外労働をしたものというべきである。」

4　本務以外の労働

　旋盤工が旋盤作業に従事している時間のように、労働者がその本務を遂行している時間が労働時間であることは疑いないのですが、本務以外に、例えば、安全衛生講習会への出席、防火訓練への参加などに要した時間は労働時間となるのでしょうか。

　とくに、労働者が労働義務を負わない所定労働時間外や休日にこれらが行われたとすれば、どのようになるのでしょうか。

　これらについて行政解釈は、「労働者が使用者の実施する教育に参加することについて、就業規則上の制裁等の不利益取扱による出席の強制がなく自由参加のものであれば、時間外労働にはならない」（昭26.1.20 基収

2875号）が、「使用者が消防法の規定により所定労働時間外に訓練を行う場合は、時間外労働になる」（昭23.10.23 基収3141号）としています。

また、労働安全衛生法が義務づける安全衛生教育の時間、安全衛生委員会出席の時間、有害業務に従事する労働者について行われる特殊健康診断に要する時間は、いずれも労働時間になります（昭47.9.18 基発602号）。

作業の準備や作業終了後の後始末などについても、作業遂行上必要不可欠なものとして、使用者の明示または黙示の指示に基づいて行われるならば労働時間としなければなりません。

なお、すでに帰宅している労働者が、事業場に火災が発生したことを知り、労働者の任意で出勤し、消火活動に従事した時間についても、一般には労働時間と解する旨の行政解釈（昭23.10.23 基収3141号）があります。

5 労働者の自発的な残業

労働者のほうで自発的に超過労働をした場合に、使用者は法律違反の責を負わなければならないのかという問題があります。使用者の指揮命令によらない労働ですから、使用者責任は生じないと考えられがちですが、労働者が指示もなく超過労働を行っているのを使用者が知りながら、これを中止させずに放置していればこれを容認したことになり、また、その労働の成果を受け入れている場合は、自己においてこれを承認しているものとみられるので、使用者責任を負わなければならないこととなります。このことは、戦前から判例として確立したものとなっています。

行政解釈でも、「使用者の具体的に指示した仕事が、客観的にみて正規の勤務時間内ではなされ得ないと認められる場合の如く、超過勤務の黙示の指示によって法定労働時間を超えて勤務した場合には、時間外労働となる」（昭25.9.14 基収2983号）とされています。

したがって、労働者がたとえ自発的であっても、それが違法な超過労働である場合は、使用者はすみやかにこれを中止させる措置をとる必要があります。

6 小集団活動などの時間

　QCサークル、ZD運動^(注)などの小集団活動は、本来、使用者の指揮命令はもとより、関与なしに行われる労働者の自発性、自主性に基づくものであることに意義を有します。

　小集団活動が、本来の趣旨に基づいてなされる限り、それが、労働者の本務にきわめて密接な内容、テーマ等であっても、労働時間とする余地はありません。

　しかし、小集団活動の名目のもとに、これが使用者の意図によるもの、すなわち、これに参加することについて、使用者の関与があるとすれば、それは、すでに述べた教育訓練等への参加の場合と同様に労働時間としなければならないことになります。判例では経営協議会について、事実認定から会社の業務であるとして、「全従業員が経営に参加する趣旨の下に経営協議会が設けられ、その専門委員会として、教養委員会、管理委員会、車輛委員会その他の委員会が設けられた。右各専門委員会の委員長、副委員長はいずれも被告会社の代表取締役が委嘱し委員長は月額5,000円、副委員長には月額3,000円の手当が支給されていたし、また、被告会社の従業員は、すべていずれかの委員会に配属されていたところ、……右各専門委員会は、概ね月1、2回程度教育第8部の終った午後4時50分から教育第9部の始まる午後5時20分までのうち少なくとも20分以上を費して開催されるのが通例であって、右委員会への出席は、被告会社における時間外労働に当る」と述べ、研修会についても会社の業務として労働時間と判断しているものがあります（昭58.2.14 大阪地裁判決、八尾自動車興産事件）。

　要するに、労働組合活動のように、労働者の自発性に基づいて結成され、自主的に運営される小集団活動は、使用者の指揮命令に基づく労働とされる余地はないため、それに要する時間が労働時間とされることはないわけです。

(注) 創意工夫によって仕事の欠陥をなくし、コスト削減、製品・サービスの向上を図る運動。

2 労働時間に関する規制

1 労働時間の適正把握についての基準

　労基法においては、労働時間・休日、深夜業等について規定を設けていることから、使用者は労働時間を適正に把握するなど労働時間を適切に管理する責務を有していることは明らかです。

　しかしながら、現状においては、労働時間の把握を労働者の自己申告制（労働者が自己の労働時間を自主的に申告することにより労働時間を把握するもの）の不適正な運用の結果、割増賃金の未払いや過重な長時間労働といった問題が生じているなど、使用者が労働時間を適切に管理していない状況もみられます。

　このため、厚生労働省では「労働時間の適正な把握のために使用者が講ずべき措置に関する基準」（平13.4.6 基発339号）を定め、使用者が講ずべき措置を具体的に明らかにすることにより、労働時間の適切な管理の促進を図ることとしました。以下では、基準の示した内容を解説します。

(1) 基準の適用範囲

　基準に基づき使用者が労働時間の適正な把握を行うべき対象労働者は、管理監督者及びみなし労働時間制が適用される労働者を除く、すべての労働者をいいます。ただし、事業場外労働を行う者については、みなし労働時間が適用される時間に限られます。

　なお、基準の適用から除外される労働者についても、健康確保を図る必要があることから、使用者において適正な労働時間管理を行う責務があります。

(2) 始業・終業時刻の確認及び記録等

　本基準では、始業・終業時刻の確認及び記録について、「使用者は、労

働時間を適正に管理するため、労働者の労働日ごとの始業・終業時刻を確認し、これを記録すること」としています。

また、記録する方法として、原則として次のいずれかの方法によることとしています。

　ア　使用者が、自ら現認することにより確認し、記録すること
　イ　タイムカード、ICカード等の客観的な記録を基礎として確認し、記録すること

このア、イの方法によらず、自己申告制により労働時間の把握を行わざるを得ない場合について、基準では以下の措置を講ずることとしています。

　ア　自己申告制を導入する前に、その対象となる労働者に対して、労働時間の実態を正しく記録し、適正に自己申告を行うことなどについて十分な説明を行うこと
　イ　自己申告により把握した労働時間が実際の労働時間と合致しているか否かについて、必要に応じて実態調査を実施すること
　ウ　労働者の労働時間の適正な申告を阻害する目的で時間外労働時間数の上限を設定するなどの措置を講じないこと。また、時間外労働時間の削減のための社内通達や時間外労働手当の定額払等労働時間に係る事業場の措置が、労働者の労働時間の適正な申告を阻害する要因となっていないかについて確認するとともに、当該要因となっている場合においては、改善のための措置を講ずること

このほかにも、以下の点に留意することが示されています。

① 労働時間の記録に関する書類について、労基法109条に基づき、3年間保存すること
② 事業場において労務管理を行う部署の責任者は、当該事業場内における労働時間の適正な把握等労働時間管理の適正化に関する事項を管理し、労働時間管理上の問題点の把握及びその解消を図ること
③ 事業場の労働時間管理の状況を踏まえ、必要に応じ労働時間等設定改善委員会等の労使協議組織を活用し、労働時間管理の現状を把握のうえ、労働時間管理上の問題点及びその解消策等の検討を行うこと

2　法定労働時間

(1)　1週及び1日の法定労働時間

　労基法32条1項は、「使用者は、労働者に、休憩時間を除き1週間について40時間を超えて、労働させてはならない」と週40時間労働制の原則を規定しています。

　また、労基法32条2項は、「使用者は、1週間の各日については、労働者に、休憩時間を除き1日について8時間を超えて、労働させてはならない」と規定しています。

　労基法32条は、1項で1週間の法定労働時間を規定し、2項で1日の法定労働時間を規定していますが、これは、労働時間の規制は1週間単位の規制を基本として1週間の労働時間を短縮し、1日の労働時間は1週間の労働時間を各日に割り振る場合の上限として考えるという考え方によるものです。

　このように、1週間の法定労働時間と1日の法定労働時間とが項を分けて規定されていますが、いずれも法定労働時間であるため、使用者は、労働者に、法定の除外事由がなく、1週間及び1日の法定労働時間を超えて労働を命じることはできません。

　なお、「1週間について40時間を超えて、労働させてはならない」という場合の1週間とは、就業規則その他に別段の定めがない限り、日曜日から土曜日までのいわゆる暦週をいいます（昭63.1.1基発1号）。

(2)　1日の法定労働時間の意味

　「1日について8時間を超えて、労働させてはならない」という場合の「1日」の意味は、午前零時から午後12時までの暦日の24時間というものと解されます（昭63.1.1基発1号）。

　労働時間が翌日に及ぶ場合、すなわち、午前零時を挟んで労働時間が継続する場合は始業の日の労働時間として、1日8時間の規制が適用されます。

　また、1日8時間の制限の範囲内であれば、使用者は労働時間の位置を自由に繰り上げたり繰り下げたりして差し支えないのでしょうか。労基法

は「始業及び終業の時刻、休憩時間等」について就業規則に規定すべきことを定めています（労基法89条1項）。このように、就業規則その他には具体的に始業及び終業の時刻、休憩時間を定めることが必要です。この定められた始業時刻、終業時刻について、就業規則その他に繰り上げまたは繰り下げについて具体的なやり方を示す規定を設けるとともに、あらかじめ労働者に周知させたうえでこれを繰り上げ、または繰り下げることは許されます（昭29.12.1 基収6143号、昭63.3.14 基発150号参照）。

3 変形労働時間制

1 変形労働時間制の意義

　事業の性格から、隔日勤務のごとく、1日8時間を超える所定労働時間を設けることが必要な勤務形態が存在しますが、これに対応するため、労基法制定当初においては、4週間単位の変形労働時間制が定められました。しかし、昭和62年の改正において、この変形労働時間制の変形期間の最長期間が1か月に延長され、1か月単位の変形労働時間制とされました。それとともに新たに一定の要件のもとでフレックスタイム制、3か月単位の変形労働時間制、1週間単位の非定型的変形労働時間制が導入され、さらに平成6年4月1日から、従来の3か月単位の変形労働時間制の変形期間が3か月から1年に延長されました。

　変形労働時間制は、労基法制定当時に比して第三次産業の占める比重の著しい増大等の社会経済情勢の変化に対応するとともに、労使が労働時間の短縮を自ら工夫しつつ進めていくことが容易となるような柔軟な枠組みを設けることにより、労働者の生活設計を損わない範囲内において労働時間を弾力化し、週休2日制の普及、年間休日日数の増加、業務の繁閑に応じた労働時間の配分等を行うことによって労働時間を短縮することを目的とするものです。

2　1か月単位の変形労働時間制
(1) 要　件
　一勤務が16時間となる隔日勤務や4週7休制あるいは4週8休制を採用する事業場で、特定の日または週についてみると法定労働時間を超えることになりますが、1か月平均であれば法定労働時間以内となる場合があります。これを認めるのが、1か月単位の変形労働時間制です。

　1か月単位の変形労働時間制を採用する場合の要件として、「書面による協定により、又は就業規則その他これに準ずるものにより」定めることが必要とされており（労基法32条の2）、この変形労働時間制を採用しようとする場合には、労使協定を締結して所轄労基署長に届け出るか、就業規則その他これに準ずるものに定め、これを所轄労基署長に届け出る方法とがあります。ここでいう「その他これに準ずるもの」に定めるとは、就業規則を作成する義務のない常時10人未満の労働者を使用する事業場が、この制度を採用する場合です（昭22.9.13 発基17号）。

　なお、労使協定による場合は、事業場の規模にかかわらず、協定を所轄労基署長に届け出ることにより本制度を採用することができますが、常時10人以上の労働者を使用する事業場の場合は、就業規則にも労基法89条に規定する事項を定める必要があります。

(2) 労働時間の特定
　1か月単位の変形労働時間制を採用する場合には、変形期間における各日、各週の労働時間を具体的に定める必要があり、「変形期間を平均し週40時間の範囲内であっても使用者が業務の都合によって任意に労働時間を変更するような制度はこれに該当しない」（昭63.1.1 基発1号、平3.1.1 基発1号、平9.3.25 基発195号）ことになります。したがって、単に「1か月を平均し1週間の労働時間が40時間を超えない範囲において1日8時間、1週40時間を超えて労働させることがある」というように抽象的に定めるだけでは足りません。

　なお、各日、各週の労働時間の定め方については、「就業規則においてできる限り具体的に特定すべきものであるが、業務の実態から月ごとに勤

務割を作成する必要がある場合には、就業規則において各直勤務の始業終業時刻、各直勤務の組合せの考え方、勤務割表の作成手続及びその周知方法等を定めておき、それにしたがって各日ごとの勤務割は、変形期間の開始前までに具体的に特定する」（昭63.3.14 基発150号）ことも認められています。

(3) 変形期間

変形期間は1か月以内でなければなりません。労基法施行規則12条の2は「使用者は、法第32条の2から第32条の4までの規定により労働者に労働させる場合には、就業規則その他これに準ずるもの又は書面による協定（労使委員会の決議及び労働時間等設定改善委員会の決議を含む。）において、法第32条の2から第32条の4までにおいて規定する期間の起算日を明らかにするものとする」と規定していますので、労使協定または就業規則その他これに準ずるものにおいて、変形期間の長さとともに、その起算日も定めなければなりません。

(4) 変形期間における法定労働時間の総枠

1か月単位の変形労働時間制を採用する場合には、変形期間を平均し、1週間の労働時間が法定労働時間を超えない定めをすることが要件とされています。要するに、変形期間における所定労働時間の合計が次の式によって計算される変形期間における法定労働時間の総枠の範囲内となるようにすることが必要です。

$$40 \times \frac{\text{変形期間の暦日数}}{7}$$

（法定労働時間の適用に関する特例措置対象事業場（128頁参照）は、40時間ではなく44時間で運用できる。）

(5) 時間外労働となる時間

1か月単位の変形労働時間制を採用した場合には、就業規則その他これに準ずるものにより特定された日における労働が8時間を、または特定さ

れた週における労働が40時間を超えても、その超えた時間は時間外労働ではなく法37条による割増賃金を支払う必要はありません（昭23.7.15 基発1690号、平3.1.1 基発1号）。

　1か月単位の変形労働時間制を採用した場合に時間外労働となるのは、次の時間です。
　① 　1日については、労使協定または就業規則その他これに準ずるものにより8時間を超える時間が定められた日はその定められた時間を超えて労働した時間、それ以外の日は8時間を超えて労働した時間
　② 　1週間については、労使協定または就業規則その他これに準ずるものにより40時間（特例措置対象事業場については44時間）を超える時間が定められた週はその定められた時間を超えて労働した時間、それ以外の週は40時間（特例措置対象事業場については44時間）を超えて労働した時間（①で時間外労働となる時間を除く。）
　③ 　変形期間については、変形期間における法定労働時間の総枠を超えて労働した時間（①または②で時間外労働となる時間を除く。）

3　フレックスタイム制
(1) 意　義
　フレックスタイム制は、1か月以内の一定の期間の総労働時間等を定めておき、労働者がその範囲内で各日の始業及び終業の時刻を選択して働く制度であり、労働者がその生活と業務との調和を図りながら、効率的に働くことが可能となるものです。
　労基法32条の3は、フレックスタイム制に関する定めをしていますが、これは昭和62年の改正により新たに設けられたものです。

(2) 要　件
　①就業規則その他これに準ずるものの定め
　　フレックスタイム制を採用する場合には、就業規則その他これに準ずるものにより、始業及び終業の時刻を労働者の決定に委ねる旨を定める必要があります。

この場合、始業及び終業の時刻の両方を労働者の決定に委ねる必要があり、始業時刻または終業時刻の一方についてのみ労働者の決定に委ねるのでは足りません。すなわち、終業時刻は労働者の自由に委ねますが、始業時刻は例えば午前9時に固定されているというようなものは、ここにいうフレックスタイム制には当たりません。

②労使協定の定め

フレックスタイム制を採用する場合には、労使協定において、フレックスタイム制の基本的枠組みを定めなければなりません。

労使協定は、労働者の過半数で組織する労働組合がある場合にはその労働組合、労働者の過半数で組織する労働組合がない場合には労働者の過半数を代表する者と締結します。

労使協定で定める具体的事項は次のとおりです。

イ　対象となる労働者の範囲：フレックスタイム制の対象となる労働者の範囲を特定する。

ロ　清算期間：清算期間とは、フレックスタイム制において、労働契約上労働者が労働すべき時間を定める期間である。

　清算期間は1か月以内の期間に限るとされているので、その範囲内で労使協定で定めなければならない。また、清算期間については、その起算日も定めることとされているので、その長さとともに、起算日も定める必要がある。

ハ　清算期間における総労働時間：清算期間における総労働時間とは、フレックスタイム制において、労働契約上労働者が労働すべき時間である。要するに所定労働時間のことであり、フレックスタイム制においては、所定労働時間は清算期間を単位として定めることになる。

　この時間は、清算期間を平均し1週間の労働時間が法定労働時間の範囲内となるように定めることが必要であるので、清算期間における総労働時間は、次の式で計算される範囲内でなければならない。

$$40 \times \frac{清算期間の暦日数}{7}$$

（法定労働時間の適用に関する特例措置対象事業場は、40時間ではなく

44時間で運用できる。)

　ニ　標準となる1日の労働時間
　　フレックスタイム制のもとにおいて、年次有給休暇を取得したり、ストライキが行われた場合、賃金の算定基礎となる労働時間の長さをあらかじめ定めておくものである。
　ホ　コアタイムを定める場合には、その時間帯の開始及び終了の時刻
　ヘ　フレキシブルタイムに制限を設ける場合には、その時間帯の開始及び終了の時刻
　　コアタイム(労働者が労働しなければならない時間帯)、フレキシブルタイム(労働者がその選択により労働することができる時間帯)は法制度上は必ずしも設けなくてもよいこととされていますが、これらの時間帯を設ける場合には、必ず労使協定でその開始及び終了の時刻を定めなければなりません。

(3) 労働時間の算定

　フレックスタイム制においては、始業、終業の時刻を労働者の決定に委ねることになりますが、その場合にも使用者は労働時間の把握義務があり、使用者は、各労働者の各日の労働時間の把握をきちんと行わなければなりません(昭63.3.14 基発150号)。そして、その把握された時間が、清算期間における総労働時間を超えている場合には、それに応じた賃金の支払いが必要となります。

(4) 時間外労働となる時間

　フレックスタイム制を採用した場合に時間外労働となるのは、清算期間における法定労働時間の総枠を超えた時間です。すなわち、時間外労働であるかどうかは、1日単位では判断せず清算期間を単位としてのみ判断することになります。したがって、法36条の規定による協定についても、1日について延長することができる時間を協定する必要はなく、清算期間を通算して時間外労働をすることができる時間を協定すれば足ります(昭63.1.

1基発1号)。

4　1年単位の変形労働時間制
(1) 意　義
　季節等によって繁閑の差があり、繁忙期には相当の時間外労働が生ずる一方、閑散期には所定労働時間に相当する業務量がない場合には、比較的長期間の変形労働時間制を認めることにより、労働時間のより効率的な配分が可能となります。

　昭和62年の改正により、3か月単位の変形労働時間制を定める労基法32条の4が、新たに規定されましたが、平成5年の法改正により変形期間が3か月から1年に延長されており、労使の合意（労使協定の締結）及び所定労働時間の短縮（1年以内の変形期間における週平均の所定労働時間を40時間以内とすること）を要件としています。

　なお、この変形労働時間制は、あらかじめ業務の繁閑を見込んで、それに合わせて労働時間を配分するものであるため、突発的なものを除き、恒常的な時間外労働はないことを前提としたものです。

(2) 要　件
　①労使協定の締結・届出
　　1年単位の変形労働時間制を採用する場合には、労使協定を締結し、所轄労基署長に届け出る必要があります。
　　労使協定は、労働者の過半数で組織する労働組合がある場合にはその労働組合、労働者の過半数で組織する労働組合がない場合には労働者の過半数を代表する者とによります。
　　労使協定においては、㋑対象労働者の範囲、㋺対象期間及びその起算日、㋩特定期間、㋥対象期間における労働日及び労働日ごとの労働時間（対象期間を1か月以上の期間ごとに区分する場合は、最初の期間における労働日及び労働日ごとの労働時間と最初の期間以外の各期間における労働日数及び総労働時間）、㋭協定の有効期間、を以下に述べる要件を満たす範囲内で定めなければなりません。

②対象労働者の範囲

　1年単位の変形労働時間制の対象となる労働者の範囲については、とくに制限がなく、期間雇用者で変形期間途中の退職が明らかな者や、期間の定めのない者で変形期間中に定年を迎える者及び変形期間の途中に採用された者なども対象とできることとなっています。ただし、この場合は対象期間内の実勤務期間（暦日数）を平均し、週40時間を超えた時間（法定の時間外労働時間または法定の休日に労働した時間については別途割増賃金が支払われる必要があるので、この対象からは除くこととなります。）に対し、労基法37条の規定の例による割増賃金の支払いが義務づけられています（労基法32条の4の2）。

　また、一つの事業場で複数の1年単位の変形労働時間制が採用されている場合に配転された労働者については、配転前の制度においては途中退職者と同様の清算が、配転後の制度においては途中採用者と同様の清算が、それぞれ必要となります（平11.1.29 基発45号）。

　割増賃金を支払わなければならない期間は、途中退職者等については退職等の時点において、途中採用者等については対象期間終了時点（当該途中採用者等が対象期間終了前に退職等した場合は、当該退職等の時点）において、それぞれ次のように計算します。

　1年単位の変形労働時間制により労働させた期間（以下「実労働期間」といいます。）における実労働時間から、法37条1項の規定に基づく割増賃金を支払わなければならない時間及び次の式によって計算される時間を減じて得た時間

$$40 \times \frac{実労働期間の暦日数}{7}$$

　「労基法37条の規定の例により」とは、割増賃金の算定基礎賃金の範囲、割増率、計算方法等がすべて法37条の場合と同じであるということです（平11.1.29 基発45号）。

　また、労使協定においては、対象労働者の範囲をできる限り明確に定める必要があるとされています（平6.1.4 基発1号、平11.3.31 基発

168号)。

③**対象期間及びその起算日**

対象期間は1年以内でなければなりません。労基法施行規則12条の2において対象期間の起算日を明らかにすることとされているので、対象期間の長さとともに、その起算日も定めなければなりません。

対象期間が1年以内であることから、1年のうち労使協定においてこれを適用する時期と適用しない時期を定めることは差し支えありません。

④**対象期間における所定労働時間の総枠**

1年単位の変形労働時間制は、週40時間労働制を前提とする制度です。すなわち、対象期間を平均し、1週間の労働時間が40時間を超えない定めをすることが要件とされていますが、これは、対象期間における所定労働時間の合計が次の式によって計算される時間の範囲内となるようにすることが必要です。

$$40 \times \frac{対象期間の暦日数}{7}$$

⑤**労働時間の特定**

1年単位の変形労働時間制を採用する場合には、「労使協定により、変形期間における労働日及び当該労働日ごとの労働時間を具体的に定めることを要」するものとされており、「使用者が業務の都合によって任意に労働時間を変更するような制度は、これ（変形労働時間制）に該当しない」とされています（平6.1.4 基発1号、平11.3.31 基発168号）。

また、労使協定中に、「甲・乙双方が合意すれば、協定期間中であっても変形制の一部を変更することがある」旨規定しておき、それに基づき、対象期間の途中で随時、変形労働時間制を変更するような取扱いはできません（昭63.3.14 基発150号、平6.3.31 基発181号）。

一方、協定を締結する段階では、対象期間の全期間の労働日ごとの労働時間をあらかじめ特定することが困難な場合もあるため、対象期間を1か月以上の期間ごとに区分し、区分した各期間のうち最初の期間についてのみ労働日及び労働日ごとの労働時間を定めることとし、残りの期間については各期間における総所定労働日数と総所定労働時間をそれぞ

れ定めておけば足りることとされています。この総所定労働日数と総所定労働時間のみを定めた期間については、その期間の初日の少なくとも30日前に当該事業場の労働者の過半数で組織する労働組合がある場合においてはその労働組合、労働者の過半数で組織する労働組合がない場合においては労働者の過半数を代表する者の同意を得て、各期間における総労働日数及び総労働時間数の範囲内で労働日ごとの労働時間を書面で特定することができます。

労基法89条1項は、就業規則で始業及び終業の時刻を定めることと規定しているので、1年単位の変形労働時間制を採用する場合にも、就業規則において、対象期間における各日の始業及び終業の時刻を定める必要がありますが、1か月以上の期間ごとに区分を設けた場合の最初の期間以外の期間については、就業規則においては、最初の期間以外の期間における勤務の種類ごとの始業・終業時刻及び当該勤務の組合せについての考え方、勤務割表の作成手続及びその周知方法を定め、これに従って各日ごとの勤務割は、区分した各期間の開始30日前までに具体的に特定することで足りるものであることとされています（平6.1.4基発1号、平11.1.29基発45号）。

⑥1日の労働時間等の上限

労働時間の上限は、対象期間を通して1日10時間、1週52時間とされているほか、最大連続労働日数は原則6日とされ、とくに業務が繁忙な期間として労使協定で定めた期間（特定期間）についてのみ、特例として1週間に1日の休日が確保できる日数（したがって、最大連続労働日数は12日）とすることができることとなります。また、週48時間を超える所定労働時間を設定できる範囲には制限があり、連続3週間以内、対象期間を起算日から3か月ごとに区切った各期間において、週48時間を超える所定労働時間を設定した週の初日の数が3以内であることの条件を満たす必要があります。

なお、積雪地域で年間を通じては事業を行うことができない地域の建設業に従事する屋外労働者等については、全期間を通して1週間に1日の休日が確保できる日数でよく、また、タクシーの運転者で隔日勤務に

就く場合にあっては、1日の上限時間は16時間とされています（労基法施行規則附則65条、66条）。

⑦対象期間内の労働日数の限度

　対象期間が3か月を超える場合について、その期間内に設定できる所定労働日数は原則として1年当たり280日とされています。1年に満たない対象期間については、例えば6か月の場合は140日というように按分することになります。

　ただし、次のいずれにも該当する場合は、「1年当たり280日」と「旧協定で定めた1年当たりの総所定労働日数から1日を差し引いた日数」のいずれか少ない日数が、限度となります。

　　イ　今回の変形労働時間制の初日の前1年以内に、対象期間が3か月を超える変形労働時間制（旧変形労働時間制）を実施していること。
　　ロ　今回の変形労働時間制では、1日の最長の所定労働時間について旧変形労働時間制のときの1日の最長所定労働時間または1日9時間のどちらか長い時間を超える時間を定めること、または週の最長の所定労働時間について、旧変形労働時間制のときの週の最長所定労働時間または週48時間のどちらか長い時間を超える時間を定めること。

(3) 時間外労働となる時間

　1年単位の変形労働時間制による場合であっても、法定労働時間は週40時間（特例措置対象事業場にあっては44時間ですが、この1年単位の変形労働時間制においては特例措置は適用されないので、特例措置対象事業場であっても週40時間）ですから、時間外労働となる時間は、これを基準に考えることになります。

　具体的には、すでに述べた1か月単位の変形労働時間制の場合と同様です（116頁参照）。

5　1週間単位の非定型的変形労働時間制
(1) 意　義
　日ごとの業務に著しい繁閑が生じることが多く、その繁閑が定型的に定まっていない場合に、1週間を単位としてあらかじめ各日の労働時間を特定することを要しない形の変形労働時間制を認めることにより、労働時間のより効率的な配分が可能となり、全体としての労働時間を短縮することが期待されます。そこで、昭和62年の改正により、労基法32条の5において一定の業種及び規模の事業について1週間単位の非定型的変形労働時間制が採用できることとされました。

　1週間単位の非定型的変形労働時間制についても、1年単位の変形労働時間制と同じく労働時間を短縮することが要件とされているほか、労使協定の締結、原則として前週末までの事前通知等の要件が定められています。

(2) 要　件
　①適用対象事業

　　1週間単位の非定型的変形労働時間制を採用できる事業は、業種及び規模が限定されています。

　　業種については、法律上は、日ごとの業務に著しい繁閑の差が生じることが多く、かつ、これを予測したうえで就業規則その他これに準ずるものにより各日の労働時間を特定することが困難な事業とされ、具体的には、労基法施行規則12条の5において、小売業、旅館、料理店、飲食店とされています。また、規模については、常時使用する労働者の数が30人未満とされています。

　②労使協定の締結・届出

　　1週間単位の非定型的変形労働時間制を採用する場合には、労使協定を締結し、1週間の所定労働時間等を定め、これを所轄労基署長に届け出る必要があります。

　　労使協定は、労働者の過半数で組織する労働組合がある場合にはその労働組合、労働者の過半数で組織する労働組合がない場合には労働者の過半数を代表する者と締結します。

③１週間の所定労働時間
　１週間単位の非定型的変形労働時間制についても、１年単位の変形労働時間制と同様、原則として、週40時間労働制を前提とする制度として新設されたものです。したがって、この制度を採用するためには、１週間の所定労働時間を40時間以下とすることが要件となります。
④事前通知
　１週間単位の非定型的変形労働時間制を採用した場合には、１週間の各日の労働時間を、少なくとも、当該１週間の開始する前に、書面によって労働者に通知しなければなりません。日曜日から土曜日までの暦週単位で運用する場合には、前週末である土曜日までに、翌週の各日の労働時間を労働者に書面によって通知することになります。

　事前通知は原則として前週末までに行わなければなりませんが、緊急でやむを得ない場合には、あらかじめ通知した労働時間を変更しようとする日の前日までに書面により労働者に通知することにより、あらかじめ通知した労働時間を変更することができます。

(3) 時間外労働となる時間

　１週間単位の非定型的変形労働時間制を採用した場合には、事前通知したところによって１日10時間まで労働させても時間外労働となりません。この制度を採用した場合に、１日について時間外労働となるのは、事前通知により８時間を超える時間が定められた日にはその通知された時間を超えて労働した時間、それ以外の日には８時間を超えて労働した時間です。

　１週間については、週40時間（この制度を採用できる事業のうち、常時使用する労働者の数が10人未満の事業においては特例措置の対象とされていますが、この１週間単位の非定型的変形労働時間制にあっては特例措置は適用されないので、特例措置対象事業場であっても週40時間）を超えた時間が時間外労働です。

6 変形労働時間制の適用除外等

(1) 年少者

18歳未満の年少者については、年少者保護の見地から、1か月単位の変形労働時間制、フレックスタイム制、1年単位の変形労働時間制、1週間単位の非定型的変形労働時間制に関する規定は、いずれも適用されません。

ただし、週の法定労働時間の範囲で、1日の労働時間を4時間以内に短縮して、他の日に10時間まで労働させることができます（労基法60条3項1号）。

また、法定労働時間が段階的に短縮されてきたなかで、4週6休体制による週休2日制の採用でこれに対応することを認めることが適当であったので、年少者について、1週間について48時間、1日について8時間を超えない範囲内において法32条の2（1か月単位の変形労働時間制）または法32条の4（1年単位の変形労働時間制）の規定の例により労働させることができることとされています（同条項2号）。

(2) 妊産婦

妊産婦（妊娠中の女性及び産後1年を経過しない女性）については、母性保護の見地から、使用者は妊産婦が請求した場合には、1か月単位の変形労働時間制、1年単位の変形労働時間制または1週間単位の非定型的変形労働時間制を採用している場合でも、当該妊産婦を法定労働時間を超えて労働させてはなりません（労基法66条1項）。

(3) 育児を行う者等

使用者は、1か月単位の変形労働時間制、1年単位の変形労働時間制、1週間単位の非定型的変形労働時間制のもとで労働者を労働させる場合には、「育児を行う者、老人等の介護を行う者、職業訓練又は教育を受ける者その他特別の配慮を要する者については、これらの者が育児等に必要な時間を確保できるような配慮をしなければならない」とされています（労基法施行規則12条の6）。

4　労働時間の特例

　労基法は、事業の種類、規模のいかんを問わず、すべての事業に適用される建前をとっているため、業種、業態によっては、公衆に不便をもたらすなどの不都合が生ずることが考えられます。そこで、必要避くべからざる限度で、労働時間及び休暇の基準について、特例を認めています（労基法40条）。

　労働時間の特例は、法制定当初において、1日9時間労働制（週54時間労働制）、1日10時間労働制（週60時間労働制）などでした。しかし、全般的な労働時間短縮の趨勢や特例対象業種における雇用量の増大などの社会経済情勢の変化に応じて、労働時間の特例は、昭和56年4月1日以降規模等に応じ、順次これを廃止することとされました。

　その結果、平成6年4月1日以降は、次に掲げる事業であって、使用する労働者の数が常時10人未満のものについては、1週44時間、1日8時間制、またはこれを基準とする1か月単位の変形労働時間制及びフレックスタイム制が認められています（労基法施行規則25条の2。このような事業を「特例措置対象事業場」といいます。）。

　① 　物品の販売、配給、保管もしくは賃貸または理容の事業
　② 　映画の映写、演劇その他興業の事業（映画の製作の事業を除く。）
　③ 　病者または虚弱者の治療、看護その他保健衛生の事業
　④ 　旅館、料理店、飲食店、接客業または娯楽場の事業

　また、学校教育法第1条に規定する小学校、中学校、高等学校、中等教育学校、盲学校、聾学校、養護学校及び幼稚園に勤務する校長（園長を含む）、教頭、教諭、助教諭、養護教諭、養護助教諭、講師、実習助手及び寮母などの教育職員についても、週の法定労働時間を44時間とする措置が講じられていましたが、平成14年4月1日からは週40時間となっています。

5　労働時間等の適用除外

　労働が天候や気象などの自然的条件に左右される場合や特殊な職務内容

の場合には、労働時間の規制を適用することが不適当であることから、労基法に定める労働時間、休憩、休日に関する規定を適用しません。しかし、その他の規定、とくに深夜業及び年次有給休暇に関する規定は、適用が除外されません。労基法41条2号の規定によって同法37条4項の適用が除外されないことから、管理監督者に当たる労働者は、深夜割増賃金を請求できることになります。

その対象者は次に掲げるとおりです。
① 農業または水産業の事業に従事する者
② 事業の種類にかかわらず監督若しくは管理の地位にある者または機密の事務を取り扱う者
③ 監視または断続的労働に従事する者で使用者が行政官庁の許可を受けたもの

なお、②及び③については、本章7（157頁）で詳述します。

3 労働時間の計算

1 入門時刻と始業時刻が異なる場合

大きな工場などでは、通用門から作業現場までに相当の距離がありますが、この場合、労働時間の起算点は、通用門をくぐったときか、あるいは作業現場に到着した時刻かという問題があります。この点については、いずれの時刻から使用者の指揮監督下に入ったとみられるかによって決まることとなります（平12.3.9最高裁第一小法廷判決、三菱重工業長崎造船所事件）。

いい換えますと、遅刻して賃金を差し引いたり、あるいは勤務成績として評価する場合、どの時刻が基準とされているかによって判断されます。

例えば、入門時刻は7時45分、作業開始は8時と定められているような場合において、作業開始時刻に間に合っても入門時刻に間に合わないと遅刻する扱いがされていれば、入門のときから使用者の指揮監督下に入っているとみられ、労働時間は7時45分から起算されます。

2 事業場を異にする場合

　労働者がA社、B社二つの事業場で働く場合に労働時間を別々に計算し、A社もB社もそれぞれ1日8時間労働させることができれば、その労働者にとっては労働時間の規制がほとんど無意味なものとなってしまいます。そこで、「労働時間は、事業場を異にする場合においても、労働時間に関する規定の適用については通算する」（労基法38条1項）ことになります。したがって、A社における労働時間とB社における労働時間とは通算され、合計して1日及び1週の法定労働時間以内としなければならなくなります。

　この取扱いは、同一企業のA事業場とB事業場の労働時間を合算する場合はもちろん、使用者を異にする場合も含んでいると解されています。このような場合にも、法定の範囲内で時間外労働を行うことは可能ですが、その際、いずれの使用者が時間外労働に関する所定の手続をとり所定の割増賃金を支払うべきかについては、問題のあるところです。通常はあとで労働契約を締結した使用者が行うべきものと解されます。

3 事業場外のみなし労働時間制

　労基法38条の2第1項から3項までは、事業場外で業務に従事し、労働時間の算定が困難な場合の労働時間の算定について規定しています。事業場外のみなし労働時間制です。

　事業場外のみなし労働時間制の対象となるのは、事業場外で業務に従事し、かつ、使用者の具体的な指揮監督が及ばず、労働時間を算定することが困難な業務です。したがって、事業場外で業務に従事する場合であっても、使用者の具体的な指揮監督が及んでいる場合については、労働時間の

算定が可能であり、みなし労働時間制の対象とはなりません。
　事業場外で業務に従事し労働時間の算定が困難な場合の労働時間の算定方法は、次のとおりです。

　①原　則
　　労働時間の全部または一部について事業場外で業務に従事した場合において、労働時間を算定し難いときは、所定労働時間労働したものとみなします。なお、労働時間の一部について事業場内で業務に従事した場合であっても、事業場外での労働時間の算定が困難なために、その日全体として労働時間の算定が困難であれば、当該事業場内の労働時間を含めて、所定労働時間労働したものとみなすこととなります。
　②当該業務を遂行するためには通常所定労働時間を超えて労働することが必要となる場合
　　この場合は、当該業務の遂行に通常必要とされる時間労働したものとみなします。なお、「当該業務の遂行に通常必要とされる時間」とは、通常の状態でその業務を遂行するために客観的に必要とされる時間のことです（昭63.1.1 基発1号）。
　③労使協定が締結された場合
　　「当該業務の遂行に通常必要とされる時間」については、業務の実態がもっともよく分かっている労使間で、その実態を踏まえて協議したうえで決めることが適当ですから、労使協定で当該業務の遂行に要する労働時間を定めた場合には、その時間を、「当該業務の遂行に通常必要とされる時間」とします。
　　労使協定は、所轄労基署長に届け出なければなりません。ただし、協定で定める時間が法定労働時間以下である場合には、届け出る必要はありません（労基法施行規則24条の2第3項ただし書）。
　　なお、労使協定の内容を三六協定の届出に際し、これを付記して届け出ることもできます。

4　専門業務型裁量労働制

　労基法38条の3は、業務の性質上その業務の具体的な遂行については労働者の裁量に委ねる必要があるため、使用者の具体的な指揮監督になじまず、通常の方法による労働時間の算定が適切でない業務の労働時間の算定について規定しています。すなわち、専門業務型裁量労働制です。

　専門業務型裁量労働制の対象となるのは、研究開発その他の業務であって、当該業務の性質上その遂行の方法を大幅に労働者の裁量に委ねる必要があるため、当該業務の遂行の手段及び時間配分の決定等に関し具体的な指示をしないこととなる業務です。

　具体的には、労基法施行規則24条の2の2において、
① 　新商品または新技術の研究開発等の業務
② 　情報処理システムの分析または設計の業務
③ 　記事の取材または編集の業務
④ 　デザイナーの業務
⑤ 　放送番組、映画制作のプロデューサーまたはディレクターの業務
⑥ 　その他、厚生労働大臣の指定する業務

とされています。

　ただし、開発業務を数人でプロジェクトチームを組んで行っている場合で、実際上、そのチーフの管理のもとに業務遂行、時間配分を行うもの、プロジェクトにおいて業務に付随する雑用、清掃等のみを行うものはいずれも専門業務型裁量労働制に該当しないとしています（昭63.3.14基発150号、平12.1.1基発1号）。

　また、⑥については、厚生労働大臣の告示（平9.2.14労働省告示7号、改正：平15.10.22厚生労働省告示354号）により示されていますが、現在、次の14業務となっています。
① 　コピーライターの業務
② 　システムコンサルタントの業務
③ 　インテリアコーディネーターの業務
④ 　ゲーム用ソフトウェアの創作の業務

⑤　証券アナリストの業務
⑥　金融工学等の知識を用いて行う金融商品の開発の業務
⑦　大学における教授研究の業務（主として研究に従事するものに限る。）
⑧　公認会計士の業務
⑨　弁護士の業務
⑩　建築士の業務
⑪　不動産鑑定士の業務
⑫　弁理士の業務
⑬　税理士の業務
⑭　中小企業診断士の業務

　また、労使協定において、専門業務型裁量労働制に該当する業務を定め、当該業務の遂行に必要とされる１日当たりの労働時間を定め、これを所轄労基署長に届け出た場合には、当該業務に従事する労働者は、当該協定で定める時間労働したものとみなされます。労使協定では、健康・福祉確保措置、苦情処理に関する措置、これらの措置の記録の保存についても定めることとされています。なお、労使協定の有効期間は３年以内とすることが望ましいでしょう。

5　企画業務型裁量労働制

　企業の中枢に位置する事務系労働者のなかには、その業務の性質上使用者が業務の遂行方法などを具体的に指示しないこととすることが適当な労働者が出現しています。このため、平成10年の労基法の改正では、これらの者に対する新しい労働時間制度のルールをつくることにより、その労働条件の適正化、労働環境の確保を図るため、本社機能を有する事業場における事業の運営に関する企画、立案、調査及び分析の業務に従事する者であって、その業務の遂行手段や時間配分の決定などについて使用者が具体的な指示をすることが困難な者を対象に、新しく「企画業務型裁量労働制」が創設されました（労基法38条の４）。同条は平成15年に一部改正され、法改正とともに指針も改正されました（平11.12.27労働省告示149号、改正：

平15.10.22厚生労働省告示353号)。

　企画業務型裁量労働制の実施に当たっては、法定要件をすべて満たす労使委員会を事業場内に設置し、所定の事項を労使委員会で委員の5分の4以上の多数決により決議し、その決議を所轄労基署長に届け出る必要があります。

（1）対象事業場

　企画業務型裁量労働制を適用できる事業場は、「対象業務」が存在する事業場です。

　「対象業務」とは、次のいずれにも該当するものをいいます。
① 事業場の属する企業等に係る事業の運営に影響を及ぼす事項または当該事業場に係る事業の運営に影響を及ぼす独自の事業計画や営業計画についての業務
② 企画、立案、調査及び分析の業務
③ 業務遂行の方法を大幅に労働者の裁量に委ねる必要がある業務
④ 業務の遂行の手段及び時間配分の決定等に関し使用者が具体的な指示をしないこととする業務

対象業務が存在する事業場は、具体的には次のようなものです。
① 本社・本店である事業場
② 本社・本店以外で当該企業等に係る事業の運営に大きな影響を及ぼす決定が行われる事業場
　例えば、
　　ア　企業等が取り扱う主要な製品・サービス等についての事業計画の決定等を行っている事業場
　　イ　企業等が事業活動の対象としている主要な地域における生産、販売等についての事業計画や営業計画の決定等を行っている地域本社や地域統括支社
　　ウ　本社・本店の具体的な指示を受けることなく、独自に企業等が取り扱う主要な製品・サービス等についての事業計画を決定などしている工場

なお、個別の製造等の作業や当該作業に係る工程管理のみを行っている場合は、対象事業場とはなりません。
③ 本社・本店以外で、本社・本店からの具体的な指示を受けることなく独自に、当該事業場に係る事業の運営に大きな影響を及ぼす事業計画や営業計画の決定等を行っている事業場

例えば、
　ア　独自に当該事業場を含む複数の支社・支店等に係る事業活動の対象地域における生産、販売等についての事業計画や営業計画の決定等を行っている支社・支店
　イ　独自に当該事業場のみに係る事業活動の対象地域における生産、販売等についての事業計画や営業計画の決定等を行っている支社・支店

なお、本社・本店または支社・支店等の具体的な指示を受けて、個別の営業活動のみを行っている事業場は、対象事業場とはなりません。

(2) 労使委員会で決議する事項

対象事業場に設置した労使委員会で、以下の①から⑧の事項を委員の5分の4以上の多数決で決議しなければなりません（労基法38条の4第1項各号、労基法施行規則24条の2の3第3項）。

① 「経営状態、経営環境等について調査及び分析を行い、経営に関する計画を策定する業務」といった対象業務の具体的範囲
② 「大学の学部を卒業して5年程度の職務経験、主任（職能資格○級）以上の労働者」といった対象労働者の具体的な範囲
③ 1日当たりのみなし労働時間
④ 使用者が対象労働者に対して「代償休日又は特別な休暇を付与すること」といった健康及び福祉を確保するための措置
⑤ 苦情の処理のための措置の具体的内容（対象労働者からの苦情の申出の窓口及び担当者）
⑥ 労働者本人の同意を得なければならないこと及び不同意の労働者に対して不利益取扱いをしてはならないこと

⑦ 決議の有効期間の定め（3年以内が望ましい）
⑧ ④⑤⑥に関する記録を決議の有効期間及びその後3年間保存すること

(3) 労使委員会の要件

企画業務型裁量労働制を導入する際、まず適法な労使委員会を事業場内に設置しなければなりません。労使委員会は、事業場の労働条件に関する事項を調査審議し、事業主に対してその事項について意見を述べることを目的としています（労基法38条の4第1項）。また、労使委員会の設置には、以下の①から④の要件をすべて満たすことが必要です（労基法38条の4第2項）。

① 労働者代表委員が半数を占めていること
② 労働者代表委員は、過半数労働組合または過半数代表者から任期を定めて指名されていること
③ 委員会の招集、定足数、議事その他労使委員会の運営について必要な事項を規定する運営規程を、労使委員会の同意のうえ策定すること
④ 開催の都度、議事録を作成・保存（3年間）し、作業場への掲示等により労働者に周知すること

(4) 効　果

労基法（第4章　労働時間）の規定の適用に当たり、対象労働者は、実際の労働時間にかかわりなく、労使委員会で決議した「1日当たりのみなし労働時間」の時間労働したものとみなす「みなし労働時間制」しての効果が生じます。ただし、休憩、法定休日、深夜業に係る規制は、原則どおり適用されます。

また、1日当たりの法定労働時間を超えるみなし労働時間を定めた場合は、併せて労基法36条1項に係る時間外労働協定を締結し、所轄労基署長に届け出ることが必要です。

(5) 定期報告

企画業務型裁量労働制を実施する使用者は、労使委員会の決議が行われ

た日から起算して6か月以内に1回、その後1年以内ごとに1回（当分の間、6か月以内ごとに1回。労基法施行規則附則66条の2）、所轄労基署長に報告することが必要となります（労基法38条の4第4項、労基法施行規則24条の2の5第1項）。

　また、報告すべき事項は、次のイとロです（労基法施行規則24条の2の5第2項）。

　　イ　対象労働者の労働時間の状況
　　ロ　対象労働者の健康及び福祉を確保するための措置の実施状況

4　時間外労働の管理

　労働時間は、1週40時間、1日8時間であり、一定の要件のもとで変形労働時間制が認められるほか、一定の業種等については特例が設けられていることは前述のとおりですが、災害など通常予見され得ない臨時の必要がある場合や、公務のため臨時の必要がある場合、あるいは業務の異常な繁忙の場合などに際しては、この原則を超えて労働者を働かせなければならない必要が生じます。

　労基法はこのような場合に備えて、一定の要件のもとに時間外労働を行わせることを認めています。

1　時間外労働が許される場合

　法定の労働時間を超えて臨時的に時間外労働を命ずることが許される場合としては、災害その他避けることのできない事由によって臨時の必要がある場合と時間外労働に関する労使協定を結んで行政官庁に届け出た場合の二つがあげられます。

(1) 災害その他避けることのできない事由による場合

災害その他避けることのできない事由によって臨時に時間延長が必要な場合には、その必要の限度まで法定時間の枠を超えて労働させることができます。

もっとも、この場合には所轄労基署長の許可が要件とされており、事態急迫のためこの許可を受ける暇がない場合には、事後の届出でよいこととされています（労基法33条1項）。

事後の届出の場合については、法で認める事由がなかったり、必要の限度を超えて時間延長が行われたときは、その延長時間に相当する代休を与えるよう所轄労基署長が命令できることとなっています（労基法33条2項）。

この手続で時間延長を行う場合は「災害その他避けることのできない事由」の範囲がどこまで認められるのかという問題がありますが、この判断の基準としては、次のような解釈例規があります。

労基法33条1項は、災害、緊急、不可抗力その他客観的に避けることのできない場合の規定ですから厳格に適用すべきものであって、その許可または事後の承認は、おおむね次の基準によって取り扱うことになります。

① 単なる業務の繁忙その他これに準ずる経営上の必要は認めないこと
② 急病、ボイラーの破裂その他人命または公益を保護するための必要は認めること
③ 事業の運営を不可能ならしめるような突発的な機械の故障の修理は認めるが、通常予見される部分的な修理、定期的な手入れは認めないこと
④ 電圧低下により保安等の必要がある場合は認めること

（昭22.9.13 発基17号、昭26.10.11 基発696号）

(2) 時間外労働に関する労使協定による場合

使用者は、労働者代表と書面による協定をし、これを所轄労基署長に届け出た場合には、法定労働時間の枠を超えてその協定の範囲内で超過労働をさせることができる（労基法36条1項）とされています。ただし、坑内

労働など健康上とくに有害な業務の時間延長は、1日につき2時間が限度とされており（労基法36条1項ただし書）、18歳未満の年少者については、このような労使協定による時間外労働はまったく認められていません（労基法60条）。

この労使協定を締結する場合、延長できる時間を労使で自由に設定できるわけではなく、労基法36条2項の規定により、厚生労働大臣が時間外労働時間数等について基準を設けることができることとされ、具体的には後述 **4** のとおりの限度基準等が定められています。同条3項により、労使当事者は労使協定の締結に当たっては、限度基準等に適合したものとなるようにしなければならないこととされています。

この労使間の協定は労基法36条に基づくものであるため、一般に「三六協定」と呼んだり、あるいは時間外労働の協定であるため「時間外労働協定」ともいわれています。

なお、**(1)** 及び **(2)** で述べたところにより、時間外労働を行わせる場合には、2割5分増以上5割以下の範囲内でそれぞれ政令で定める率以上の割増賃金を支払うことが要件とされています（労基法37条）。

2 三六協定の協定当事者

三六協定の協定当事者は、使用者と労働者の代表者です。この労働者代表については、労基法で資格要件を特別に明記しています。

すなわち、協定当事者としての労働者代表は「当該事業場に、労働者の過半数で組織する労働組合がある場合はその労働組合」、そのような労働組合がない場合には「労働者の過半数を代表する者」が協定当事者となります。

(1) 過半数の算定

そこで、まず問題となるのは、当該事業場の労働組合が過半数組合であるか否かをどうして算定するかということです。本社と工場、営業所などが分かれている場合の三六協定の手続は、その企業一本で行うのではなく、

場所的に独立した本社、工場、営業所ごとにそれぞれ別個の事業場として手続を行う必要があるので、事業場単位に過半数組合か否かを判断しなければなりません。

次に過半数か否かを算定する場合の「労働者」の範囲については、「（労基）法第36条第1項の協定は、当該事業場において法律上又は事実上時間外労働又は休日労働の対象となる労働者の過半数の意思を問うためのものではなく、同法第18条、第24条、第39条及び90条におけると同様、当該事業場に使用されているすべての労働者の過半数の意思を問うためのであ（る）」（昭46.1.18　45基収6206号、昭63.3.14　基発150号、平11.3.31基発168号）から、本来時間外労働をさせる余地のない年少者や、管理監督者あるいは監視断続的労働従事者も含めた在職中のすべての労働者ということになります。なお、派遣労働者については、派遣先企業の労働者に含めません。派遣元企業で締結する三六協定に含めることになります。

(2) 過半数組合

1企業1事業場のところで過半数組合があれば、それが協定当事者となることについて疑問の生ずる余地はありませんが、本社、工場、営業所などが各地に散在する場合で、これらを包含する企業単位で労働組合が結成されている場合に、当該組合の本部が各事業場ごとに三六協定を結び得るかという問題があります。

その事業場の労働者の過半数が企業単位の労働組合に加入していれば、その労働組合が「過半数をもって組織する労働組合」とみることとしていますので、その事業場に置かれている労働組合の支部が協定当事者となることはもとより、労働組合の本部も三六協定の当事者となることができます。この場合、いずれが協定当事者となるかは当該労働組合の内部問題といえます。

なお、企業全体では過半数労働者で組織された労働組合であっても、ある工場についてみた場合、そこの労働者の過半数がその組合に加入していなければ、当該工場については、企業単位の労働組合は、過半数組合として協定当事者となることはできないこととなり、当該工場のみが、別個に

労働者の過半数を代表する者を選出しなければならないこととなります。

(3) 組合が２以上ある場合の協定当事者

１事業場に労働組合が２以上ある場合に、それぞれの労働組合と協定する必要があるか否かということについて法律上は、過半数組合以外の労働組合は協定当事者となる資格をもたないばかりか、もし協定をしても法律上の効力はないものと解されます。

例えば、１の事業場に職員組合と工員組合がある場合、工員組合が労働者の過半数を占めているときは、たとえ職員の時間外労働に関する三六協定であっても、工員組合と協定すれば足りることとなります。

もし、いずれの組合も労働者の過半数を占めていない場合には、労働組合が協定当事者となるのではなく、別に労働者の過半数を代表する者を選出し、その代表者と協定する必要が生じます。

(4) 過半数代表者の選出

事業場に労働組合があっても、それが労働者の過半数を占めていない場合、またはまったく労働組合が組織されていない場合に三六協定を結ぶためには、協定当事者としての過半数労働者の代表をなんらかの方法で選出しなければならないこととなります。

ところが、このような場合の労働者代表の選出については、安易な選出方法がとられがちであるため、法令により次のいずれにも該当する者としなければならないこととされています（労基法施行規則６条の２）。

① 労基法41条２号に規定する監督または管理の地位にある者でないこと。
② 労基法に規定する協定等をする者を選出することを明らかにして実施される投票、挙手等の方法による手続により選出された者であること。

なお、労働者が過半数代表者であること、過半数代表者になろうとしたこと、過半数代表者として正当な行為をしたことを理由として、不利益な取扱いをすることは禁止されています。

ところで、適格性を欠く者を労働者代表として締結した三六協定は有効

に成立したことにはならないため、このような三六協定に基づいて行われた時間外労働、休日労働は違法な超過労働となります。最高裁判例でも、全従業員で構成された親睦団体の代表者が自動的に過半数代表となることは認められないとして、三六協定は無効としたものがあります（平13.6.22最高裁第二小法廷判決、トーコロ事件）。このように、労働者代表の選出方法、適格性は三六協定の効力に影響する重要なポイントですから、過半数労働組合がない事業場における「労働者代表の選出方法」については、三六協定届中の記載事項とされています。

　また、使用者側の協定当事者については、特別の規定を設けていないので、企業内における権限分配の問題としてとらえるべきです。したがって、例えば数事業場を有する企業にあっては、各事業場の長などに締結権限を与えてもよく、また、社長自ら締結当事者となることも可能です（昭36.9.7基収1392号、平11.3.31基発168号）。

3　三六協定の内容

　三六協定は書面によって行う必要があり、その内容としては、①時間外・休日労働させる必要のある具体的事由、②業務の種類、③労働者の数、④1日及び1日を超える一定の期間（1日を超え3か月以内の期間及び1年間）について延長することができる時間（延長限度時間）、⑤労働させることができる休日、⑥有効期間を記載する必要があります（様式9号から9号の4のいずれかによります。）。

　これらの記載事項により、協定で時間外・休日労働を認める具体的な範囲を定めることになりますから、例えば、協定届に記載された事由以外の事由で時間外労働を命ずることは許されず、また、協定した延長時間を超える時間外労働は協定なき違法な時間外労働となります。

4 協定で定める労働時間の延長の限度等に関する基準

(1) 限度基準とは

　もともと、三六協定による時間外・休日労働は、臨時的なやむを得ない業務上の必要のある場合に認められるものであり、本来恒常的な長時間労働を認める趣旨のものではありませんから、恒常的な時間外労働を前提とした生産計画や人員配置は、労基法の精神に反し好ましいものではありません。また、時間外労働自体が、労働者の生活、健康に少なからぬ影響を及ぼすものですから、三六協定の締結に当たっては、労使が法の趣旨を十分理解して、延長時間の限度を適正なものとすることが必要です。

　そこで、平成11年４月１日施行の法改正により、時間外労働協定において定められる１日を超える一定の期間について延長することができる時間（延長限度時間）に関し、労基法36条２項の規定により、厚生労働大臣が労働時間の延長の限度等について基準を定めることができることとされ、具体的には「労働基準法第36条第１項の協定で定める労働時間の延長の限度等に関する基準」（「限度基準」といいます。平10.12.28労働省告示154号、改正：平21.5.29厚生労働省告示316号）により、下表のように限度時間が定められています。

　また、対象期間が３か月を超える１年単位の変形労働時間制の場合にお

【図表】 １日を超える一定期間の単位及び限度時間

	一　定　期　間	限　度　時　間
週または月を単位とする期間	１週間	15時間
	２週間	27時間
	４週間	43時間
	１か月	45時間
	２か月	81時間
	３か月	120時間
	１年間	360時間

【図表】対象期間が3か月を超える1年単位の変形労働時間制における限度時間

	一定期間	限度時間
週または月を単位とする期間	1週間	14時間
	2週間	25時間
	4週間	40時間
	1か月	42時間
	2か月	75時間
	3か月	110時間
	1年間	320時間

ける延長時間の限度として、上表のとおりの時間が定められています。
　一定期間についての延長時間について協定する場合は、
① 延長時間に係る一定期間については、週または月を単位とする期間及び1年間とすること。
② 週を単位とする場合は1週間、2週間または4週間とすること。
③ 月を単位とする場合は3か月以内の期間とすること。
④ 当該一定期間及び1年間についての延長時間は、原則として、前表の一定期間の区分に応じ、それぞれに掲げる時間以内の時間とすること。
とされています。

(2) 限度基準の例外

なお、表に示した限度時間については、次の二つの例外が認められます。

①適用除外（特定の業種・業務の場合）

　限度基準が適用されない業種・業務として、工作物の建設等の事業、自動車の運転の事業、新技術・新商品などの研究開発の事業には限度基準のすべてが適用されず、また、造船事業における船舶の改造または修繕に関する事業・業務などには週または月単位の限度時間は適用されない、とされています。

②特別条項付三六協定を締結した場合

　限度基準では、限度時間をさらに超えて労働時間を延長しなければならない「特別の事情」が生じた場合に限り、労使間で定める手続を経て、限度時間を超える一定の時間（特別延長時間）まで労働時間を延長する旨を協定することを認めています。これを「特別条項付き協定」と呼んでいます。

　ただし、これは、時間外労働の限度基準をさらに超えることになり、長時間労働による健康障害が配慮されなければなりません。したがって、特別条項付き協定が認められる「特別の事情」とは、「臨時的なもの」である場合に限られます。この「臨時的なもの」とは、一時的または突発的に時間外労働を行わせる必要があるものであって、全体として１年の半分を超えないことが見込まれるものでなければならないとされています。また、可能な限り具体的に定める必要があるとされており、単に「業務の都合上必要なとき」とか「業務上やむを得ないとき」等については、臨時的なものに該当しないとされています（平15.10.22 基発1022003号）。

＜「臨時的なもの」の例＞
・予算・決算の業務
・納期のひっ迫
・大規模なクレームへの対応

＜特別条項付き協定の例＞
　「一定期間についての延長時間は１か月45時間、１年360時間を上限とする。なお、下記に掲げる特別の事情が生じたときは、労働組合と協議の上、月80時間、年500時間を限度とする。ただし、この場合であっても月45時間を超えることができるのは６月以内とする。月45時間を超え月60時間以内あるいは年360時間を超えた場合の時間外労働に対する割増賃金率は３割増とする。また、月60時間を超えた場合の割増率は５割増とする。」

　なお、特別条項付き協定を締結する場合には、限度時間を超える時間外

第４章　労働時間

労働をできる限り短くするように努めなければならない、とされています（限度基準3条2項）。

また、労基法改正（平成22年4月1日施行）により、月60時間を超えて時間外労働をさせた場合には、その超えた時間について5割以上の割増率で割増賃金を支払わなければならないとするとともに、特別条項付き協定では、限度時間を超える時間外労働に係る割増賃金率を定めなければならないこと、その場合の割増率は2割5分を超える率とするよう努めなければならないこととされました（限度基準3条1項ただし書）。

これは、限度時間を超える時間外労働を抑制することを趣旨としたものです。

(3) 自動車運転者の時間外労働

タクシー、トラック等の自動車運転者の時間外労働については、「自動車運転者の労働時間等の改善のための基準」（平元.2.9労働省告示7号、改正：平12.12.25労働省告示120号）によって定められた拘束時間の範囲内で、三六協定の1日及び1日を超える一定期間の限度時間が規制されるほか、休日労働についても、2週間を通じ1回を限度とするものとされています。

また、労基法では、労働時間（実働時間と休憩時間）について規制を設けていますが、拘束時間という概念はありません。しかし、自動車運転者の業務の特性から、拘束時間という概念を用いて規制しています。拘束時間は労働時間と休憩時間の合計時間です。

(4) 育児休業・介護休業の場合

育児・介護休業法17条、18条に基づき、労基法36条の規定により労働時間を延長することができる場合において、小学校就学の始期に達するまでの子を養育する労働者または要介護状態の対象家族の介護を行う労働者が請求した（日々雇い入れられる者は請求できませんが、期間を定めて雇用される者は請求できます。）場合においては、事業の正常な運営を妨げる場合を除き、1か月について24時間、1年について150時間を超える時間

外労働（法定時間外労働）をさせることはできません。

ただし、次のような労働者は請求できません。

　イ　その事業主に継続して雇用された期間が1年に満たない労働者

　ロ　1週間の所定労働日数が2日以下の労働者

また、次の事項に留意する必要があります。

① 介護の場合の「対象家族」の範囲は、配偶者、父母、子、祖父母、兄弟姉妹、孫、配偶者の父母ですが、祖父母、兄弟姉妹及び孫については同居、扶養が要件です。

② 事業主は、労働者が請求どおりに時間外労働の制限を受けられるように、通常考えられる相当の努力をすべきものであり、単に時間外労働が事業の運営上必要であるとの理由だけでは拒むことはできません。

なお、平成24年に全面施行された改正育児・介護休業法により、3歳未満の子を養育する労働者について、その請求があった場合に、所定外労働を免除する制度（同法16条の8）が導入され、また、申し出れば利用できる短時間勤務制度（原則として所定労働時間を6時間とするもの）を設けることが事業主に義務づけられています（同法23条）。

5　時間外労働を命ずべき根拠

（1）三六協定の効力

　三六協定の締結・届出は、適法に時間外労働を行うための要件です。いい換えれば、8時間を超えて働かせてはならないという法律上の禁止を解くための手続です。

　したがって、三六協定の直接的な効力は法定労働時間を超えて時間外労働させても法違反として処罰の対象とされないという刑事上の免責的効力に限られるものであり、時間外労働を命ずる根拠、いい換えれば労働者がその命令に服すべき義務は、この三六協定から直接生ずるものではありません。

　その根拠は、労働契約で定められるべきものです。労働契約で定められるといっても、実際には三六協定の締結により超過労働を命ずることがで

きる旨を就業規則で定めているのが通例ですが、このような契約が存在しない場合には、たとえ三六協定が成立しても使用者は時間外労働を命じ得ず、労働者はこれに従うべき義務は負わないこととなります。また、三六協定のない場合の残業命令は、非常災害の場合を除き、違法な残業命令となるので、これを拒否しても懲戒の対象とすることはできません。

(2) 時間外労働義務

　三六協定及び就業規則があれば、その範囲内での残業命令には常に絶対に服従すべき義務が生じるかどうか、あるいは、命令を拒否した場合に懲戒の対象にできるかという問題があります。就業規則の規定に従った残業命令であれば、原則として労働者はこれに従うべき義務を負うという考え方が一般的です。したがって、これを拒否した場合は、懲戒の対象とすることができることとなります。しかし、この点については、学説上は争いがあり、残業命令のように超過労働については、あくまでも例外であることなどから、その都度個々の労働者の同意、承認を必要とするという見解が強く主張されています。本来、残業が臨時的、突発的な事由により必要となるのに、多数の労働者にいちいち同意を求めなければ残業を行わせることができないという考え方は、企業の経営、労働の実態からみて無理があるように考えられます。

　したがって、就業規則または労働協約等で超過労働の義務を定めている場合で、その規定の内容が合理的であるときには、命令に従うべき義務があるとする考え方が妥当であり、この命令を拒否すると、原則として懲戒の対象とすることができると考えるべきでしょう。

　この点に関しては、次の判例が参考となるでしょう。

　「思うに、労基法（昭和62年法律第99号による改正前のもの）32条の労働時間を延長して労働させることにつき、使用者が、当該事業場の労働者の過半数で組織する労働組合等と書面による協定（いわゆる三六協定）を締結し、これを所轄労働基準監督署長に届け出た場合において、使用者が当該事業場に適用される就業規則に当該三六協定の範囲内で一定の業務上の事由があれば労働契約に定める労働時間を延長して労働者を労働させる

ことができる旨定めているときは、当該就業規則の規定の内容が合理的なものである限り、それが具体的労働契約の内容をなすから、右就業規則の規定の適用を受ける労働者は、その定めるところに従い、労働契約に定める労働時間を超えて労働をする義務を負うものと解するを相当とする」（平3.11.28最高裁第一小法廷判決、日立製作所武蔵工場事件）

(3) 時間外労働命令拒否

　労基法が労働時間の基準を定める趣旨からして、超過労働はやはり特別の事情がある場合における臨時的な労働義務であり、所定労働時間の労働義務とは異なり、絶対的な効力をもつものとは考えられず、労働者に正当な理由があるときは、早退が認められるのと同様に残業を拒むことも許されると考えられます。

　この点に関しては、次の判例が参考となります。

　「人間誰しも1日の行動計画ないし生活設計を立ててそれに従った行動をするのが通例であるから、時間外労働をすべき日時が何月何日とか毎週何曜日とかのように労働契約等で予め特定されている場合ならともかく、単に一般的概括的時間外労働に関する約束が存在しているにすぎないような場合に、終業時刻真際になって業務命令で時間外労働を命令し得るとなすときは、予め予定された労働者の行動計画ないし生活設計を破壊するような不利益の受忍を労働者に強いる結果となることも考えられないでもなく、労働基準法第15条の労働条件明示の規定の趣旨とも関連して、その業務命令に絶対的な効力を認めるとすることは妥当なものであるとはいい難いから、一般的概括的時間外労働に関する約束がある場合においても、労働者は一応使用者の時間外労働の業務命令を拒否する自由をもっているといわなければならない。但し、使用者が業務上緊急の必要から時間外労働を命じた場合で、労働者に就業時間後何等の予定がなく、時間外労働をしても、自己の生活に殆んど不利益を受けるような事由がないのに、時間外労働を拒否することは、いわゆる権利の濫用として許されない場合のあることは否定できない」（昭43.3.22東京地裁決定、毎日新聞東京本社事件）。

6　割増賃金の支払い

　時間外労働の法定割増賃金については、超過労働など実際の労働時間数に応じて支払わなければなりません。恒常的な長時間労働の抑制を趣旨とした平成22年施行の労基法改正では、長時間に及ぶ時間外労働について、使用者に経済的負担をかけることによって時間外労働を抑制することを目的として割増率が引き上げられました。同時に、中小企業に対しては、引上げを当分の間猶予された措置が注目されます。詳細は、**第7章「賃金」**の項で述べます。

7　過重労働による健康障害・メンタルヘルス対策と使用者の安全配慮義務

　長時間労働は、過重労働による健康障害やメンタルヘルス不全の大きな要因の一つとなると考えられています。そのため、厚生労働省では、平成14年2月に「過重労働による健康障害防止のための総合対策」を公表して以来、労働安全衛生法（安衛法）の改正など新たな対策を策定してきました。そのなかで、医師による面接指導制度（安衛法66条の8）は、脳・心臓疾患などを引き起こすおそれのある労働時間の目安を踏まえて、長時間労働を行った労働者に対する医師の面接を行い、心身の健康障害を未然に防ぐことを目的としています。対象となる労働者の要件は、時間外・休日労働時間（1週間当たり40時間を超える労働時間）が1か月当たり100時間を超えていること、疲労の蓄積が認められること、労働者が申し出ていること、です。

　労契法5条は、従来の多くの判例によって認められてきた労働者への安全配慮義務を法文化したものです。労働契約に信義則上付随した義務と位置づけられているこの義務に、安衛法上の健康確保措置の履行が含まれることは当然であると考えられます。

5 年少者及び女性の労働時間等

1 年少者の労働時間等

(1) 労働時間、休日

　労基法60条は、18歳未満の年少者の労働時間、休日について、次のような特別規定を定めています。

① 　1か月単位の変形労働時間制、フレックスタイム制、1年単位の変形労働時間制、1週間単位の非定型的変形労働時間制及び労使協定による時間延長、休日労働については、これらを適用しないこと（同条1項）。

　すなわち、年少者は原則として変形労働時間制により労働させたり、時間外または休日に労働させることはできません。

　ただし、同条3項は次の二つの例外を認めています。まず同項1号により、1週間の労働時間が労基法32条1項の時間を超えない範囲内で、1週間のうち1日の労働時間を4時間以内に短縮することを条件として他の日の労働時間を10時間まで延長することが認められます。

　次に、同法60条3項2号により、1週間について48時間、1日について8時間を超えない範囲内において1か月単位または1年単位の変形労働時間制が認められます。

② 　労基法40条において規定する労働時間及び休憩の特例を適用しないこと（同法60条1項）。

　したがって、年少者については、厳格に労基法32条で定める労働時間及び34条の一斉休憩の原則が適用されることになります。

　なお、労基法33条の規定は、年少者にも適用されるため、非常災害時の事由に基づく時間外労働、休日労働は許されています。

（2）深夜業

　労基法61条において、年少者を、午後10時から午前5時までの深夜時間に使用することは原則として禁止されています。

　ただし、次の場合は深夜業が認められます。

① 61条1項により16歳以上18歳未満の男性を交替制によって使用する場合
② 同条3項により事業全体として交替制をとっているため、就業時間の一部が深夜に食い込む場合であって、所轄労基署長の許可を受けて、年少者を午後10時30分まで、または午前5時30分から使用する場合
③ 同条4項により労基法33条1項の規定によって、災害その他避けることのできない事由により、臨時の必要がある場合
④ 61条4項により自然的条件により深夜業を必要とする農林の事業（労基法別表1－6号）、畜産、水産、養蚕の事業（同7号）、あるいは事業の性質上公衆の不便を避けるために深夜業を必要とする保健衛生の事業（同13号）及び電話交換の業務に使用する場合

2　女性の労働時間等

（1）労働時間、休日

　かつては女性について、時間外・休日労働が規制されていましたが、「雇用の分野における男女の均等な機会及び待遇の確保等のための労働省関係法律の整備に関する法律」（平成9年法律第92号）により、平成11年4月1日から、これらの規制が解消され、以降は女性についても男性と同様の時間外・休日労働が可能となりました。

（2）深夜業

　時間外・休日労働の規制の解消と併せ、満18歳以上の女性については深夜業の規制も解消されており、男性と同様に深夜業が可能となっています。

　ただし、育児・介護休業法により、育児や介護を行う労働者が請求した場合、原則として深夜業に就かせることはできません（育児休業について

は19条、介護休業については20条)。なお、同法は女性に限られず、育児・介護を行う男性にも適用されます。

3 妊産婦の労働時間等

使用者は、妊産婦が請求した場合においては、変形労働時間制の定めによって1週間または1日の労働時間が法定労働時間を超えることになる時間に労働させてはならず、また、時間外労働、休日労働もしくは深夜業をさせてはなりません（労基法66条）。ここでいう変形労働時間制とは、1か月単位の変形労働時間制（同法32条の2)、1年単位の変形労働時間制（同法32条の4）及び1週間単位の非定型的変形労働時間制（同法32条の5)のことです。

なお、この場合、変形労働時間制のもとで、1週間または1日の法定労働時間を超えることとなる時間の労働についてのみの請求のほか、時間外労働もしくは休日労働についてのみの請求、深夜業についてのみの請求またはそれぞれについての部分的な請求も認められ、使用者はその請求された範囲で妊産婦をこれらに従事させなければ足りるものです。また、妊産婦の身体等の状況の変化等に伴い、請求内容の変更があった場合にも同様です。

また、労基法上の管理監督者の地位にある妊産婦（妊娠中の女性及び産後1年を経過しない女性）について、時間外労働、深夜業が制限されるかという点に関しては、同法41条により労働時間に関する規制が適用されないため、同法66条1項（法定労働時間）及び同条2項（三六協定による時間外労働及び休日労働）の適用の余地はありませんが、同条3項の規定（深夜業）は適用され、これらの者が請求した場合は、その範囲で深夜業に就かせることはできません（昭61.3.20 基発151号、婦発69号）。

6 休憩時間の取扱い

1 休憩の意義と与え方

　休憩時間の意義は、長時間の労働の継続により蓄積した労働者の心身の疲労を回復させ、労働者の苦痛を緩和することにありますが、経営の側からみても、疲労による能率低下を防止する効果をもつものです。

　この休憩時間については、労働時間が6時間を超えるときは少なくとも45分を、8時間を超えるときは少なくとも1時間を与えなければなりません。休憩の与え方については、第一に労働時間の途中に与えること（途中付与の原則）、第二に事業場の全労働者に対して一斉に与えること（一斉付与の原則）、第三に労働者に自由に利用させること（自由利用の原則）の3原則を定めています（労基法34条）。

　ここで休憩時間というのは、労働者が労働から離れることを権利として保障された時間のことです。作業に従事していない時間であっても、労働から離れて自由に使用することが使用者から保障されていない時間は、休憩時間ではなく、「手待時間」と呼ばれ労働時間とみなされます。

2 休憩時間の長さ

　使用者が与えるべき休憩時間の長さは、労働時間の長さに応じて定められているため、例えば、半休制の土曜日のように労働時間が6時間を超えないときは休憩を与えなくともよく、また1日8時間以内の勤務の場合は、最低45分与えればよいこととなっています。しかし、これらの場合においても残業を行って、例えば、半休制の土曜日の労働時間が合計6時間を超えるときは45分の休憩を、また、7時間制勤務で、休憩45分の場合、残業で8時間を超えるときは15分の休憩を追加して合計1時間の休憩が付与されるように措置する必要があります。

休憩時間の最長限度について法律上の定めはありませんが、これをあまり長くすることは、労働者をいたずらに長時間拘束することになるので、労務管理上好ましいことではありません。

3　休憩時間の位置

　労基法では、休憩時間の位置について「労働時間の途中に与えなければならない」と途中付与の原則を定めているだけで、特別に一括付与するとか分割付与してもよいのかについてはなんら規定がありません。
　したがって、休憩時間を労働の開始直前とか、終了後に設けることは許されませんが、労働時間の途中にあればいつ与えてもよく、また、休憩時間を分割して適宜な時刻に配置することも認められています。
　この休憩時間の配置をどのようにすべきかは、労働能率とも関連する労務管理上の重要な問題といえましょう。もちろん、業種や勤務態様によっていろいろの制約を受けますが、一般的には、作業を開始してからしばらくの間は作業慣れの効果をそぐこととなりますから休憩を与えないようにし、また、疲労が蓄積しすぎて能率低下がはっきり現れてからは能率回復が困難であるため、能率低下が現れる少し前に休憩を与えるのが適切であるといわれています。
　このような観点から、製造業を例にとってみますと、例えば、始業午前8時、終業午後5時の勤務の場合に、昼食時間としての休憩を正午より40分程度与えるほかに、午前10時半前後と午後3時前後にそれぞれ10分程度の休憩時間を配置する例が多いようです。

4　一斉休憩の原則と例外

　休憩を全員に一斉に与えることは、休憩の効果をあげることと監督取締りの便宜上戦前の工場法時代からとられていた原則です。
　しかし、これには二つの例外があります。第一の例外は、仕事の性質上一斉に与えなくてもよいとするもので、その業種としては運輸交通業、商

業、金融広告業、映画・演劇業、通信業、保健衛生業、接客娯楽業、官公署（労基法40条、労基法施行規則31条）及び鉱山等における坑内労働（労基法38条2項）とされています。

　第二の例外として、事業場に労働者の過半数で組織する労働組合がある場合はその労働組合、そのような労働組合がない場合は労働者の過半数を代表する者との書面による労使協定を締結した場合は一斉付与の義務が除外されています。

5 自由利用の原則と外出制限

　休憩時間は労働から解放される時間であり、労働時間の規制の外にある時間であることから、労働者に自由に利用させなければならないことは当然です。

　しかしながら、自由利用といっても、無制限ではなく、休憩の目的を害さない程度であれば、事業場の規律保持上必要な制限を加えることは差し支えないと解されています（昭22.9.13発基17号）。したがって、「休憩時間中に食事をすませなければならない」とか、休憩時間中でも「所定の場所以外は喫煙を禁止する」という制約は差し支えないわけです。また、休憩時間中でも「外出する場合は所属長に届け出なければならない」という外出「届出制」を設けることは差し支えありません。

　自由利用の原則は休憩時間中の組合活動と関連してよく問題とされますが、施設管理権との関係について最高裁は、次のような判断を示しています。

　「一般に労働者は、休憩時間中といえども、その勤務する事業所又は事務所内における行動については、使用者の有する右事業所等の一般的な管理権に基づく適法な規制に服さなければならないものであ（る）」（昭49.11.29最高裁第三小法廷判決、米軍立川基地事件）とされています。

　この見解にいう「管理権の濫用」は、果たしてどのような程度についていうのかが問題ですが、例えば、休憩時間中の組合活動としての職場集会について、開催場所のいかんを問わず許可を要求するなどは管理権の濫用といえるでしょう。

7 労働時間等の基準の適用除外

1 管理監督の地位にある者の範囲

　管理監督の地位にある者でも、労働者ですから労基法の適用対象者ですが、労基法中の労働時間、休憩、休日の規定は適用されないこととされています（労基法41条）。

　このため、年次有給休暇や解雇、災害補償などは一般の労働者と同じように扱う必要がありますが、時間外労働や休日労働などは一般労働者と違って、三六協定がなくても適法に実施できますし、その割増賃金も法律上はいちいち実績に応じて支払う必要はないわけです。

(1) 解釈例規

　「監督若しくは管理の地位にある者」（労基法41条2号）の範囲について、解釈例規は、「監督若しくは管理の地位にある者」の範囲を「一般的には、部長、工場長等労働条件の決定その他労務管理について経営者と一体的な立場にある者の意であり、名称にとらわれず、実態に即して判断すべきである」とし、具体的には次の考え方によることとしています（昭22.9.13 発基17号、昭63.3.14 基発150号）。

　①原　則
　　法に規定する労働時間、休憩、休日等の労働条件は、最低基準を定めたものであるから、この規制の枠を超えて労働させる場合には、法所定の割増賃金を支払うべきことは、すべての労働者に共通する基本原則であり、企業が人事管理上あるいは営業政策上の必要等から任命する職制上の役付者であればすべてが管理監督者として例外的取扱いが認められるものではないこと。

②適用除外の趣旨
　これらの職制上の役付者のうち、労働時間、休憩、休日等に関する規制の枠を超えて活動することが要請されざるを得ない重要な職務と責任を有し、現実の勤務態様も労働時間等の規制になじまないような立場にある者に限って管理監督者として法第41条による適用の除外が認められる趣旨であること。従って、その範囲はその限りに、限定しなければならないものであること。
③実態に基づく判断
　一般に、企業においては、職務の内容と権限等に応じた地位（以下「職位」という。）と、経験、能力等に基づく格付（以下「資格」という。）とによって人事管理が行われている場合があるが、管理監督者の範囲を決めるに当たっては、かかる資格及び職位の名称にとらわれることなく、職務内容、責任と権限、勤務態様に着目する必要があること。
④待遇に対する留意
　管理監督者であるかの判定に当たっては、上記のほか、賃金等の待遇面についても無視し得ないものであること。この場合、定期給与である基本給、役付手当等において、その地位にふさわしい待遇がなされているか否か、ボーナス等の一時金の支給率、その算定基礎賃金等についても役付者以外の一般労働者に比し優遇措置が講じられているか否か等について留意する必要があること。なお、一般労働者に比べ優遇措置が講じられているからといって、実態のない役付者が管理監督者に含まれるものではないこと。
⑤スタッフ職の取扱い
　法制定当時には、あまり見られなかったいわゆるスタッフ職が、本社の企画、調査等の部門に多く配置されており、これらスタッフの企業内における処遇の程度によっては、管理監督者と同様に取扱い、法の規制外においても、これらの者の地位からしてとくに労働者の保護に欠けるおそれがないと考えられ、かつ、法が監督者のほかに、管理者も含めていることに着目して、一定の範囲の者については、同法第41条第2号該当者に含めて取扱うことが妥当であると考えられること。

なお、労組法において、いわゆる非組合員の範囲の基準として「使用者の利益を代表する者」（労組法2条1号）が示されていますが、これと労働時間等の適用除外を受ける労基法上の管理監督者とはそれぞれの法の趣旨、目的が違うので、その範囲も直ちに一致するものではありません。おのおのの立法趣旨に照らして判断されるべきものです。

　また、労基法41条本文は、「労働時間、休憩及び休日に関する規定」は「適用しない」として適用を除外していますが、労働時間と別の深夜業の規定（37条4項、61条及び66条3項）については、適用を除外していません。したがって、41条によって労働時間規制の適用を除外される者であっても、深夜業に従事した場合は、原則として同法37条に定める深夜業の割増賃金を支払う必要があります（昭63.3.14 基発150号、平11.3.31 基発168号）。

(2) 近時の問題

　管理監督者の範囲については、法令上の明確な定めがないまま、昭和52年以降、金融機関における管理監督者の具体的な判断基準をはじめとする行政解釈をもとに運用されてきましたが、近年に至り日本マクドナルド事件（平20.1.28 東京地裁判決）等、一連の地裁判決に端を発して、いわゆる「名ばかり管理職」の実態が世上の話題となりました。労働基準監督機関も、「解釈例規を十分に理解しないまま、企業内の『管理職』について、十分な権限、相応の待遇等を与えていないにもかかわらず、労基法上の管理監督者として取り扱っている例も見られ、中には労働時間等が適切に管理されず、割増賃金の支払や過重労働による健康障害防止等に関し労基法等に照らして著しく不適切な事案も見られ、社会的関心も高くなっている」として、管理監督者の範囲の適正化と十分な周知に努めるとする行政通達を発しました（平20.4.1 基監発0401001号）。

参考判例

◆ 日本マクドナルド事件（平20.1.28 東京地裁判決）

(一)〈一般論として〉「労働基準法が規定する（労働時間等の）労働条件は、最低基準を定めたものであるから（同法1条2項）、この規制の枠を超えて労働させる場合に同法所定の割増賃金を支払うべきことは、すべての労働者に共通する基本原則である」「管理監督者については、労働基準法の労働時間等に関する規定は適用されないが（同法41条2号）、これは、管理監督者は、企業経営上の必要から、経営者との一体的な立場において、同法所定の労働時間等の枠を超えて事業活動することを要請されてもやむを得ないものといえるような重要な職務と権限を付与され、また、賃金等の待遇やその勤務態様において、他の一般労働者に比べて優遇措置が取られているので、労働時間等に関する規定の適用を除外されても、上記の基本原則に反するような事態が避けられ、当該労働者の保護に欠けるところがないという趣旨によるものであると解される。」

(二) 当該ファーストフード店の店長については、
① 店舗運営について重責を担っているが、その職務や権限は店舗内の事項に限られており、経営者との一体的な立場で重要な職務と権限を付与されているとは認められないこと、
② 店長が行う職務は、各種会議で情報提供された方針や会社から配布されたマニュアルなどに基づいて行うに過ぎないのであり、労働時間等の規制になじまないような内容、性質であるとはいえないこと、
③ 店長の年収は、「管理監督者」でないファーストアシスタントマネージャーの年収とそれほど大きな差はなく、店長の勤務実態も考慮すると、「管理監督者」に対する待遇として十分なものではないこと、

等から、この店長の「管理監督者」性を否定した。

(3) 新たな行政通達による判断要素

次いで、上記判決等を契機としてクローズアップされた小売業や飲食店等のいわゆるチェーン店における店長等の管理監督者性について、厚生労働省は、平成20年9月9日付けで労働基準局長通達「多店舗展開する小売業、飲食業等の店舗における管理監督者の範囲の適正化について」（平20.9.9基発0909001号）を発出しました。この通達では、チェーン店の店長等の管理監督者性の判断要素として、①「職務内容、責任と権限」、②「勤務態様」、③「賃金等の待遇」それぞれについて判断基準が示されています。

2　機密の事務を取り扱う者の範囲

「機密の事務を取り扱う者」（労基法41条2号）という表現は、ILO条約の訳語を取り入れたもので、必ずしも秘密書類を取り扱う者を意味するものではなく、「秘書その他職務が経営者又は監督もしくは管理の地位に在る者の活動と一体不可分であって、厳格な労働時間管理になじまない者」をいうこととされています（昭22.9.13発基17号）。

3　監視・断続的労働に従事する者

管理監督者と並んで労働時間、休憩、休日の規定の適用が除外される者として「監視・断続的な労働に従事する者」（労基法41条3号）があります。

「監視労働」とは原則として一定部署にあって監視するのを本来の業務とし、常態として身体の疲労または精神緊張の少ない労働のことであり、「断続的労働」とは、本来業務が間歇的であるため労働時間中においても手待時間が多く実作業時間が少ない業務をいいます。両者とも通常の労働者に比べて労働密度が薄いので、一般労働者を対象に規制している労働時間、休憩、休日の規定を適用しなくても、必ずしも労働者保護に欠けるところはないという考え方から、適用除外が認められています。ただし、監視労働といい、断続的労働といってもその態様は千差万別であり、一般の労働と明確な区別をつけ得る客観的な基準もありませんので、使用者の恣意的

な判断によって適用除外業務に該当するとして取り扱うことになれば、労働条件に著しい影響があり、適用除外の要件として、所轄労基署長の許可を受けなければならないこととしています。

なお、法文上は、「監視」労働と「断続的」労働とに分けて規定していますが、この両者の区分は必ずしも明確ではなく、実際にはいずれかに重点を置いて判断することになります。

① 「監視に従事する者」については、解釈例規は、原則として、一定部署にあって監視するのを本来の業務とし、常態として身体または精神的緊張の少ないものであるとし、次のようなものは許可しないこととしています。

　イ　交通関係の監視、車両誘導を行う駐車場等の監視等精神的緊張の高い業務
　ロ　プラント等における計器類を常態として監視する業務
　ハ　危険または有害な場所における業務

（昭22.9.13 発基17号、昭63.3.14 基発150号）

② 「断続的労働に従事する者」とは、手待時間の多い者のことをいいます。すなわち、

　第一には、その業務の性質上本質的に断続的労働であることが必要です。本来作業が間歇的に行われる業務であり、作業時間が長く継続することなく中断し、しばらくして同じような態様でまた作業が続くというようなものをいいます。

　第二には、労働安全衛生上の観点からみてとくに危険有害性の高い業務や、高度な精神的緊張を必要とするものについては、ここでいう断続的労働とは認められません。

　第三には、断続的労働に常態として従事する者であることです。つまり、1週のうち第1日目は監視・断続的労働、第2日目、第3日目は通常の労働、第4日目はまた監視・断続的労働といったように断続的労働と通常の労働とを繰り返すような労働については、断続的労働とはみなされません。

このような要件に照らして解釈例規において断続的労働と認められな

かったものは、
- イ　とくに危険な業務に従事する者（昭22.9.13 発基17号、昭23.4.5 基発535号、昭63.3.14 基発150号）
- ロ　新聞配達従業員（昭23.2.24 基発356号）
- ハ　常備の消防団員（昭23.5.5 基収1540号）
- ニ　タクシー運転者（昭23.4.5 基収1372号）

などであり、認められたものとしては、
- イ　修繕係等通常は業務閑散であるが、事故発生に備えて待機する者（昭22.9.13 発基17号、昭23.4.5 基発535号、昭63.3.14 基発150号）
- ロ　寄宿舎の賄人等で、作業時間と手待時間が折半程度までの者。ただし、実労働時間が8時間を超えない者に限る（前記通達）
- ハ　鉄道踏切番等で、1日交通量10往復程度までの者（前記通達）
- ニ　役員専属自動車運転者（昭23.7.20 基収2483号）

などがあります。

　また、警備業者が行う警備業務に係る監視または断続的労働の許可については、勤務内容、拘束時間等について一定の要件のもとに判断することとされています（平5.2.24 基発110号）。

　なお、この許可があったからとして、無定量の労働を命じ得るものではありません。許可を受けた労働の態様の範囲内であることが必要ですが、さらに、一定期間経過した時点で、一般労働者や他企業の類似労働者の労働時間、休日などの水準を勘案して、勤務態様の変更を行う配慮も必要です。なお、労働者に有利である変更については、あらためて許可を受ける必要はありません。

4　宿日直勤務に従事する者

　宿直、日直勤務も断続的労働の一種として所轄労基署長の許可を受けた場合には、夜間または休日に勤務を命ずることが認められています。（労基法施行規則23条）。この宿日直勤務については、いわゆる三六協定を必要とせず、割増賃金の支払いも必要としません。

宿日直勤務というのは、使用者の命令によって一定場所に拘束され、緊急電話の受理、外来者の応対、盗難の予防などの特殊業務に従事するものですが、結局「使用者の指揮下の労働」であるのに労働時間、休日の規制の枠外に置いている法の趣旨は、労働の密度や態様が普通の労働と著しく異なり、普通の労働と一律に規制することが適当でないからです。

　そもそも宿日直という勤務そのものが、きわめて日本的な勤務態様であって、諸外国にはあまりみられない勤務ですが、一般に宿日直室にあって緊急電話の収受、定時的巡視その他僅少の業務を処理する場合を除き、自由に休養をとることが認められており、明らかに通常の労働とは趣を異にしていて、通常の労働と同じに規制することは不適当です。

　そこで、労基法施行規則23条も「宿直又は日直の勤務で断続的な業務」という表現をとり、労基法41条3号で労働時間、休憩、休日の適用除外を受ける「監視・断続的労働」の一態様とみる考え方をとって特別扱いをすることとしています。

　監視・断続的労働は、先にも触れたように、本来の業務が監視または断続的な労働であるものに限られていますが、これに引き換え宿日直は、本来の労働は監視・断続的労働でない通常の労働である者に対して、あたかも時間外・休日労働のように特別に命ぜられる勤務である点に特徴があります。

　宿日直勤務の許可条件は、次のとおりです（昭22.9.13 発基17号、昭63.3.14 基発150号）。

① 原則として、通常の労働の継続は許可せず、定時的巡視、緊急の文書または電話の収受、非常事態に備えての待機等を目的とするものに限って許可すること。

② 宿直、日直とも相当の手当を支給すること。1回の宿日直手当の最低額は当該事業場において宿直または日直に就くことの予定されている同種の労働者に対して支払われている賃金の1人1日平均額の3分の1を下らないものとすること。

③ 宿日直の回数が、頻繁にわたるものは許可しないこと。勤務回数は原則として、日直については月1回、宿直については週1回を限度と

すること。
④　宿直については、相当の睡眠設備の設置を条件として許可すること。

労働時間の管理 Q&A

フレックスタイム制での労働時間に過不足が生じたら

Q フレックスタイム制において、清算期間における総労働時間に対して、著しい過不足が生じた場合、翌月に繰り越して調整することはできますか。

A **当月の賃金は当月支払いが原則、繰越しはできない**

　フレックスタイム制において、実際に労働した時間が清算期間における総労働時間として定められた時間に比べて過不足が生じた場合には、当該清算期間内で労働時間及び賃金を清算することがフレックスタイム制の本来の趣旨ですが、それを次の清算期間に繰り越すことの可否について、解釈例規は次のとおりの考え方を示しています。

① 清算期間における実際の労働時間に過剰があった場合に、総労働時間として定められた時間分はその期間の賃金支払日に支払うが、それを超えて労働した時間分を次の清算期間中の総労働時間の一部に充当することは、その清算期間内における労働の対価の一部がその期間の賃金支払日に支払われないことになり、法24条に違反し、許されない。

② 清算期間における実際の労働時間に不足があった場合に、総労働時間として定められた時間分の賃金はその期間の賃金支払日に支払うが、それに達しない時間分を、次の清算期間中の総労働時間に上積みして労働させることは、法定労働時間の総枠の範囲内である限り、その清算期間においては実際の労働時間に対する賃金よりも多く賃金を支払い、次の清算期間でその分の賃金の過払いを清算するものと考えられ、法24条に違反しない。

(昭63.1.1 基発1号)

1年単位の変形労働時間制、中途入退職の際の扱いは

Q 1年単位の変形労働時間制をとる場合、期間の中途で採用、退職した従業員に対する割増賃金はどうなりますか。
また、この1年間の繁忙期のみに雇用する臨時従業員にも適用できますか。

A **当該期間内の繁忙期のみの雇用者には適用できない**

　平成11年3月31日以前は、1年単位の変形労働時間制は、その期間中継続して労働することが予定されている労働者についてのみ適用できるものであり、中途入退職者等を対象とすることはできないこととされていましたが、平成10年の労基法の改正により平成11年4月1日以降を対象期間とする1年単位の変形労働時間制の労使協定においては、これらの者も対象とすることができるようになりました。このため、期間の中途で採用、退職した従業員については、結果として期間中の平均所定労働時間が週40時間を超えてしまう事態も出てくることが予想されることとなりました。このような労働者の保護を図るため、平均週40時間を超えた労働時間のうち、法定の時間外労働手当、休日労働手当の支払対象となった時間を除いた部分に対しては、労基法37条の規定の例により割増賃金を支払うことが必要とされています（労基法32条の4の2）。

　なお、繁忙期のみ臨時に雇用する労働者については、1年を通じて週の平均所定労働時間を40時間以下としなければならないという1年単位の変形労働時間制の趣旨からみてその対象になるとは考えられないものです。

対象期間中の労働時間の特定は

Q 1年単位の変形労働時間制を採用しようと考えています。労使協定で対象期間における労働日及び労働日ごとの労働時間を特定しなければならないと聞きましたが、1年間のすべてについて特定しなければなりませんか。また、就業規則にはどのように記載すればよいでしょうか。

A 原則として全労働日の労働時間を特定する

1年単位の変形労働時間制を採用する場合には、労使協定により、対象期間における労働日及び労働日ごとの労働時間を具体的に定めることが必要です（労基法32条の4第1項4号）。

したがって、原則的には、その対象期間におけるすべての労働日とその労働日ごとの労働時間を特定できるように労使協定で定めなければなりません。

しかし、一方で、本変形制については、その全期間の労働日ごとの労働時間を特定することが困難な場合にも対応できるように対象期間を1か月以上の期間ごとに区分することができることとされています。この場合、労使協定においては、最初の区分期間における労働日と労働日ごとの労働時間を特定したうえで、最初の区分期間を除く残りの各期間については、各期間の総労働日数と総労働時間をそれぞれ定めておくことで足りることとされています（労基法32条の4第1項4号）。そして、この総労働日数と総労働時間のみを定めた期間については、各期間の初日の少なくとも30日前に当該事業場の労働者の過半数で組織する労働組合がある場合にはその労働組合、労働者の過半数で組織する労働組合がない場合には労働者の過半数を代表する者の同意を得て、各期間における総労働時間の範囲内で労働日ごとの労働時間を書面で特定しなければならないとされています（労基法32条の4第2項）。

以上の説明を簡単に図示すると、次のとおりです。

① 対象期間を１か月以上の期間ごとに区分しない場合の協定

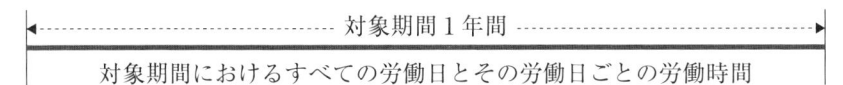

◀------------------------ 対象期間１年間 ------------------------▶
| 対象期間におけるすべての労働日とその労働日ごとの労働時間 |

② 対象期間を１か月以上の期間ごと（この場合は１か月ごと）に区分した場合の協定（４月から翌年３月までの事例で、８月以降同じ）

◀------------------------ 対象期間１年間 ------------------------▶

	４月	５月	６月	７月
①労働日 ②労働日ごとの労働時間		総労働日数 この期間の総労働時間	総労働日数 この期間の総労働時間	総労働日数 この期間の総労働時間
		㊟この期間の①②は３月31日までに書面で特定	㊟この期間の①②は５月１日までに書面で特定	㊟この期間の①②は５月31日までに書面で特定

このように、１年単位の変形労働時間制を採用する場合は労使協定により対象期間における労働日及び労働日ごとの労働時間を具体的に定めることが必要であり、使用者が業務の都合によって任意に労働時間を変更するような制度は、１年単位の変形労働時間制には該当しません。したがって、業務の性質上１日８時間、１週40時間を超えて労働させる日、週の労働時間をあらかじめ定めておくことが困難な業務や労使協定で定めた時間が業務の都合によって変更されることが通常行われているような業務については、１年単位の変形労働時間制を採用することはできません。

次に、ご質問の２点目の就業規則の定め方についてですが、労基法89条１項は、就業規則において、始業、終業時刻を定めることを規定していることから、１年単位の変形労働時間制を採用する場合にも、就業規則において対象期間における各日の始業及び終業の時刻を定める必要があります。

ただし、１か月以上の期間ごとに区分を設けた場合の最初の期間を除い

た残りの期間について、就業規則においては、残りの各期間における勤務の種類ごとの始業・終業時刻及び当該勤務の組合せの考え方、勤務割表の作成手続及びその周知方法を定めておき、具体的な運用はこれに従って残りの各期間における各日ごとの勤務割を、区分した各期間の開始30日前までに具体的に特定することで足りるものとされています（平11.1.29 基発45号）。

出張中の労働時間や旅行時間をどう取り扱うべきか

Q 社員に出張を命ずる際の労働時間、休日の取扱いに関して、次の点について教えてください。
（1）出張中の時間外労働の取扱い
（2）出張中に所定休日がある場合の取扱い
（3）旅行時間の取扱い

A **みなし労働時間により労働時間を算定する**

（1）出張中の労働時間について

出張中の者については、通常使用者が具体的に労働時間を把握、管理することは不可能です。

そこで多くの場合、労基法38条の2第1項で規定されているように、所定労働時間労働したものとみなすことが原則とされます。なお、使用者の指示により、所定時間外の会議に出席したり、商談を行ったりした場合には、時間外労働として取り扱う必要があると考えられます。

（2）出張中の休日の取扱い

出張中の休日の取扱いについては、とくになんらかの業務を命じていたか否かにより判断が分かれます。出張日程の途中に所定休日がある場合であっても、その当日に用務を処理すべきことを明示的にも黙示的にも指示していない場合は、当日は休日として処理されることとなります。

(3) 移動のための旅行時間について

出張に際しては当然、旅行時間―乗車船時間―の扱いが問題となります。出張の際の往復の旅行時間や一つの出張先から他の出張先へ転ずるための旅行時間の取扱いについては、これを通勤時間と同性質であるとみて労働時間でないとする説と、これを使用者の拘束のもとにある時間とみて、労働時間であるとする説とがありますが、実際の取扱いは前説によるのが一般的といえます。

①休日の旅行時間

休日の旅行時間といっても、出張中の休日に一つの出張先から他の出張先へ転ずる場合と、出張の出発や帰社のため休日に旅行する場合とが考えられますが、「出張中の休日はその日に旅行する等の場合であっても、旅行中における物品の監視等別段の指示がある場合の外は休日労働として取扱わなくても差支えない」(昭23.3.17 基発461号) こととされています。

ところで、所定休日に旅行を命じられても休日労働にならないとしたら、依然として休日ですから、休日の旅行を拒否して労働日に旅行しても差し支えないかという疑問が生じる余地があります。

こうした疑問は「休日労働として取扱わなくても差支えない」という通達の解釈から生じるわけですから、この意味を考えてみる必要があります。休日に出発すべき出張を命令しながら、当日を休日労働として取り扱わなくてよいというのは、その労働を割増賃金を支払うべき休日労働として取り扱わなくてよいことを明らかにしたものにすぎません。したがって、休日の旅行が労働でないということではなく、使用者の出張命令により出張が義務として課せられている限り、広い意味での「労働」であることは当然です。しかし、その労働の特異性にかんがみて、これを労基法上の休日労働として取り扱わないでよいというわけです。これは、ちょうど宿直、日直勤務が、使用者の命令によって課せられた「労働」であるにもかかわらず、労基法上の時間外労働、休日労働として取り扱われないのと同様といえます。

次に、この場合の賃金が問題となります。宿日直の場合は時間外、休日労働として扱わなくてよいとする代わり、その最低手当額を定めています。ところが、休日の旅行の場合は休日労働として扱わないでよいとしているだけで、その賃金の取扱いには言及していません。労働者は出張命令により休日の旅行が義務づけられながら休日労働とならず、もしその休日の賃金もなんら支払われないとしたら不合理になります。なにがしかの賃金支払いが必要ですが、その額は定まっていません。

　しかし、旅行という労働の質は当然その労働者の平常の労働とはまったく性質の異なった労働ですから、平常の労働に対するのと同じ率の賃金を支給しなければならないということにはなりません。この取扱いは賃金規程なり、旅費支給規程の定めるところにまかせられているのが実情です。法的にも、明確な定めがないので、このような取扱いが認められています。

　しかし、出張規程等で旅費だけが支給されることになっているからという理由で、１週間の出張のためその前後の休日をその往復の旅行に費やした場合でも、旅費だけの支給というのは問題があります。月給制か日給制かなど具体的状況で扱いが異なりますが、一般には旅費などの実費だけでなく、賃金額に応じた日当を支給するよう配慮すべきでしょう。

②労働日の旅行時間

　通常の労働日の旅行時間は、物品の監視等をすべきことを命じられている場合は労働時間と考えられますが、それ以外の具体的な労働義務がなく、旅行時間中活動が自由であれば、労働時間ではなく、出張中の労働時間の原則にのっとって判断されることになります。

③日帰り出張などの場合

　出張といっても、日帰り出張のように、特定の用務を処理することを指示されて、通常の勤務場所から特定の場所に赴き、用務を処理して再び帰社する場合のように、使用者の指揮管理権が相当程度及び、かつ、労働時間の把握も可能であるときはこれにより、そうでない場合は、旅行時間も含め、みなし労働時間により取り扱われることになります。

直行労働の場合、現場到着までの時間は労働時間か

Q 当社はＴ電力などの下請を行っています。仕事は、すべて出先で行われ、出勤は自宅から直接現場へ行き、帰りだけ会社へ寄るように指示しています。ところが、向こうでの仕事の時間が不規則なので困っています。早いときは昼すぎに終わり、遅いときは夜の９時か10時ごろまでになります。また、勤務の場所が一定していないので、その日その日で出勤の時間、退勤の時間が違います。早い日は朝の４時ごろに家を出なければならない場合（片道で２時間以上かかる）などもありますが、労働時間はどのように計算すればよいですか。残業手当なども、どのようにすればよいでしょうか。

A 労働ではないが、手当としての処理がよい

ご質問の趣旨は、現場へ着くまでの時間、あるいは現場から戻ってくる時間は、労働時間として計算するのかどうか、ということです。これは、出張の際の労働時間と同様な考え方がなされると思います。つまり、これを通勤時間と同じ性質であるとみて労働時間でないとする説と、これを使用者の拘束のもとにある時間とみて、労働時間であるとする説のいずれをとるかということになりますが、「通勤の延長としての意味しか持たない場合には労基法上の労働時間にはならず、ただ労働契約上補償さるべき時間かどうかが問題になるだけである」（有泉亨「労働基準法」有斐閣）との考え方が実際の取扱いについては妥当だと思われます。

貴社の場合ですと、現場へ行くまでの時間などが極端に早いときでも、その時間は労基法上割増賃金の支払義務は生じませんが、他の労働者との不均衡が予想されますので、なんらかの形でこの不公平をなくさなければなりません。割増賃金が無理だとすれば、一方法として出張手当として処理されるのがよいかと思います。手当としては、現場までの時間で計算する方法、キロ数で計算する方法があります。

また、あらかじめ現場が会社で把握できているなら、その現場ごとで定

めておく方法などもあります。

遅刻時間を時間外労働に振り替えられるか

Q 当社では、今後は遅刻した日に残業を行った場合、その遅刻時間に残業時間を充当することとなりましたが、労基法上の問題はないですか。

A **その日の労働時間が8時間を超えない限り法違反とはいえない**

　労基法32条は、1週及び1日の法定労働時間を規定しています。換言すれば、使用者はこの法定労働時間を超えて労働させない限り、労基法32条違反を問われることはありません。ところで、労基法89条1号は、就業規則に始業及び終業の時刻を記載すべきことを使用者に義務づけています。これにより労働時間の位置が決まることになります。そこで、この始業時刻に遅れた場合または所定の終業時刻より早く退社するような場合には、いわゆる遅刻または早退として、就業規則の定めるところにより、不就労時間に対応して賃金カットをしたり、制裁の対象としたりすることができるわけですが、これらの取扱いについて労基法はとくに規制をしていません。

　問題は、就業規則で定めている始業、終業の時刻を、遅刻した労働者に限って、繰り下げることができるかどうかということですが、労基法32条2項で規制しているのは、1日における労働時間の長さであり、労働する時刻についてはなんら規制をしていないわけですから、1日8時間の枠内である限り、始業、終業の時刻の繰上げまたは繰下げは可能であり、ただそのことを就業規則のなかに規定しておけば足りるわけです。

　したがって、遅刻した時間だけ、所定の終業時刻以後に労働させても、それは労基法上の時間外労働ではありませんから、所定の割増賃金を支払わなくても労基法違反は生じません。

三六協定はなぜ有効期間を制限しないのか

Q 労基法36条の超過労働について、協定の有効期間を制限しないのはなぜですか。

A **最低でも１年間に**

　労基法施行規則16条２項には「前項の協定（労働協約による場合を除く。）には、有効期間の定めをするものとする」と規定されています。しかし、従来の法体系のもとでは、有効期間もその他の協定の内容と同様に当事者間の自主的決定に委ねるべきものとの見地から期間の長短についてはなんら制限も設けていませんでした。厳密にいいますと、昭和29年の改正時に有効期間の制限を撤廃したわけです。

　そもそも、昭和27年の労基法施行規則改正前までは、協定の有効期間については３か月を最高限とし、同年の改正によって、それが協定による場合は１年、また他の場合は引き続き３か月と制限をしていました。ところが、これらの規定が29年に削除され、協定の有効期間は労働協約による場合を除き、これを協定に定めることとし、協定が労働協約に当たる場合は労組法15条（協定の期間）の適用を受けるものとしたわけです。

　しかし、労基法施行規則16条１項により、協定に当たっては１日についての延長することができる時間及び１日を超える一定の期間についての延長することができる時間について協定しなければならないこととされており、労使当事者は、三六協定において一定期間についての延長時間を定めるに当たっては、当該一定期間は１日を超え３か月以内の期間及び１年間としなければならないこととされています（限度基準２条）。

　１年間についての延長時間を必ず定めなければならないこととしているのは、１年間を通じて恒常的な時間外労働を認める趣旨ではなく、１年間を通じての時間外労働時間の管理を促進し時間外労働時間の短縮を図ることを目的としたものであり、このため、三六協定の有効期間は、もっとも短い場合でも１年間となるものです。

なお、これらの期間に加えて3か月を超え1年未満の期間について労使当事者が任意に協定することは差し支えありません。

さらに、1年間についての延長時間を定めた時間外労働協定において、1日及び1日を超え3か月以内の期間について定められた延長時間の有効期間までもすべて一律に1年間としなければならないわけではなく、3か月以内の期間についての延長時間の有効期間を、1年間についての延長時間の有効期間とは別に、1年未満とすることも差し支えありません。

また、事業が完了し、または業務が終了するまでの期間が1年未満である場合は、1年間についての延長時間を定めることは要せず、1日を超え3か月以内の期間及び当該事業が完了し、または業務が終了するまでの期間について協定すれば足りるものです（平11.1.29 基発45号）。

三六協定はいつ効力―適法に時間外労働等を行うこと―が発生するか

Q 当社の三六協定は3か月期間で協定していますが、春闘やボーナス交渉の時期になると、組合側の駆け引きもあり、三六協定の再締結がスムーズに行われないことがしばしばあります。このため、例えば、4月1日からの協定でも3月末日までに決まればまだしも、4月に入らなければ協定できないこともあり、この間の残業ができないために困っています。

ところで、三六協定によって適法に時間外労働が行えるようになるのは協定完了の時点か、それとも労基署に届け出て受理された時点になるのでしょうか。

後者が正しいとなりますと、当社では、協定書の届出は郵送で行っており、受理されるまでどうしても3、4日はかかりますから、その間、時間外労働はさせられないということになるのでしょうか。

A **労基署で受理されたとき**

三六協定は、所轄労基署に届け出てはじめてその効力―適法に時間外労働等を行うこと―が発生します。ご質問のように、単に労働者側と三六協

定を締結しただけでは、その効力は発生しません。

　そもそも三六協定とは、労働時間、休日などの制限を使用者に課した労基法32条から32条の5まで、または40条の労働時間及び35条の休日に関する規定の例外規定です。労基法は強行規定ですから、本来ならば32条や35条等に違反すれば刑事罰が科されるわけです。そして、これは労働者がたとえ同意のうえであっても違法であることは変わりません。この例外として、三六協定を結んで労基署に届け出た場合には、労働時間を延長し、休日に労働させても労基法違反として処罰の対象にならないこととされています。

　この三六協定の効力発生は届け出た時点、正確にいうと、受理された時点ということになります。この三六協定は"許可"を受けるのではなく"届け出る"わけですから、所定事項がきっちりと記載された三六協定であれば、違法の内容でない限り当然に受理されるわけです。そこで、郵送の場合にも当該労基署に到達し、受理された時点で効力が発生します。

　民法97条で隔地者に対する意思表示はその通知が相手方に到達した時点で効力が発生するとされていますので、郵送による届出の手続は効力の発生時期を考えて、余裕をもって行うことが必要となります。

三六協定は締結組合以外の組合員や非組合員にも効力が及ぶか

Q	事業場の労働者の過半数で組織されるA労働組合と結んだ三六協定は、過半数に満たないB労働組合の組合員や非組合員にも適用されますか。
A	**一応事業場のすべての労働者に適用される**

　三六協定が有効に締結され、行政官庁に届け出た場合には、労基法32条から32条の5まで、または40条の労働時間制限や35条の休日の定めにかかわらず、協定の範囲内で労働させることについて、労基法32条、35条等の違反としての刑事上の責任を問われないという効力が生じます。

　このような刑事上の免責的効力は、三六協定が締結された事業場のすべての労働者に及びます。したがって、当該事業場の過半数に満たないB労

働組合の組合員や非組合員にも、その協定の範囲で超過労働を命ずることはできるわけです。

　内容として、労基法施行規則16条では、時間外または休日労働をさせる必要のある具体的事由、業務の種類、労働者の数並びに１日及び１日を超える一定の期間についての延長することができる時間または労働させることができる休日などについて協定すべきこととしていますから、その協定のなかで、職種や人数を制限した場合にはその範囲内に限定されることになります。

　ところで、使用者が時間外労働や休日労働を命じ得る根拠は、このような三六協定から直接生ずるものではありませんので、労働契約、就業規則、労働協約などに超過労働を義務づける規定を設けておくことが必要となります。

　なお、三六協定の締結に際しては、過半数組合と協定を締結すれば足りますが、同時に同じ内容について少数組合とも協定を締結するということは差し支えないことであり、むしろそのようにすることが労務管理の面からも、また健全な労使関係の維持という面からも望ましいといえます。

講習会の受講時間は「時間外労働」となるか

Q 従前、当社では技術者及び一般工員について特別な技術教育のための時間は設けていませんでしたが、新しい機械設備の設置や技術の導入に伴って、技術者、工員を問わず、技術講習の必要があり、とりあえず会社としては時間外または休日に技術者（役付）の講習会を開き、次に一般工員について時間外に各部課ごとに安全衛生教育を兼ねた技術教育を実施する予定です。この場合、時間外（または休日）に行うこれらの教育は、時間外労働となりますか。

A **参加が強制されれば労働時間である**

　一般に講習会について、その参加が労働者の義務とされ、参加が強制さ

れているときは労働時間と考えられ、反対に、参加するかしないかは、労働者の自由に任されている場合には、労働者がこれに参加しても、その時間は労働時間とはなりません。

ただし、「労働安全衛生法第59条および第60条の安全衛生教育は、労働者がその業務に従事する場合の労働災害の防止をはかるため、事業者の責任において実施されなければならないものであり、したがって、安全衛生教育については所定労働時間内に行なうのを原則とすること。また、安全衛生教育の実施に要する時間は労働時間と解されるので、当該教育が法定労働時間外に行なわれた場合には、当然、割増賃金が支払われなければならない」（昭47. 9. 18 基発602号）とされています。

QC活動等には、割増賃金は不要と思うが

Q QCサークル、ZD運動、提案活動など、労働者の参加意識により、モラールを高める方策が盛んです。

これらの時間は、本来、労働者が自由に参加することに意味のあるものである以上、たとえ時間外に行ったとしても労働時間とはならないものと考えますが、割増賃金を支払うよう行政指導された例もあると聞きます。どう取り扱うべきですか。

A **自主参加であるか否かで判断**

QCサークル、小集団活動などは、企業内のスポーツや趣味のサークルなどと異なり、業務に密接な関連を有するテーマなどをサークルや活動の目的に掲げるのが通常です。

しかしながら、業務に密接な関連を有するというだけで、直ちに労働時間となるわけのものではありません。労働時間という以上、あくまでも、使用者の明示または黙示の指示に基づき、使用者の支配下においてなされるべきものをいいます。

したがって、使用者の指示もなく、その管理下からも離れ、労働者が真

に自発的、自主的に行うサークル活動であれば、たとえ、当該労働者の業務に直接関連を有するものを活動の内容としていても、これに要する時間が労働時間とは考えられません。

しかしながら、労働者の自主参加を唱えながら、暗に参加を促す（不参加者に不利益を課す）などの場合には、使用者の指示がなされたものと認められますので、これを労働時間とし、時間外であれば割増賃金の支払いを要することは当然のことといえます。

昼休みに交替で勤務させるにはどうするか

Q 当社の就業規則では、昼の休憩時間を12時から13時までの1時間と定めていますが、事業が小売業であるため昼休みにも仕事が多く、実際には交替で休憩を与えてきました。このような取扱いは労基法に反しませんか。

A **まず就業規則を改正して**

休憩時間は、労働時間が6時間を超える場合は45分以上、8時間を超える場合は1時間以上を与えなければなりません。これは分割できますが、全員一斉に与えるのが原則です。しかし、これはあくまで原則であって、交替制その他一斉に休憩を与えにくい場合には、当該事業場に労働者の過半数で組織する労働組合がある場合は当該労働組合と、これがない場合には労働者の過半数を代表する者と書面による労使協定を締結することを条件に、休憩の時刻を職場単位などで異なるように与えることが可能です。

なお、この労使協定では、
① 一斉に休憩を与えない労働者の範囲
② ①の労働者に対する休憩の与え方
について協定する必要があります（労基法施行規則15条）。

また、運輸業、商店、銀行、病院、旅館、飲食店等の場合は、そもそも労基法40条の規定による休憩付与の特例として、交替で休憩を与えること

ができることとされていますので、小売業である貴社は、休憩を一斉に与える必要はありません。ただし、交替で休憩を与えるには、就業規則を実態に合わせて変更し所轄労基署長に届け出る必要があります。

　なお、各労働者の休憩すべき時間帯については、具体的に明示しなければなりません。

第5章 休 日

1　休日とは

　休日とは、労働契約上労働義務を負う「労働日」に対応するもので、契約上労働義務のない日とされます。したがって、労働者は休日に労働しなくても義務違反を問われることはなく、休日に労働を命ずるためには、労働契約、就業規則等であらかじめ定められるべき性質のものです。

2　週休制と休日の与え方

1　週休制の原則

　休日は毎週少なくとも1回与えなければなりません（労基法35条1項）。これが、いわゆる週休制の原則です。キリスト教国においては、日曜日を安息日としていた古い習慣が基礎となって世界的に採用されている制度です。
　しかし、我が国ではその与え方について労基法は、とくに規定を置いていません。1週間のうちの何曜日を休日としてもよく、また、週によって曜日が違うことも差し支えないこととしています。さらには、全労働者に一斉に与えることも義務づけていないので、順番で交替に与える方法も認められます。
　ところで、世界の主要国では週休2日制が多くとられています。我が国においても、昭和62年改正以来の労基法は、週の法定労働時間を40時間と定め、併せて週休2日制を啓蒙・普及させることを通じて労働時間短縮を意図し、効果をあげてきました。しかし、総実労働時間は欧米主要国に比べてなお長く、最近では大企業の中堅正社員の長時間労働がとくに問題と

なっています。このような事態のなかで、休日のあり方としては、すべての事業場において週40時間＝完全週休2日制を採用すべきときがきていると思われます。

2　変形休日制

週休制の原則の例外として、「4週間を通じて4日以上の休日」を与えれば、週休制によらなくてもよいことになります（労基法35条2項）。いわゆる変形休日制です。この変形休日制は運輸事業など週休制をとりにくい業態を想定したものですが、法律の規定上では業種、業態を限定していないので、業種、業態のいかんにかかわらず変形休日制をとることが認められます。また、変形休日制の場合は、労働時間の変形制の場合と違って、就業規則等による変形の定めを法律上は要求されていないので、4週で4日の休日が与えられていれば足りますが、「出来る限り（労基法）第32条の2に準じて就業規則その他これに準ずるものにより定めをするよう指導すること」（昭22.9.13発基17号）とされています。

なお、変形休日制による場合は、就業規則その他これに準ずるものにより、4日以上の休日を与えることとする4週間の起算日を明らかにすることが必要です（労基法施行規則12条の2第2項）。

3　休日労働

週休日または4週4日の休日に業務の都合上労働させることは、次の場合に限って認められます。

① 災害その他避けることのできない事由がある場合（労基法33条）。
② 労基法36条に基づく休日労働協定がある場合。ただし、18歳未満の年少者については、休日労働協定があっても休日労働は許されない（労基法60条）。

また、①と②のいずれの場合も3割5分以上の割増賃金を支払うことが必要です（労基法37条）。

以上が週休制に関する労基法の規制の概要ですが、労務管理の実際と法律の解釈運用の実例に即して、以下に休日の与え方を検討してみましょう。

3 暦日休日制の原則と例外

1 暦日休日制の原則

　労基法で定める休日は、暦日による零時から24時までの24時間を示すのか、あるいは単に継続24時間で足りるのかが、実際に重要な問題となります。しかし、労基法は、明文の定めをしていないため、解釈例規で「休日とは、単に連続24時間の休業ではなく、暦日による午前零時から午後12時までの休業と解すべきである」（昭23.4.5 基発535号）として暦日休日制の立場を明らかにしています。

　しかしながら、この暦日休日制については、勤務の態様によって次のような例外を認めることとしています。

2 継続24時間で足りる場合

　鉱工業や化学工業によくみられる三交替連続操業の場合で、各番方の労働が8時間以内であるとき、例えば、一番方午前6時―午後2時、二番方午後2時―午後10時、三番方午後10時―翌朝午前6時という勤務で1週ごとに番方の変更を行う場合、暦日の休日を与えなければならないとすると交替前の一番方と二番方には2暦日の休日を与えなければならなくなります（次図参照）。

　そこで、番方編成による交替制における「休日」については、①番方編成による交替制によることが就業規則等により定められており、制度とし

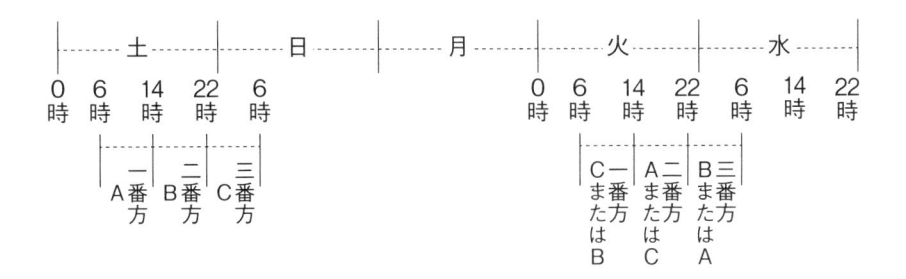

```
|----土----|----日----|----月----|----火----|----水----|
 0  6 14 22  6                    0  6 14 22  6 14 22
 時 時 時 時 時                    時 時 時 時 時 時 時
    |一|二|三|                       |三|一|二|三|
     A  B  C                          C  A  B
     番  番  番                        番  番  番
     方  方  方                        方  方  方
                                      また また また
                                       は   は   は
                                       B    C    A
```

て運用されていること、②各番方の交替が規則的に定められているものであって、勤務割表等によりその都度設定されるものではないこと、のいずれにも該当するときに限り、継続24時間を与えれば差し支えないものとして取り扱うこととされています（昭63.3.14 基発150号）。

4 休日の特定と振替

1 休日特定の意義

　休日を1週のうち何曜日にするかということについては、「法第35条は必ずしも休日を特定すべきことを要求していないが、特定することがまた法の趣旨に沿うものであるから就業規則の中で単に1週間につき1日といっただけではなく具体的に一定の日を休日と定める方法を規定するよう指導されたい」（昭23.5.5 基発682号、昭63.3.14 基発150号）としています。

2 休日振替の方法

　休日の振替とは、あらかじめ定められた休日と他の労働日とを入れ替えて、休日として特定されていた日を労働日とし、その代わりに指定された

労働日を休日とするものです。休日の労働が禁止または制限されている年少者や一般女性を特定の休日に労働させる必要が生じたとき、休日労働協定の有効期限が切れたとき、あるいは、建設業などの屋外労働で雨天の日を休日に振り替えるときなどに利用されるものです。

なお、休日振替に当たっての基本的な考え方は、①できる限り振替の具体的事由と振り替えるべき日を就業規則中に規定することが望ましいこと、②振替実施日の前に、あらかじめ振替日を特定して振り替えること、③振替日はできる限り近接した日が望ましいこと（昭23.7.5 基発968号、昭63.3.14 基発150号等参照)、とされています。

なお、休日を振り替えた場合に、振り替えたことにより当該週の労働時間が１週間の法定労働時間を超えるときは、その超えた時間については時間外労働となり、時間外労働に関する三六協定の締結及び割増賃金の支払いが必要となるので注意が必要です（昭22.11.27 基発401号、昭63.3.14 基発150号)。

3 休日振替と代休の相違

休日の振替と似た制度として、一般に「代休」といわれる制度があります。これは、休日労働や長時間残業、深夜労働を行わせた場合に、その代償措置として事後において業務の閑散な時期、あるいは労働者の希望する日の労働義務を免除するものであり、現に行われた休日労働や長時間残業が、このような代休を与えることによって相殺されるものではありません。

したがって、休日労働や時間外労働の手続を要することはもとより、割増賃金の支払いを免れることにはなりません。

なお、休日を振り替えたつもりでいても、振り替えるべき日を特定しない場合には、休日の振替がなされたとは認められません。後日に労働義務を免除しても、それは単なる代休にすぎず、前に行った休日における労働は休日労働と認められることになりますから、このような休日の「振替」と「代休」は明確に区別して考える必要があります。

4　一昼夜交替勤務及び自動車運転者の場合

　午前8時から翌日の午前8時までの労働と、同じく午前8時から翌日の午前8時までの非番を繰り返すいわゆる一昼夜交替勤務の場合は、一般に非番の継続24時間は休日と認めず、非番日の翌日に暦日の休日を与えることが必要となります（昭23.11.9 基収2968号）。

　自動車運転者についての取扱いは「休息期間に24時間を加算して得た労働義務のない時間、すなわち通常勤務の場合には連続した労働義務のない32時間を、隔日勤務の場合には連続した労働義務のない44時間を休日として取り扱うこと」（平元.3.1 基発93号、平9.3.11 基発143号、平11.3.31 基発168号）とされています。

5　旅館業の場合

　旅館業のフロント係等一定の労働者に限って、「2暦日にまたがる休日」として、正午から翌日の正午までの24時間を含む継続30時間（当分の間、27時間以上でも可）の休息期間をもって、休日を与えたものとする取扱いが認められています（昭57.6.30 基発446号、昭63.3.14 基発150号、平11.3.31 基発168号）。

5　週休以外の休日の取扱い

　労基法によって与える必要のある休日は、週1回または4週4回の休日であり、これ以外の休日を与えることはもとより差し支えありません。労基法上の規制を受ける休日労働は、労基法が最低基準として要求している週1回または4週4回の休日に限られるので、国民の祝日、会社創立記念日、

メーデー、地方祭などを週休以外の休日として定めている事業場においては、このような日に労働させても、法律上の休日労働になりません。もっと厳密にいいますと、週休と週休以外の休日が同一週にある場合には、そのうちのいずれか一方を休日として確保していれば、ほかの休日に労働させることができることとなります。

なお、このような法律を上回って与えられる休日であっても、労働契約上労働義務のない日ですから、休日出勤を命じた場合には法定休日と同様に割増賃金を支払うこととしている企業が多くみられます。

国民の祝日については「国民の祝日に関する法律」により、国民こぞって祝い感謝し、または記念するための休日と定められていますが、単なる訓示的なもので労働者を休ませることを義務づけているものではありません。しかし、この法律の趣旨及び労働時間短縮の見地から、労使の話合いにより所定休日と定め、賃金の減収をもたらさないようにしつつ労働者をこの日に休ませるようにすることが望ましいといえましょう。

休日の管理Q&A

休日の慰安旅行への参加を強制できるか

Q 当社は従業員25名の小規模企業で、メッキ業を営んでいますが、せめて年1回は慰安旅行で従業員に精一杯羽を伸ばしてもらおうと思い、土曜日から日曜日にかけて従業員全員で一泊旅行に出かけました。ところが、2人の者が無断で欠席しました。せっかく従業員のことを考えてやったことなのにと思い、腹立たしく、旅行の翌日出勤してきた2人をつかまえて叱りました。私としては当然のことをしたまでだと思ったのですが、その2人は意外だったらしく「なぜ行く義務があるのか。日曜日は休日と決まっているのではないか。どうしても行けというなら割増賃金をよこせ」というようなことをいうのです。法律に疎い私としては何も答えられず、困ってしまいました。2人のいうことが正しいのでしょうか。なんとも割り切れない気持ちです。本当のところをご教示ください。

A **労務管理上からも自由参加が望ましい**

労基法では週休1日制をとっており、この休日は可能な限り特定すべきものとしています。ただし、同法では業務繁忙な場合などを予想して、三六協定の締結・届出と割増賃金の支払いを条件に、休日出勤を認めています。

そこで、貴社の慰安旅行を所定休日である日曜日に実施するに当たり、これに労働者の参加を強制するかしないかは貴社の自由ですが、参加を強制する以上は、たとえ慰安旅行であっても、業務命令による「休日労働」と解されますから、三六協定の手続と割増賃金の支払いが必要になります。その代わり、慰安旅行に参加しなかった者は、業務命令違反として就業規則の制裁規定を適用することも可能となります。

しかし、このような業務命令を出してまで参加を強制するためには、慰

安旅行の性格目的に、それなりの大義名分がないと全員を納得させるのは難しいものと思われます。業務命令として参加を強制しない限り、慰安旅行に参加するか否かは労働者各自の自由ですから、参加しなかったからといって、これをとがめることはできません。

希望者だけにすると、参加者が減るという不安があるようでしたら、労働者個々の要求が多様化しているといわれる現代では、慰安旅行が福利厚生の役割を果たすよう日常の労務管理もそれに即して工夫していくのが望ましいと考えます。

休日のアルバイトを禁止できるか

Q 当社では、今年の春から完全週休2日制を実施したいと考えています。ところが、週休2日制にすると労働者が休日を利用してアルバイトに精を出す傾向があるという話も聞きます。週休2日制は労働者の疲労回復、レジャーによる気分転換などのためだと思っているのに、アルバイトなどされたら、土曜日を休みにする意味が大部分なくなってしまいます。

そこで、何とかアルバイトを禁止したいのですが、有効な方法があるでしょうか。

A **会社の勤務に支障をきたすものかどうかがポイント**

一般に、兼業禁止は多くの企業で就業規則に規定されています。その規定の仕方は、懲戒事由の一つとして「会社の許可なく他に雇用され、若しくは会社業務に非ざる自己の営業をなす」というようなものがあります。公務員の場合は、国家公務員法（101条、103条、104条）や地方公務員法（35条、38条）によって兼業は禁止されています。

公務員だけではなく、民間企業における支配人も会社法12条により兼職を禁止されています。

裁判例では、小川建設事件（昭57.11.19東京地裁決定）において、「兼

業の内容によっては企業の経営秩序を害し、または企業の対外的信用、体面が傷つけられる場合がありうるので、従業員の兼業の許否について、労務提供上の支障や企業秩序への影響を考慮したうえでの会社の承諾にかからしめる旨の規定を就業規則に定めることは不当とはいいがた（い）」と判示したものがあります。

　比較的最近の事案では、日通名古屋製鉄作業事件（平3.7.22名古屋地裁判決）があります。この事案は、大型特殊自動車の運転手として採用され、交替勤務に就いた労働者が、タクシー運転手として公休日に勤務していたことが、就業規則の兼業禁止規定に該当するとして懲戒解雇を受けた事件です。

　裁判所は、「労働者は、勤務時間外においては、本来使用者の支配を離れ自由なはずであるが、勤務時間外の事柄であっても、それが勤務時間中の労務の提供に影響を及ぼすものである限りにおいて、一定限度の規制を受けることはやむをえない」「兼業の禁止についてみるに、労働者が就業期間において適度の休養をとることは誠実な労務の提供のための基礎的条件であり、また、兼業の内容によっては使用者の経営秩序を害することもありうるから、使用者として労働者の兼業につき関心を持つことは正当視されるべきであり、労働者の兼業を使用者の許可ないし承諾にかからせることも一般的には許される」とし、「その勤務時間は、場合によっては会社の就業時間と重複するおそれもあり、時に深夜に及ぶこともあった。たとえアルバイトであったとしても、余暇利用のそれとは異なり、会社への誠実な労務の提供に支障を来す蓋然性は極めて高い」として解雇を有効としました。

　しかし、長期不況下の賃金事情に原因する生活のひっ迫から、正規、非正規を問わず、一般労働者のアルバイト、副業は増加しており、一部大企業でもこれを認める方針がとられた例もあります。完全週休2日制による労働時間短縮もその一因をなしていると思われます。就業規則に定める兼業禁止の趣旨は、会社秩序を乱し、あるいは、労働者の会社に対する労務提供が不能、困難になることを防止するためにある、とされる判決例にもあるとおりで、一般労働者に一律に就業規則で禁止することは見直される

必要があると思われます。労働者が担当する業務の重要性・困難性からみて休日のアルバイト勤務が会社の勤務に支障をきたすものかどうかがポイントと考えられ、懸念が残るようでしたら、当事者間の話合いで納得できる結論を出されるのが妥当な対応ではないでしょうか。

週休2日制の場合の休日労働の取扱いはどうするか

Q 当社では、毎週日曜日、国民の祝日及び会社創立記念日を休日と定め、これらの休日に労働させたときには、3割5分の割増賃金を支払っています。今回、隔週の土曜日も休日とすることになりましたが、この日に労働させた場合に割増賃金を支払う義務があるのでしょうか。また、代休を与えればよいと思いますが、どうでしょうか。

A 労使双方の話合いで

労基法37条によって休日労働の割増賃金の支払義務があるのは、同法35条に規定する週1回の休日における労働に対してです。したがって、労基法35条に定める週1回の休日を上回る休日、例えば、国民の祝日、年末年始、会社創立記念日または週休2日制におけるいずれか1日の休日等における労働に対しては、休日労働の割増賃金の支払義務はありません。

しかしながら、労使双方の合意に基づいて、法定の基準を上回る労働条件を定め、それらの休日に労働させる場合にも割増賃金を支払うこととすることは、労働条件の向上となり望ましいことです。

使用者が、労働協約または就業規則等において、法定を上回る休日労働に対しても割増賃金を支払うと定めた場合には、支払義務が生ずることとなります。したがって、隔週土曜日を休日とする場合に、その休日における労働に対して休日の割増賃金を支払うことにするかどうかは、労使双方の話合いにより、その合意によって定めるべきでしょう。

なお、労基法32条では、労働時間の上限を週40時間、1日8時間と定めており、仮に平日8時間勤務の場合には、隔週土曜日を休日にしても1週

40時間を超えてしまい、この超えた時間については時間外労働として、割増賃金の支払義務が生じます。この場合には、平日の労働時間を短縮するか、もしくは完全週休2日制を採用する方法があります。

休日によって割増率を変えたいが

Q 新たに完全週休2日制を採用したいと考えている事業場ですが、人件費増加を抑制する要請もあり、休日労働を行った場合の割増賃金については法定休日（日曜日）とそれ以外の休日（土曜日）に差を設けて、3割5分増しの休日と2割5分増しの休日に分けて支払いたいと考えています。どのような点に注意したらよいでしょうか。

A **3割5分の対象となる休日を明確にすべき**

　法35条に規定する週1回または4週4回の休日を超える日数の休日を確保している事業場において、休日に労働した場合に一律に3割5分以上の率で計算した割増賃金を支払うことが考えられます。このような場合、法の定め以上の措置をとるわけですからまったく問題はありません。また、ご質問のように休日のうち、週1回または4週4回の休日について労働したときには3割5分以上の率で計算した割増賃金を支払い、その他の休日については3割5分未満の率で計算した割増賃金を支払うといった定めをすることも考えられます。このような場合について行政解釈では、労働条件を明示する観点から、就業規則その他これに準ずるものにより3割5分以上の割増賃金率の対象となる休日が明確になっていることが望ましいものであり、例えば、1週間の休日のうち最後の1日、または4週間の休日のうち最後の4日について3割5分以上の率で計算した割増賃金を支払うことを就業規則等で定めることは、上記休日を明確にしていることと認められるものであるとしています（平6.1.4基発1号）。

　したがって、貴社の週休日が例えば土曜日、日曜日であった場合、就業規則等において、3割5分増しで支払う休日を「日曜日（もしくは土曜日）」

または「1週間の休日のうち最後の1日」と定めておくことが望ましいものといえましょう。

祝日と日曜日が重なった場合の月曜日は休日とすべきか

Q 当社では、休日について就業規則で、「日曜日、国民の祝日その他」としています。国民の祝日が日曜日となった場合の翌日の月曜日については、別段休日にする必要もないだろうと考え、出勤日として取り扱ってきました。しかし、最近、組合から、就業規則で国民の祝日を休日と定めている以上、祝日が日曜日と重なった場合は翌日も休日にすべきだという申入れがありました。しかし、何も祝日が延期されるわけでもないので、当社の就業規則上休日にする義務はないと思うのですが、いかがでしょうか。

A **国民の祝日に関する法律では休日**

国民の祝日に関する法律は、国民の祝日とされる日のほか、これが日曜日と重なった場合の翌日を、また、国民の祝日と祝日の間の日をおのおの休日としています。

貴社の就業規則の規定では、これらの休日まで含めて休日とする趣旨とは解されませんが、この点について、次の判例（昭49.6.14広島地裁判決、大成宇部コンクリート工業事件）を紹介します。

「（国民の祝日に関する法律（昭和48年））改正法の趣旨は国民の祝日が日曜日と重なった場合、ややもすると、日曜日としての休息に重点が置かれ国民の祝日を記念し喜ぶ意義が薄れるおそれのあることに配慮し、日曜日の翌日を休日としたものと解せられ、右翌日はもとより国民の祝日でもなく日曜日でもなく又いずれかが繰延べられたものでもない改正法によって特別に設けられた休日と解するのが相当である。

従って、右（翌日）は前記就業規則……に規定する休日に該当するものとはいえない。

右（翌日）を被告会社の休日とすることは就業規則の改正、個別的労働契約もしくは労働協約の締結等被告会社内部における使用者の意思、及び労使間の交渉によって決定すべきであり、改正法の施行に伴い政府が中小企業等に対しても労働政策上休日化を奨励することがかりにありえても企業ないし国民生活の実態は区々であるから労働基準法に反しない限り強制しうる筋合のものではなく改正法の施行により当然に右翌日の休日が被告会社の就業規則……に規定する休日に該当することになると解釈するのは正当でない。」。

　裁判例によれば、就業規則で休日を「国民の祝日に関する法律で定める日」のように定めていない限り、国民の祝日の日以外の休日は当然に休日になるとはいえないということです。ただ、全般的にいいますと、祝日と日曜日が重なった場合の月曜日などを休日とする企業も多いようです。

旅館業で暦日制によらず休日を与えてよいか

Q 観光地で旅館業を営んでいます。宿泊客は夕刻到着し、翌朝出発するわけですが、同一の客（またはグループ）には、初めについた客室係が出発まで担当となるのが慣習です。このため、休日を暦日制で与えるとしますと、客室係が夜と昼で異なることとなり、サービス上も具合が悪くなります。

　ほかに例もあるようですが、継続24時間の解放時間で休日を与えたものとする扱いはできないものでしょうか。

A **継続30時間の休息期間の確保など条件付きで認められる**

　休日は暦日制によって与えられなければならないとする考え方は、我が国においては戦前からのものです。従来、旅館業においても、この原則によるべきものとしてきたところです。

　しかしながら、旅館業特有の業態が、旅館業における労働者の勤務態様にまで影響を及ぼしていることは、ご質問に述べられているとおりです。

加えて、旅館業において、休日の確保には、かねてから問題のあることが指摘されてきました。
　これらの特殊事情を踏まえて、一定の条件を満たす限りで「2暦日にまたがる休日」が与えられていれば、労基法35条違反として取り扱わないとされています（昭57.6.30 基発446号、昭63.3.14 基発150号、平11.3.31 基発168号）。
　この「2暦日にまたがる休日」は、次の二つの要件のいずれをも満たすものでなければなりません。
(1)　正午から翌日の正午までの24時間を含む継続30時間の休息期間が確保されていること。ただし、この休息期間は、当分の間、正午から翌日の正午までの24時間を含む継続27時間以上であって差し支えない。
(2)　休日を(1)の形で与えることがある旨及びその時間帯があらかじめ労働者に明示されていること。
　以上のほか、次の事項が行政指導事項として示されています。
①　1年間の法定休日数の2分の1以上は暦日によって与えられること。
②　与えられるべき休日がいつであるかを前月末までに勤務割表等で労働者に通知するものとし、これを変更する場合には、遅くとも前日までに労働者に通知すること。
③　当該労働者について、法定休日数を含めて1年間に60日以上の休日を確保すること。
　なお、右の取扱いの対象とする職種は、フロント係、調理係、仲番及び客室係に限られます。

第6章

休暇、休業等

1　労基法上の休暇

1　休暇等の種類

　休暇というのは、本来労働契約上労働の義務のある日についてその労働義務を特別に免除する制度です。年次有給休暇や生理日の休暇などのように労基法上与えるべき休暇、育児・介護休業法に基づく育児休業等のほかに、慶弔休暇、病気休暇などいろいろの休暇が就業規則などに規定されていますが、そのいずれもが、就業規則所定の要件がある場合に、労働者からの申出を待って労働義務を免除しようというものです。この場合に、その多くは有給の休暇とされていますが、なかには無給の休暇、すなわち労働義務を免除するだけで、賃金は支給しないというものもあります。

　これらの休暇等のうち、とくに法定休暇・休業等の取扱いをめぐって、例えば、請求があったら必ず与えなければならないか、請求拒否はどんな場合にできるか、休暇中に出勤を命じ得るか、などいろいろな問題がありますが、まず、労基法上の休暇等を概観してから各種休暇等の管理上の問題を取り上げます。

2　年次有給休暇

1　年次有給休暇の意義と権利の発生要件

　年次有給休暇は、労働者を休日以外にある程度まとまった期間（日数）労働から解放し、これを有給とすることで心身の休養がとれるよう法律が

保障した休暇です。

　この休暇が与えられるべき者は、雇入れの日から起算して６か月間事業場に継続勤務し、その労働日の８割以上出勤した者です（労基法39条１項）。

　休暇の日数は、雇入れの日から起算して６か月経過したときに最低10日、その後２年間は継続勤務年数が１年増加するに従って１年につき１日分を追加した日数とされ、継続勤務年数が３年６か月以降については２日ずつ追加されることになっています（同条２項）。もっともこの追加休暇日数については、無制限ではなく、総日数が20日となったときをもって最高限とし、それ以上の日数を付与することは法律上は要しません。

【図表】年次有給休暇の付与日数（原則）

継続勤務年数	６か月	１年６か月	２年６か月	３年６か月	４年６か月	５年６か月	６年６か月以上
付与日数	10日	11日	12日	14日	16日	18日	20日

　年次有給休暇の権利の発生要件の一つである「６か月継続勤務」の考え方については、現実に出勤することを意味するものではなく、労働契約の存続期間、つまり事業場における在籍期間を意味するものです。したがって、例えば、労働者が労働組合の専従役員となっている期間、あるいは病気のため長期療養している期間は、通常、休職扱いされる場合が多く、このような休職期間も在籍期間ですから継続勤務として取り扱う必要があります。継続勤務であるか否かについて、しばしば問題となる場合を整理した次の行政解釈（昭63.3.14 基発150号）が、継続勤務とみなされるケースとして参考となります。

　　イ　定年退職による退職者を引き続き嘱託等として再採用している場合（退職手当規程に基づき、所定の退職手当を支給した場合を含む）。ただし、退職と再採用との間に相当期間が存し、客観的に労働関係が断絶していると認められる場合はこの限りでない

　　ロ　法21条各号（日日雇い入れられる者、一定の期間を定めて使用される者等）に該当する者でも、その実態よりみて引き続き使用されてい

ると認められる場合
ハ　臨時工が一定月ごとに雇用契約を更新され、6か月以上に及んでいる場合であって、その実態よりみて引き続き使用されていると認められる場合
ニ　在籍型の出向をした場合
ホ　休職とされていた者が復職した場合
ヘ　臨時工、パート等を正規職員に切り替えた場合
ト　会社が解散し、従業員の待遇等を含め権利義務関係が新会社に包括承継された場合
チ　全員を解雇し、所定の退職金を支給し、その後一部再採用したが、事業の実体は人員を縮小しただけで、従前とほとんど変わらず事業を継続している場合

2　出勤率の取扱い

(1) 出勤扱いとすべきもの

　年次有給休暇請求権の法律上の発生要件の一つである「全労働日の8割以上の出勤」があったかどうかは、所定休日を除いた全労働日のうち何日出勤したかによって判断します。したがって、所定休日に労働させた場合であっても、その日は全労働日に含まれないこととなり（昭33.2.13基発90号、昭63.3.14基発150号）、出勤率の算定には、影響しません。
　出勤率を算定するに当たっては、年次有給休暇をとった日、使用者の都合で休業した日、生理日の休暇、慶弔休暇等をとった日などをすべて欠勤として扱ってよいかどうかという問題があります。法律ではっきり出勤とみなす旨規定しているのは、「業務上負傷し、又は疾病にかかり療養のために休業した期間」、「育児休業、介護休業等育児又は家族介護を行う労働者の福祉に関する法律第2条第1号に基づく育児休業又は同条第2号に基づく介護休業をした期間」と「産前産後の女性が第65条の規定によって休業した期間」のみであり、これ以外の前記のような日は、いずれも現実には就労しておらず、法律上も出勤として扱う規定がないので、欠勤として

扱っても差し支えないのではないかという疑問がありますが、次の場合は、それぞれの制度等の趣旨にかんがみ、行政解釈は特別の取扱いをすることを求めています。

① 年次有給休暇をとった日

年次有給休暇をとった日は、法律が権利として有給で休業することを保障したものですから、これを欠勤として年次有給休暇の出勤率の算定を行うことは法の趣旨に反するので、出勤として取り扱うこととしています（昭22.9.13 発基17号）。

② 使用者の都合で休業した日

この日は、労働者が就業を希望しても使用者の都合で就業させられないものですから、出勤率の算定に当たっては、分母とすべき全労働日からこの休業期間を除外することとしています（昭33.2.13 基発90号、昭63.3.14 基発150号）。

③ ストライキ期間

この期間は、厳密にいえば労働義務があるのに争議行為として就労を拒否したものであり、この限りでは欠勤としてみるのが至当のように思えますが、正当な争議行為は労働者の権利行使の期間であり、正常時の欠勤と同視するのは適当でないことから、出勤率の算定に当たっては、分母になる全労働日より除外して取り扱うこと（昭33.2.13 基発90号、昭63.3.14 基発150号）としています。この解釈例規によれば、使用者側の争議行為であるロックアウトについても同様に取り扱うこととなります。

④ 遅刻・早退した日

なお、遅刻、早退3回をもって欠勤1日とみなすという取扱いをして出勤率の計算をすることが許されるかという問題がありますが、出勤率の計算は労働日単位にみるべきものであり、遅刻、早退を欠勤として取り扱うことが認められないことはいうまでもありません。

⑤ 無効な解雇期間中の不就労日

最近出された最高裁判決において、年次有給休暇権の発生要件である

「全労働日の８割以上」について、無効な解雇がなされていた期間中労働者が就労できなかった日を、労基法39条１項及び２項における「全労働日」に含め、出勤日と算定しなければならないと判示されました（平25.6.6最高裁第一小法廷判決、八千代交通事件）。

「法39条１項及び２項における前年度の全労働日に係る出勤率が８割以上であることという年次有給休暇権の成立要件は、法の制定時の状況等を踏まえ、労働者の責めに帰すべき事由による欠勤率が特に高い者をその対象から除外する趣旨で定められたものと解される。このような同条１項及び２項の規定の趣旨に照らすと、前年度の総暦日の中で、就業規則や労働協約等に定められた休日以外の不就労日のうち、労働者の責めに帰すべき事由によるとはいえないものは、不可抗力や使用者側に起因する経営、管理上の障害による休業日等のように当事者間の衡平等の観点から出勤日数に算入するのが相当でなく全労働日から除かれるべきものは別として、上記出勤率の算定に当たっては、出勤日数に参入すべきものとして全労働日に含まれるものと解するのが相当である。

無効な解雇の場合のように労働者が使用者から正当な理由なく就労を拒まれたために就労することができなかった日は、労働者の責めに帰すべき事由によるとはいえない不就労日であり、このような日は使用者の責めに帰すべき事由による不就労日であっても当事者間の衡平等の観点から出勤日数に算入するのが相当でなく全労働日から除かれるべきものとはいえないから、法39条１項及び２項における出勤率の算定に当たっては、出勤日数に算入すべきものとして全労働日に含まれるものというべきである。」

この判決を踏まえて、厚生労働省は、以下の行政解釈を示しています。
「＜出勤率の基礎となる全労働日＞
　年次有給休暇の請求権の発生について、法第39条が全労働日の８割出勤を条件としているのは、労働者の勤怠の状況を勘案して、特に出勤率の低い者を除外する立法趣旨であることから、全労働日の取扱いについては、次のとおりとする。

1　年次有給休暇算定の基礎となる全労働日の日数は就業規則その他によって定められた所定休日を除いた日をいい、各労働者の職種が異なること等により異なることもあり得る。したがって、所定の休日に労働させた場合には、その日は、全労働日に含まれないものである。
2　労働者の責に帰すべき事由によるとはいえない不就労日は、3に該当する場合を除き、出勤率の算定に当たっては、出勤日数に算入すべきものとして全労働日に含まれるものとする。例えば、裁判所の判決により解雇が無効と確定した場合や、労働委員会による救済命令を受けて会社が解雇の取消しを行った場合の解雇日から復職日までの不就労日のように、労働者が使用者から正当な理由なく就労を拒まれたために就労することができなかった日が考えられる。
3　労働者の責に帰すべき事由によるとはいえない不就労日であっても、次に掲げる日のように、当事者間の衡平等の観点から出勤日数に算入するのが相当でないものは、全労働日に含まれないものとする。
（一）不可抗力による休業日
（二）使用者側に起因する経営、管理上の障害による休業日
（三）正当な同盟罷業その他正当な争議行為により労務の提供がまったくなされなかった日」（平25.7.10 基発0710第3号）

(3) 出勤扱いとしなくても差し支えないもの

　生理日の休暇や慶弔休暇は、法律または就業規則に定められた事由に該当する場合に、正規の手続を踏んでその日の労働義務が免除されるものであって、これを通常の欠勤と同視するのは妥当ではないと思われますが、本来これらの休暇を有給とするかどうかなど、その取扱いについては、各企業で自由に決定できる性質のものですから、年次有給休暇の出勤率算定に関して、これを出勤扱いとするか欠勤として取り扱うかは各企業の決定に委ねられるものといえます。
　生理日の休暇を例にとっても、法定の要件があり労働者から請求があったときには、就業させてはならないということを要求しているにすぎないのであって、「労働基準法上出勤したものとはみなされないが、当事者の

合意によって出勤したものとみなすことも、もとより差支えない」(昭23. 7. 31 基収2675号、平22. 5. 18 基発0518第1号)とされています。まして、慶弔休暇のように法律とは関係なくもっぱら就業規則等で定められる休暇は、当然各企業の定めるところによることになります。

しかしながら、看護休暇や通院休暇、介護休暇については法律上出勤として取り扱う必要はないとはいえ、正当な手続により労働者が労働義務を免除されているときの不就労という事実は、必ずしも勤務成績不良という評価を受ける性質のものではありません。そのため、年次有給休暇の発生要件である8割出勤の計算に当たり、いわゆる欠勤と同様に取り扱うことは妥当ではないといえるでしょう。実際的な取扱いとしては、このような労働義務を免除された日は8割出勤の算定に当たり、分母である全労働日から除外することが適切と考えられます。

3 年次有給休暇付与の基準日統一

年次有給休暇請求権の法律上の発生要件として、「6か月間」の継続勤務とその間の8割以上の出勤率がありますが、この「6か月間」の基準日は各労働者ごとに採用された日です。ところが企業の側では、多数の労働者のそれぞれ異なる採用月日に応じて6か月間を計算することは事務的に煩雑すぎますので、全労働者の基準日を毎年1月1日とか4月1日というように統一したいという希望があります。

基準日を統一する場合に、まず問題になるのは、統一した基準日までに満6か月に達しない労働者の取扱いですが、これらの者も一律満6か月に切り上げて10日の年次有給休暇を与えなければなりません。ただし、それまでの勤務月数の長短にかかわらず、一律に10日の有給休暇を与えるのは不公平だとして、統一基準日までの勤務月数に按分して休暇を与える方法がとれないかという要請があります。

年次有給休暇を法定の権利発生日である継続6か月間の期間満了以前に与えることは差し支えありません(昭29. 6. 29 基発355号)が、付与すべき年次有給休暇の日数に関しては、労基法の規定は最低基準ですから、い

かなる場合にも労働者各人の採用月日から起算して満6か月に達したときは、10日の年次有給休暇請求権が与えられることとなっていなければ違法であると解されます。そのため、前述のように、実際の勤務月数に応じて法定日数より少ない休暇日数しか与えないこととすると、その年度の途中で採用応答日が到来し満6か月に達したときから本来ならば10日の年次有給休暇請求権を与えるべきにもかかわらず、次の基準日に至るまでの間は、結局、法定日数を下回る日数しか与えられないことになり、違法の状態が生ずることとなります。

したがって、統一基準日までの勤務月数の多少によって年次有給休暇日数を按分して与えることや、統一基準日までの勤務月数が6か月未満の場合は年次有給休暇を与えないような取扱いは実際には採用できないことになり、結局、統一基準日までに満6か月に達しない者に対しても10日の日数を与えるよりほかに方法がないことになります。

また、基準日を統一する場合には、年次有給休暇発生要件の「8割以上出勤」という出勤率の算定についても、法定の最低基準は満6か月を経過したときに算定されるので、統一基準日までに満6か月に達しない労働者の出勤率をその短い期間で算定して年次有給休暇を与えるか否かを決定することは、違法となる場合が生じます。

以上のことを総合してみますと、6か月未満の労働者に対しても10日の年次有給休暇を与えるようにし、出勤率の算定についても労働者に有利に取り扱えば、基準日を統一することができるということになります。

4　年次有給休暇の分割付与

年次有給休暇について法律どおり付与すると年次有給休暇の基準日が複数となる等から、先に述べた斉一的取扱いや分割付与（初年度において法定の年次有給休暇の付与日数を一括して与えるのではなく、その日数の一部を法定の基準日以前に前倒しして付与することをいいます。）が問題となりますが、以下の要件に該当する場合には、そのような取扱いをすることも差し支えないものであることとされています（平6.1.4基発1号）。

① 分割付与により法定の基準日以前に付与する場合の年次有給休暇の付与要件である8割出勤の算定は、短縮された期間は全期間出勤したものとみなすものであること。

② 次年度以降の年次有給休暇の付与日についても、初年度の付与日を法定の基準日から繰り上げた期間と同じか、またはそれ以上の期間、法定の基準日より繰り上げること（例えば、4月1日入社した者に入社時に5日、法定の基準日である6か月後の10月1日に5日付与し、次年度の基準日は本来翌年10月1日であるが、初年度に10日のうち5日分について6か月繰り上げたことから同様に6か月繰り上げ、4月1日に11日付与する場合などが考えられること）。

5　年次有給休暇権の性格

　年次有給休暇の権利の法的性格について、最高裁（昭48.3.2最高裁第二小法廷判決、白石営林署事件／昭48.3.2最高裁第二小法廷判決、国鉄郡山工場事件）は次のとおり判示し、行政解釈（昭48.3.6基発110号）もこれに従っています。

　最高裁の判示を要約しますと、「①年次有給休暇の権利は、法定の要件を充足した場合に当然に生ずる権利であって、休暇の成立要件として労働者による『休暇の請求』やこれに対する使用者の『承認』の観念を容れる余地はない。法39条3項〔編注：現行5項〕の『請求』とは年次有給休暇の時季を指定するという趣旨であって、労働者が時季の指定をしたときは、使用者が同項ただし書の規定に基づき時季変更権の行使をしない限り、その指定によって年次有給休暇が成立し、当該労働日における就労義務が消滅する、②年次有給休暇の利用目的は労基法の関知しないところであり、休暇をどのように利用するかは労働者の自由である」とするものです。

6　使用者の時季変更権

　労働者から年次有給休暇の請求（実質的には時季の指定）があった場合、

これを与えることによって、「事業の正常な運営を妨げる」事情があれば、請求の時季を変更することができることとされており、これを時季変更権といいます。

そこで、「事業の正常な運営を妨げる場合」とは、どういう場合をいうのかという疑問が生じます。この点につき例えば、年末、年度末等とくに業務繁忙な時季に年次有給休暇を請求された場合とか、あるいは、同一時季に多数の労働者が年次有給休暇を請求したため、その全員に年次有給休暇を与えることができない場合等が考えられるからです。

裁判例では、「その企業の規模、有給休暇請求権者の職場に於ける配置、その担当する作業の内容・性質、作業の繁閑、代行者の配置の難易、時季を同じくして有給休暇を請求する者の人数等諸般の事情を考慮して制度の趣旨に反しないよう合理的に決定すべきもの……」と判示したものがあります（昭33.4.10 大阪地裁判決、東亜紡織事件）。

企業にとって、労働者は職務内容のいかんを問わず、それぞれ必要があればこそ雇用しているわけですから、その労働者が年次有給休暇をとって現実に休むことになれば、業務になんらかの支障が生ずることは当然ですが、そのことをもって直ちに「事業の正常な運営を妨げる場合」に該当すると解することはできません。この点について「単に業務の繁忙、人員の不足というだけでは事業の正常な運営を妨げる事由となすに足らないのであって（そうでなければ労働者は容易に休暇をとることができないこととなる）、事業の正常な運営を妨げないだけの人員配置をすることは当然の前提であり、その上に事前に予測の困難な突発的事由の発生等の特別の事情により、請求の時季に休暇を与えることができない場合に、時季変更権の行使が認められるものと解する」（昭51.2.5 高知地裁判決、高知郵便局事件）とするものがあります。また、「事業の正常な運営を妨げる場合」に該当するか否かを判断する際に代替勤務者の確保をどう考えるかについて、判例では「右時季変更権行使の要件である『事業の正常な運営を妨げる場合』に該当するか否かの判断において、代替勤務者確保の難易は、その判断の一要素であって、特に、勤務割による勤務体制がとられている事業場の場合には、重要な判断要素であるというべきである。このような勤

務体制がとられている事業場において、勤務割における勤務予定日につき年次休暇の時季指定がされた場合に、使用者としての通常の配慮をすれば、代替勤務者を確保して勤務割を変更することが客観的に可能な状況にあると認められるにもかかわらず、使用者がそのための配慮をしなかった結果、代替勤務者が配置されなかったときは、必要配置人員を欠くことをもって事業の正常な運営を妨げる場合に当たるということはできないと解するのが相当である」とし、「使用者としての通常の配慮をすれば代替勤務者を確保して勤務割を変更することが客観的に可能な状況にあったか否かについては、当該事業場において、年次休暇の時季指定に伴う勤務割の変更が、どのような方法により、どの程度行われていたか、年次休暇の時季指定に対し使用者が従前どのような対応の仕方をしてきたか、当該労働者の作業の内容、性質、欠務補充要員の作業の繁閑などからみて、他の者による代替勤務が可能であったか、また、当該年次休暇の時季指定が、使用者が代替勤務者を確保しうるだけの時間的余裕のある時期にされたものであるか、更には、当該事業場において週休制がどのように運用されてきたかなどの諸点を考慮して判断されるべきである」とされています（平元.7.4最高裁第三小法廷判決、電電公社関東電気通信局事件）。

　請求のあった時季に年次有給休暇を与えることが業務運営上都合が悪い場合の実務上の処理としては、真向から時季変更権を行使するというようなことをせず、事情を話して別の時季に年次有給休暇をとるよう説得し、労働者の納得を得て時季を変更するよう努力することが望まれます。ただ、この場合注意を要するのは、説得が強制にならないようにすることです。

7　年次有給休暇の使途等に関する取扱い

(1) 自由利用の原則

　年次有給休暇制度の目的は、すでに述べたとおり心身の休養にあります。しかし、年次有給休暇をいかに利用するかは、労働者の自由とされており、前掲白石営林署事件、国鉄郡山工場事件の最高裁判決も「年次休暇の利用目的は労基法の関知しないところであり、休暇をどのように利用するかは、

使用者の干渉を許さない労働者の自由であるとするのが法の趣旨である」と判示しています。

したがって、年次有給休暇を病気療養に利用したり、労働組合や市民団体の活動等に利用する場合であっても、その請求時季が、事業の正常な運営を妨げるものでない限り、使用者はこれを与えなければなりません。

(2) 争議行為への利用

年次有給休暇を利用して、結果的にストライキ（同盟罷業）と同様の効果を狙ういわゆる一斉休暇闘争という戦術がありますが、そもそもストライキは労働組合がその要求を貫徹するために集団的に労務の提供を拒否して業務の正常な運営を阻害する行為であって、同じく「休む」といっても、年次有給休暇とは性格上相容れないものというべきでしょう。つまり年次有給休暇が同盟罷業でもある、ということは法律的にあり得ないということができます。

この点に関して、前掲白石営林署事件、国鉄郡山工場事件の最高裁判決は「労働者がその所属の事業場において、その業務の正常な運営の阻害を目的として、全員一斉に休暇届を提出して職場を放棄・離脱するものと解するときは、その実質は、年次有給休暇に名を藉りた同盟罷業にほかならない」から、それは年次休暇権の行使ではないとし、同じ争議行為でも他の事業場の争議行為の支援のために、年次有給休暇をとって参加する場合には年次有給休暇をとる行為そのものが、事業の正常な運営を阻害する行為になるわけではないため、このような場合の年次有給休暇の取得は正当な権利の行使であると解されるとしています。

(3) 遅刻、早退時間への充当

病気欠勤などについて、当日を年次有給休暇に振り替えることは、労働者の申出に基づくものである限り、認めて差し支えないとされています（昭24.12.28 基発1456号、昭31.2.13 基収489号）。遅刻、早退時間への充当については、法制定以来の行政解釈で「1労働日を単位」として付与されるべきもので、それ以下に分割して与えることはできないとされています。

これは年次有給休暇が、休養と労働力の維持培養を制度趣旨とするものであることからの解釈ですが、昭和63年には、労働者から請求があった場合には半日単位で与えても違法とは扱わない旨、行政解釈が変更されました（昭63. 3. 14 基発150号）。その後、労働時間短縮促進のなかで、有給休暇の取得率向上には半日単位付与が有効であるとされました。

平成22年4月1日に施行された改正労基法では、労使協定を締結したときは、年次有給休暇のうち5日以内の日数については、「協定で定めるところにより、時間を単位として有給休暇を与えることができる」（39条4項）こととなりました。認められたのは時間単位の取得であり、1時間に満たないものは含まれないとされています。

（4）所定労働時間の長短と年次有給休暇の取扱い

変形労働時間制を採用する事業場において、例えば、所定労働時間が4時間の日、あるいは10時間の日があったりする場合に4時間の日でも10時間の日でも、年次有給休暇をとれば1労働日の年次有給休暇として取り扱うこととするなら、労働者は所定労働時間の長い日のみに年次有給休暇を取得するという傾向が生じ、不合理ではないかという意見があります。

この点については、1労働日の休暇は、通常勤務とされる日について勤務時間を含め暦日1日の勤務解放を行うものであって、その勤務日の勤務時間の長短とは本来関係がなく、8時間勤務の日も、10時間勤務（変形労働時間制などの場合）の日も、また、4時間勤務の日も、それぞれ暦日1日の休養が確保されるので、年次有給休暇も1日と算定されて本来不都合はないわけです。しかし、半日勤務の日も1日の年次有給休暇となると、労働者はこれを嫌って他の日に集中して年次有給休暇を取得することとなり、弊害が生ずるようであれば、半日休暇として扱って労働者の意向に沿うような措置も必要となります。

（5）年次有給休暇取得者の呼出しの取扱い

年次有給休暇は、休暇日全1日について勤務から解放するものですから、急用が生じたような場合であっても、一度休暇に入った場合は、もはや途

中で勤務命令を出すことは認められないと解されます。

　ただ、労使が合意によって途中で休暇を取り消すことは可能であり、呼出しに応じて労働者が出勤した場合には当日は年次有給休暇を与えたことにはならないため、他の日にあらためて年次有給休暇を請求できることとなります。

8　年次有給休暇の計画的付与

　我が国の年次有給休暇の付与は、個々の労働者の請求を待って行うものとされ、使用者（のみ）に付与義務を課す欧米諸国のそれと趣を異にしています。こうしたこともあって、我が国における年次有給休暇の取得率は47.1％（厚生労働省「平成25年就業条件総合調査」）と低調です。そこで、労基法は、年次有給休暇の取得促進の観点から、昭和63年の法改正において労使の集団的合意を前提とし、年次有給休暇の計画的付与を認めることとしています。

　すなわち、労使協定により年次有給休暇を与える時季に関する定めをしたときは、当該協定の定めるところによって年次有給休暇を与えることができるとするものです（労基法39条6項）。

　我が国においては年次有給休暇が労働者の病休等に利用されているという実情にあること等から、計画的付与の対象とし得る日数について限度が設けられています。すなわち、年次有給休暇の日数のうち5日は個人的事情による取得のため必ず留保することとされており、労使協定による計画的付与の対象となるのは、年次有給休暇の日数のうち、5日を超えた部分です。休暇付与日数が10日である者については5日、20日である者については15日まで計画的付与の対象とすることができます。なお、前年度に取得されずに当年度に繰り越された日数がある場合には、繰り越された年次有給休暇を含めて、5日を超える部分が計画的付与の対象となります（昭63.3.14 基発150号）。

　年次有給休暇の計画的付与の方式としては、①事業場全体の休業による一斉付与方式、②班別の交替制付与式、③年次有給休暇付与計画表による

個人別付与方式等があり、労使協定において、当該事業場の実情に応じて適切な方法を選択することができます。

それぞれの場合に労使協定において定めるべき事項として、解釈例規は次の事項をあげています（昭63.1.1 基発1号、平22.5.18 基発0518第1号）。

① 事業場全体の休業による一斉付与の場合には、具体的な年次有給休暇の付与日
② 班別の交替制付与の場合には、班別の具体的な年次有給休暇の付与日
③ 年次有給休暇付与計画表による個人別付与の場合には、計画表を作成する時期、手続等

この計画的付与を行う場合に、年次有給休暇の日数が不足する、あるいはない労働者を含めて実施する場合には、付与日数を増やす等の措置が必要となります（昭63.1.1 基発1号）。とくに、事業場全体の休業による一斉付与の場合に、年次有給休暇の権利のない者をあえて休業させるのであれば、その者に、休業手当を支払わなければならないことになります（昭63.3.14 基発150号）。

また、特別の事情があって年次有給休暇の計画的付与日をあらかじめ画一的に決めてしまうことが適当でない労働者もいることが考えられるので、年次有給休暇の計画的付与の労使協定を結ぶ際には、そのような労働者については、計画的付与の対象から除外することも含めて、十分労使関係者が考慮することが望ましいとされています（昭63.1.1 基発1号）。

労使協定により年次有給休暇を与える時季に関する定めをしたときは、労基法39条5項の規定にかかわらず、その定めにより年次有給休暇を与えることができることとなり、その場合には、同項の規定による労働者の時季指定権及び使用者の時季変更権はともに行使できないこととなります（昭63.3.14 基発150号、平22.5.18 基発0518第1号）。

9　年次有給休暇の半日付与と時間単位年休

(1) 年次有給休暇の半日付与

年次有給休暇制度の目的は労働から解放されることによる心身の休養に

あることから、労基法制定当時の行政解釈では、1労働日を単位とし、それ以下に分割して与えることはできないとされていました（昭24.7.7 基収1428号）。しかし、昭和63年には、「使用者は半日単位で付与する義務はない」とする通達により、「労働者から請求があった場合には半日単位で与えても違法ではない」との解釈が示されました。

その後、労使双方が半日単位での取得あるいは付与を希望している実情にあること、また、半日単位で取得することによって、年次有給休暇の取得促進が期待できることから、平成7年の通達で、「半日単位での年次有給休暇の取得については、労働者がその取得を希望して時季を指定し、これに使用者が同意した場合で、かつ、1労働日単位とする本来の取得方法による年次有給休暇を取得することを阻害しない範囲内で運用される限りにおいては、むしろ年次有給休暇の取得促進に資するものとなる」とする新しい行政解釈が出されました（平7.7.27 基監発33号）。

なお、半日単位の年次有給休暇は、制度としてあるものではなく、使用者に付与を認めなければならない義務はありません。その趣旨は、半日単位で付与しても差し支えないという意味です。

(2) 年次有給休暇の時間単位取得

年次有給休暇の時間単位の取得（時間単位年休）は、官公庁では人事院規則を根拠にして従来から行われてきましたが、民間企業等においては、制度本来の趣旨にかんがみて否定的に取り扱われてきました。平成22年4月1日に施行された改正労基法では、「まとまった日数の休暇を取得するという年次有給休暇制度本来の趣旨を踏まえつつ、仕事と生活の調和を図る観点から、年次有給休暇を有効に活用できるようにすることを目的として、労使協定により、年次有給休暇について5日の範囲内で時間を単位として与えることができる」（平21.5.29 基発0529001号第4の1）こととされました。

　　＜労使協定で定める事項＞
　①　時間単位年休の対象労働者の範囲
　②　時間単位年休の日数

③　時間単位年休1日の時間数
④　1時間以外の時間を単位とする場合はその時間数

なお、時間単位年休は、休暇に関する事項となるので、就業規則にもその内容を記載しなければなりません（労基法89条1号）。

10　年次有給休暇取得を理由とする不利益取扱いの禁止

労基法附則136条は、「使用者は、……有給休暇を取得した労働者に対して、賃金の減額その他不利益な取扱いをしないようにしなければならない」と規定し、次のような措置を禁止しています（昭63.1.1基発1号）。

① 　精勤手当、皆勤手当の額の算定に際して、年次有給休暇を取得した日を欠勤として取り扱い、手当額を減額または不支給とするもの
② 　一時金、ボーナス等の額の算定に際して、年次有給休暇を取得した日を欠勤として取り扱い、または欠勤に準ずる取扱い（例えば、年次有給休暇3日をもって欠勤1日とみなすような場合）をして、これを算定要素にしているもの
③ 　昇給、昇格、人事考課に際して、年次有給休暇の消化日数を考課要素にしているもの

上記の労基法の規定は、訓示規定の形をとっていますが、同規定の成文化以前の判例に、すでに次のものがあり、同規定に違反した場合の考え方として参考となると思われます。

「法第39条所定の年次有給休暇制度の法意は、労働者をして、労働による肉体的、精神的疲労を回復させ労働力の維持培養を図るとともに、人たるに値する生活を得せしめる目的をもって……法定の有給休暇を権利として当該労働者に付与しなければならないとして使用者に義務づける一方、休暇期間中の賃金については……労働者が現実に出勤して労働した日（実出勤日）と実質的に同一の賃金を保障することによって、右休暇権を実効あらしめようとするにある。したがって、使用者が賃金体系上、賃金の一部を皆勤手当等の諸手当とし、その諸手当の全部又は一部を『年休を取得して休んだ日』のあることを理由にして支給しない旨就業規則等で明定す

ることは、不支給となる当該手当が、労働者が現実に出勤して労働したことの故に支払われる実質補償的性格の手当（たとえば、通勤費の実額支給を内容とする通勤手当など）でない限りは、前記年次有給休暇制度の趣旨に反する賃金不払として法的に許されないものというべきである。」（昭51．3．4横浜地裁判決、大瀬工業事件）。

11 比例付与

　労基法39条3項は、所定労働日数が少ない労働者に対しても、年次有給休暇日数を通常労働者のそれに比例して付与するものとしています。

　これは、所定労働日数が通常の労働者と比べて少ない労働者に対しても、6か月以上継続勤務し、全労働日の8割以上出勤した場合には、所定労働日数に応じた年次有給休暇を付与することが、通常の労働者との均衡上からも妥当であり、また、有給休暇がなければ連続した休みをとることができないことなどから、所定労働日数が少ない労働者に対して、年次有給休暇の比例付与を行うこととされたものです。

　比例付与の対象となるのは、所定労働日数が通常の労働者の所定労働日数に比して相当程度少ないものであり、具体的には、労基法施行規則24条の3において、次の者とされています。

① 　週の所定労働日数が4日以下の者
② 　週以外の期間で所定労働日数が定められている場合は、1年間の所定労働日数が216日以下の者

　また、これに該当する者であっても、1日の所定労働時間が長いために、週の所定労働日数が通常の労働者と同じ程度である場合には、比例付与の対象とすることは妥当ではないことから、週の所定労働時間が30時間以上の者は比例付与の対象としないこととされています。例えば、1日8時間労働で週4日勤務の者などです。

　比例付与の対象労働者の年次有給休暇の付与日数は、通常の労働者の付与日数を基本として、通常の労働者の所定労働日数と当該労働者の所定労働日数との比率に応じて定めることとされており、具体的には、労基法施

行規則24条の3において、所定労働日数と勤続年数に応じて次のように具体的に定められています（後出のＱ＆Ａ（231頁）を参照）。

【図表】週所定労働時間が30時間未満で、かつ、週所定労働日数が４日以下（週以外の期間で所定労働日数が定められている場合は、１年間の所定労働日数が216日以下）の労働者の付与日数

週所定労働日数	１年間の所定労働日数	継続勤務年数						
		6か月	1年6か月	2年6か月	3年6か月	4年6か月	5年6か月	6年6か月以上
4日	169日〜216日	7日	8日	9日	10日	12日	13日	15日
3日	121日〜168日	5日	6日	6日	8日	9日	10日	11日
2日	73日〜120日	3日	4日	4日	5日	6日	6日	7日
1日	48日〜72日	1日	2日	2日	2日	3日	3日	3日

　パートタイム労働者の場合は、本人の希望等により所定労働日数が変更されることもありますが、そのようなケースでは、その年次有給休暇が付与される基準日における所定労働日数に応じた日数の休暇を付与すればよいこととなります。例えば、前年度は週４日労働であった労働者の所定労働日数が、当年度から週３日労働となった場合には、その年度には、週３日労働の者としての年次有給休暇を付与し、逆に、週３日労働であった労働者の所定労働日数が、当年度から週４日となった場合には、その年度には、週４日労働の者としての年次有給休暇を付与することとなります。
　また、所定労働日数は、年度の途中で変更されることもありますが、年次有給休暇は基準日において発生するものであるので、当該年度については変更前の日数のままとし、次の基準日から変更後の所定労働日数に応じた日数の年次有給休暇を付与することになります（昭63.3.14基発150号）。

3 産前産後の休業

1 産前産後の休業

　産前産後の休業は、女性労働者の母性を保護するため労基法が保障する休業です（労基法65条）。産前の休業は、6週間（多胎妊娠の場合にあっては、14週間）以内に出産する予定の女性から請求のあったときに与えれば足りますが、産後8週間は本人の請求の有無にかかわらず休業させる必要があります。ただ、産後6週間を経過したときに本人が就業を希望した場合は、医師が支障がないと認めた業務に就かせることが認められています。

　この産前産後の休業は、母性保護の見地から定められたものであり、この期間中とその後30日間は解雇も制限されています（労基法19条）。

2 出産日の遅れた場合の産前休業の取扱い

　出産日が予定日より遅れて産前休業の期間を超過することになる場合の取扱いですが、出産が遅れて予定日を過ぎた場合も、法律上の「6週間（多胎妊娠の場合は14週間）以内に出産する予定の女性」であることに違いないので、産前休業を続けて与える必要があります。いい換えれば、産前の休業は、出産の遅い早いによって休業日数に変動が生ずることになります。

　これに引き換え産後休業の法の起算点は、出産予定日ではなく、出産時点からであり、確定した8週間の期間となります。なお、出産の当日は産前に入れて計算することとされています（昭25.3.31 基収4057号）。

3 死産、早産等の場合の取扱い

　出産の範囲については、妊娠4か月以上（1か月は28日と計算されるので85日以上）の分娩とし、正常出産だけでなく死産も含むこととされてい

ます（昭23.12.23 基発1885号）。したがって、早産や流産の場合でもそれが妊娠4か月以上のものであれば「出産」であり、その翌日から起算して8週間は産後休業を与える必要があります。この点は、妊娠中絶の場合も同様です。

4 生理日の休暇

　生理日の就業が著しく困難な女性が休暇を請求したときは、生理日に就業させてはならないとされています（労基法68条）。
　女性に特有な生理時における保護規定ですが、諸外国ではほとんど類例がないということもあり、取得の状況から批判もあります。
　この休暇の日数については、生理日の長短ないし困難の程度が人によって異なるので、法律上の規定はありません。結局、生理日の就業が著しく困難である女性が請求したときは、請求の範囲で休暇を与えなければなりません。この場合、休暇の日数を、例えば「毎潮2日以内とする」というように一律に制限することは許されないわけです。
　ただ、有給として扱う休暇日数を1日とか2日というように定めておくことは、それ以上休暇を与えることが明らかにされていれば差し支えありません（昭23.5.5 基発682号、昭63.3.14 基発150号、婦発47号）。

5 育児時間

1 育児時間の意義

　生後1年未満の生児を育てる女性から請求があった場合は、休憩時間のほかに、1日2回少なくとも30分ずつの育児時間を与えるものとされています（労基法67条）。

　これは母性保護の観点から諸外国の例にならって定められた制度ですが、与えられる時間は各30分であるため、事業場内に託児施設が設けられていないと活用されにくいという問題点があります。しかし、家庭の主婦がパートタイム労働者などとして職場進出するにつれて、この規定も次第に活用される傾向にあります。

2 育児時間の与え方

　事業場に託児施設を設けていない場合、育児場所までの往復時間を含めて1回30分間与えられれば、法律上はよいわけですが、実際には無理な場合が多いので、勤務時間の初め、または終わりに2回分をまとめて請求し、実際に1時間だけ遅刻、早退するような利用方法についても、行政解釈は積極的立場をとり、そのような請求の方法であっても、その請求に係る時間に当該労働者を使用することは違反であり、これを与えなければならないとしています（昭33.6.25 基収4317号）。

6 公民権行使に必要な時間

1 公民権行使の保障

労基法7条は、公民権行使を保障することを定め、「労働時間中に、選挙権その他公民としての権利を行使し、又は公の職務を執行するために必要な時間を請求した場合」は、原則としてこれを与えなければならないと規定しています。

この時間について、法律は有給かどうかに触れていないので、就業規則等で自由に定めることができます。

「選挙権その他公民としての権利」を行使する時間または「公の職務」を執行するに必要な時間の請求があったときは、原則として拒めませんが、業務運営との調整を図るため「権利の行使又は公の職務の執行に妨げがない限り」、請求された時刻を変更する権利が使用者に与えられています。

2 「公民としての権利」の範囲

公民としての権利とは、公務に参加する資格のある国民に認められる「国家又は公共団体の公務に参加する権利をいう」ものと解されます（昭63.3.14 基発150号）。

具体的にこれに該当するものとしては、①法令に根拠のある公職についての選挙権、被選挙権、②最高裁判所裁判官の国民審査、③特別法の住民投票、④憲法改正の国民投票、⑤地方自治法による住民の直接請求、⑥これらの要件となる選挙人名簿の登録の申出、⑦行政事件訴訟法による民衆訴訟、⑧公職選挙法による選挙、当選または選挙人名簿に関する訴訟などがあります（同前解釈例規）。

なお、訴訟を提起して具体的事件につき訴訟手続より判断がなされることを請求する権利である訴訟の行使は、民衆訴訟、選挙訴訟等の場合を除

き、公務に参加する権利とはいえず、公民権の行使には含まれません（同前解釈例規）。

3 「公の職務」の範囲

労基法7条は、「使用者は、労働者が労働時間中に、選挙権その他公民としての権利を行使し、又は公の職務を執行するために必要な時間を請求した場合」と規定していますが、「公の職務の執行」とは、公民としての権利の行使に併存する公民の義務としての観点からする公の職務の執行と解すべきであり、法令に基づく公の職務のすべてをいうものではありません。

具体的にこれに該当するものとしては、
① 国または地方公共団体の公務に民意を反映してその適正を図る職務、例えば、(イ)衆議院議員その他の議員、(ロ)労働委員会の委員、(ハ)陪審員、(ニ)検察審査員、(ホ)労働審判員、(ヘ)裁判員、(ト)法令に基づいて設置される審議会の委員等の職務
② 国または地方公共団体の公務の公正妥当な執行を図る職務、例えば、(イ)訴訟法上の証人としての出廷、(ロ)労働委員会の証人等の職務
③ 地方公共団体の公務の適正な執行を監視するための職務、例えば、公職選挙法による選挙立会人等の法令に基づく職務

などとされています（昭63.3.14 基発150号、平17.9.30 基発0930006号）。

したがって、裁判員制度における裁判員（裁判員候補者を含む）としての活動も、公の職務の執行に該当し、労働者が指名されたときは、使用者は必要な時間を保障しなければなりません。

一方、単純に労務の提供を主たる目的とする職務、例えば、予備自衛官の自衛隊法による防衛招集、訓練招集に応ずるなどはこれに該当しないとされています（同前解釈例規）。

第6章　休暇、休業等

休暇、休業等の管理Q&A

欠勤の年次有給休暇への振替要求を拒否できるか

Q 労働者Fが先月5日ほど身体の具合が悪いという理由で休みましたが、事前に年次有給休暇の請求もなかったため会社では当然Fを欠勤扱いにしました。ところが、1週間ほどたってからFが「この前休んだ5日間は年次有給休暇にしてくれ」といってきました。会社は整理上Fの申出をきかず、やはり欠勤扱いにしたところ、Fは「そういう処置は不当だ、年次有給休暇は労働者の請求でいつでもとれるはずだ」と抗議してきました。会社はこれをどう扱ったらよいのでしょうか。欠勤に処理しておいて差し支えありませんか。

A **振替をする、しないは会社の自由**

そもそも、病気欠勤を年次有給休暇に振り替えることは、労働力の維持培養という法の趣旨に沿うものといえるかどうか、はなはだ疑問です。この点、諸外国の立法例では欠勤の年次有給休暇振替を禁止しているものもあるくらいですが、我が国ではそのような規定はみられません。

むしろ、最高裁の判例にもあるように、「年次有給休暇をどのように利用するかは、使用者の干渉を許さない労働者の自由である」（前掲白石営林署・国鉄郡山工場事件）から、本人が請求すればこれを与えなければなりません。しかし、それは、あくまでも事前に請求（実際には休むべき時季を指定すること）した場合のことであって、病気欠勤したものを事後に年次有給休暇に振り替える場合までも、労働者の権利だということにはなりません。裏を返せば、年次有給休暇を事後に認めるか認めないかは、もっぱら会社の管理上決められるべき問題ということになります。

ご質問の場合のように5日後であろうと、または10日後であろうと、会社のほうで年次有給休暇に振り替えることを認めさえすればそれでよく、

また、逆に事後は１日たりとも振替を認めないとすることもできることになります。

ここで注意を要することは、事後の振替を認めるか否かを制度的に明確にしておく必要があり、ある労働者には振替を認めるが、別の労働者には認めないとか、理由もはっきりしないで認めたり認めなかったりというような使用者の恣意的な取扱いは慎むべきでしょう。

当日になって請求した年次有給休暇は拒否できるか

Q 当社社員の中には、しばしば当日の朝になってから電話連絡や友人を介して「今日年次有給休暇をとります」と一方的に通告して休む者がおり、その都度穴埋めに苦労しています。

そこで、今度は、事前に所属長に申出がない限り、年次有給休暇扱いを認めないこととしたいのですが、法的に認められますか。また、「事前届出制」というのはどの程度まで許されますか。

A 拒否できる

年次有給休暇の法的性格については、従来、学説、判例の分かれていたところですが、昭和48年3月の最高裁判決（前掲白石営林署・国鉄郡山工場事件）によると、「労働者が年次有給休暇の時季を指定したら、使用者が時季変更権を行使しない限り、その時季の指定によって休暇が成立し、当日の労働義務が消滅するものであって、休暇の成立要件として労働者による『休暇の請求』や、これに対する使用者の『承認』の観念を容れる余地はない（要約）」とされています。したがって、年次有給休暇の時季を労働者が一方的に通告（指定）することを非難することはできません。

ただし、この通告は当然、事前になされるべきであって当日になって年次有給休暇を請求することは、当該労働者の休暇に伴う代替者の配置その他の対応措置を講ずることを困難にさせます。さらに事情によっては使用者が時季変更権を行使しようとしても、それを行使し得る時間的余裕が与

えられないこととなって、正当な権利の行使とは認められないので、このような当日の年次有給休暇の請求は拒否することができるものと考えられます。判例（昭57.3.18最高裁第一小法廷判決、此花電報電話局事件）では、就業規則及び年次有給休暇に関する協約確認覚書において休暇の前々日までに請求することとされていたのに休暇日の当日請求をした事案について、これと同旨の考え方をとっています。そうすると、年次有給休暇はいつまでに（どの程度まで事前に）請求（時季指定）すればよいのかということになるのですが、労働者の休暇取得による代替者の配置等の対応措置を使用者がとり得る最小限の時間的余裕を考えた場合、「前日の少なくとも所定終業時刻」までとするのが常識的な時期ではないでしょうか。

なお、此花電報電話局事件の最高裁判決では、使用者の時季変更権の行使が労働者の指定した休暇期間の開始後であった点について次のように判示しています。

「労働者の年次有給休暇の請求（時季指定）に対する使用者の時季変更権の行使が、労働者の指定した休暇期間が開始し又は経過した後にされた場合であっても、労働者の休暇の請求自体がその指定した休暇期間の始期にきわめて接近してされたため使用者において時季変更権を行使するか否かを事前に判断する時間的余裕がなかったようなときには、それが事前にされなかったことのゆえに直ちに時季変更権の行使が不適法となるものではなく、客観的に右時季変更権を行使しうる事由が存し、かつ、その行使が遅滞なくされたものである場合には、適法な時季変更権の行使があったものとしてその効力を認めるのが相当である。」

退職直前でも年次有給休暇を与えなければならないか

Q 会社の景気が思わしくないので、人員整理をすることになり希望退職者を募りました。応募者のなかに、年次有給休暇がたまっているので、休暇を全部消化してから退職するという者がいますが、退職直前であっても休暇を与えなければなりませんか。

A 与えなければならない

　ご質問の真意は、年次有給休暇制度が、労働者の心身の疲労を回復させ、労働力の維持培養を図ることが目的であるならば、退職する労働者に対しては将来に向かって労働力の提供を期待していないのだから、年次有給休暇を与える必要はないのではないかということかと思われます。

　確かに一理ありますが、我が国の年次有給休暇制度は、年次有給休暇請求の時季、利用目的等について法的な制限を設けていません。したがって、いったん権利の生じた年次有給休暇は、どのような目的に利用しようと、どのような時季に取得しようと労働者の自由です。

　ただし、年次有給休暇請求権は、労働関係が存続していることが前提とされていますから、労働者が退職ないし解雇された場合または事業が廃止された場合には、年次有給休暇請求権は消滅することになります。裏を返せば、労働者として在籍している限り、たとえ退職直前であっても年次有給休暇の請求はできるわけです。これに対し、使用者は請求された時季に休暇を与えることが「事業の正常な運営を妨げる」場合に限って、年次有給休暇を拒否することが許されるわけですが、これとても労働者の退職期日以降に時季変更することはできません（昭49.1.11 基収5554号）から、結局のところこれを認めざるを得ないことになります。

退職者の年次有給休暇の買上げは許されるか

Q 退職する労働者から、残った年次有給休暇を請求されることがよくありますが、残務整理や事務引継ぎをしないまま退職されては困るので、残務整理等をやらせる代わりに請求する余地のある年次有給休暇を買い上げてもよいですか。

A 買上げは許されない

　年次有給休暇は、所定労働日の労働義務を免除して労働者の心身の疲労を回復させ、労働力の維持培養を図ることを目的としているものであって、これを金銭の支給によって代替するということは本質的にできない性格のものです。したがって、「年次有給休暇の買上げの予約をし、これに基づいて法第39条の規定により請求し得る年次有給休暇の日数を減じないし請求された日数を与えないことは、法第39条の違反である」（昭30.11.30 基収4718号）としていますが、法定日数を上回って与えられる年次有給休暇日数部分については、買上げをしても法違反とはなりません。

　ところで、労働者が退職する際に残した年次有給休暇というのは、労働者が退職してしまえば、権利が消滅してしまうものですから、消滅してしまった権利を金銭的に補償するということであれば、差し支えないものと考えられます。しかし、本件のように退職間際に労働者本人は年次有給休暇をとりたいというものを無理矢理、残務整理や事務引継ぎを行わせ、交換条件として消化できない年次有給休暇を買い上げるというやり方は法違反となり、許されません。

定年後の嘱託雇用と「継続勤務」の取扱い

Q 当社の定年は60歳ですが、就業規則には「本人が希望する場合には、原則として引き続き嘱託として勤務させる」ことになっています。嘱託になる場合でも、一応60歳で定年退職とし、退職金は支給します。そして、新しい嘱託契約を結びますが、賃金は定年までのものより3割ほど低いものになります（仕事も、従来のものより責任の少ないものに就きます）。この場合、嘱託としての年次有給休暇はどうなりますか。

A 労働関係の実態で判断する

年次有給休暇は「6か月間継続勤務」と「全労働日の8割以上出勤」という2要件を満たした労働者に対して、与えなければならないとされています。

ここでいう「継続勤務」とは、実際の出勤を意味するのではなく労働契約の存続期間、すなわち事業場における在籍期間を意味しています。

ところで、問題は定年退職者を嘱託等として再雇用した場合、これは形式的には従前の労働契約とは別個の嘱託契約を締結するものですが、実際は単なる企業内における身分の切り換えであって、実質的には労働関係が継続していると認められるものが多いようです。

あくまでも、実態的に労働関係が続いているかどうかによって「継続勤務」を判断するわけで、退職金の支払いの有無とか、賃金額の変更とかには関係ないことになります。"引き続き"嘱託として雇用する限り、従来の勤務年数に通算して年次有給休暇を与えるべきです。

しかし、定年退職して、いったん会社と労働関係が切れ、その後、例えば、半年後とか1年後に再び雇用されたといった場合には、その再雇用された時点が新たな年次有給休暇の基準日になります。

年次有給休暇の分割付与は

Q 年次有給休暇の継続勤務要件は、雇入れから6か月、その後1年ごとと聞いていますが、法律どおり付与すると年次有給休暇基準日が複数となってしまうため、各労働者の基準日を毎年4月1日とし、法律では6か月経過後に10日与えなければならないのを、入社時に5日、6か月後に5日与え、翌年の4月1日に11日（雇入れ6か月未満の者は10日）、以後1年ごとに法定日数を加算する制度を採用し、これにより年次有給休暇管理を行おうと考えています。このような場合、法律上何か問題があるのかお伺いします。

A **一定の要件に合えば合法**

　ご質問のように年次有給休暇の基準日が複数になることによる事務的な煩雑さを避けるため、①基準日を斉一的に取り扱ったり、②初年度の法定の年次有給休暇の付与日数を一括して与えるのではなく、前倒しして付与（以下「分割付与」といいます。）するといった取扱いが生ずると考えられますが、このような取扱いについて、行政解釈は以下の要件を満たすものに限って、そのような取扱いをすることは差し支えないものとしています（平6.1.4基発1号）。

① 　斉一的取扱いや分割付与によって法定の基準日以前に付与する場合の年次有給休暇の付与要件である8割出勤の算定については、短縮された期間は全期間出勤したものとみなすものであること。

② 　次年度以降の年次有給休暇の付与日についても、初年度の付与日を法定の基準日から繰り上げた期間と同じまたはそれ以上の期間、法定の基準日よりも繰り上げること（例えば、㋑斉一的取扱いとして、4月1日に入社した者に入社時に10日、1年後である翌年の4月1日に11日付与とする場合、㋺分割付与として、4月1日に入社した者に入社時に5日、法定の基準日である6か月後の10月1日に5日付与し、次年度の基準日は本来翌年10月1日であるが、初年度に10日のうち5

日分について6か月繰り上げたことから同様に6か月繰り上げ、4月1日に11日付与する場合が考えられること）（下図参照）。
　したがって、ご質問の事例については、以上の要件に該当しているので問題はありません。

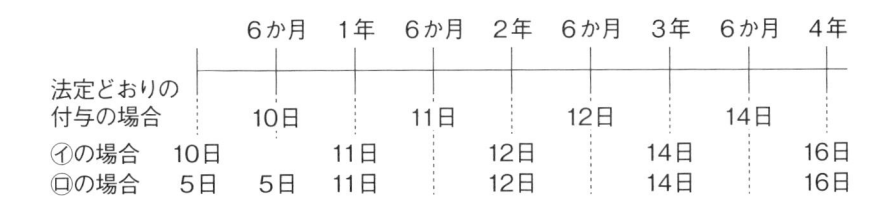

	6か月	1年	6か月	2年	6か月	3年	6か月	4年
法定どおりの付与の場合	10日		11日		12日		14日	
㋑の場合	10日		11日		12日		14日		16日
㋺の場合	5日	5日	11日		12日		14日		16日

パートタイム労働者にも年次有給休暇を与えなければならないか

Q 当社には、週3日勤務のパートタイム労働者と、週5日勤務ですが1日の勤務時間が3時間のパートタイム労働者がいます。これらのパートタイム労働者に、通常の日数の年次有給休暇を与えることは不合理だと思いますが、いかがでしょうか。

A 週5日以上であれば通常の労働者と同等に

(1) 通常の労働者と同じ日数を付与すべきパートタイム労働者

　1日の所定労働時間が短くても、週の所定労働日数は5日以上というように、通常の労働者と同様のパートタイム労働者については、年次有給休暇は、暦日を単位とする労働日について与えられるものである以上、労働義務の免除という点において、1日1時間であろうと8時間であろうと同様と考えられますから、1日の所定労働時間が短いというだけで、年次有給休暇の取扱いを異にすることは当を得るものではありません。
　したがって、ご質問のような週5日勤務のパートタイム労働者については、通常の労働者と同様の年次有給休暇制度の適用があるものとして扱わなければならないことになります。

なお、年次有給休暇当日の賃金については、当該パートタイム労働者の所定労働時間である3時間分を支払えば、足りることになります。

(2) 週4日以下のパートタイム労働者には比例付与で

所定労働日数が通常の労働者よりも少ないパートタイム労働者に対しても、年次有給休暇制度を認めることとしているのが、労基法39条3項の規定です。

対象となるのは、週の所定労働日数が4日以下の労働者であり、付与日数は、通常の労働者の付与日数に比例したものとされることから、「比例付与」と称されています。

付与日数は、週の所定労働日数または年間の所定労働日数に応じて比例計算されるもので、最初の基準日から218頁の表のとおりとなります。なお、週の所定労働日数が4日以下であっても、週の所定労働時間が30時間以上であれば、通常の労働者と同日数を付与しなければなりません。

子供を託児所に預けに行くために遅刻する時間も育児時間か

Q 当社では、業務の都合から家庭の主婦によるパートタイム労働者を一部製造部門で使用していますが、このなかに、生後3か月の子を出勤前に託児所に預けてこなければならない者がいます。ところが、当社の始業時刻は午前8時30分で、その女性が出勤前に託児所へ寄ると、交通の不便もあってほぼ30分は遅れることになります。この場合、本人からの申出があれば8時30分から9時までの30分は育児時間として取り扱わなければならないものですか。育児時間といえば、子供を育てるための時間（例えば、ミルクを与えたりする）であって、託児所などに預ける時間はこれに該当しないという気もするのですが……。また、パートタイム労働者のなかには1日4時間勤務の者もいますが、この場合はどうなりますか。与えなくてもかまいませんか。

A **育児時間に当たる**

労基法67条1項は「生後満1年に達しない生児を育てる女性は、第34条の休憩時間のほか、1日2回各々少なくとも30分、その生児を育てるための時間を請求することができる」と規定しています。つまり、これに該当する女性が育児のための時間を請求した場合、使用者は同法34条の休憩（6時間を超える場合は少なくとも45分、8時間を超える場合は少なくとも1時間）とは別に、30分以上の育児時間を1日について2回与えなければならないことになります。

　育児時間を付与すべき時間帯は、休憩時間のように労働時間の途中に与えなければならないという制約がないので、ご質問のケースのように、始業時刻から30分または終業時刻前30分請求することも可能だと解されます。

　とすると、問題は生児を託児所に預けに行く時間が、条文の「生児を育てるための時間」に該当するか否かということに絞られます。「生児を育てるための時間」とは、ミルクを与えたりすることもさることながら、そのほかの世話のための時間も含むものと広く解されており、貴社の女性の場合、子供を託児所に預けることは「育児」という点では、絶対欠くべからざることとなります。したがって、本人が始業時刻である8時30分から9時までの30分間を育児時間として請求した場合、貴社としてはそれを与えなければなりません。このような育児時間を遅刻として取り扱い、精皆勤手当などを支払わないことは許されないと解されます。

　次に、1日4時間しか勤務しない女性にまで30分以上の育児時間を2回与えなければならないかというご質問については、ご指摘のとおり労基法67条で規定する育児時間は8時間労働を想定しているものですから、4時間勤務の場合には「1日1回の育児時間の附与をもって足りる」（昭36.1.9 基収8996号）とされています。

生理休暇を欠勤扱いとして皆勤手当をカットしてもよいか

Q 当社では皆勤手当として毎月1万円を支給しています。1か月皆勤した者には1万円、1日欠勤した者には5,000円、2日欠勤した者には3,000円、3日以上の欠勤者には不支給という支給基準にしています。いままでは、女性が生理休暇をとる場合でも、「欠勤した者」としてその取得日数に応じて皆勤手当をカットしてきましたが、最近になって一部女性労働者から「労基法で生理休暇を保障しているのに、皆勤手当をカットするのは違法ではないのか」という声が出てきており困っています。法的には、どのように考えたらよいのでしょうか。

A **労基法違反ではないが好ましくない**

労基法68条では「使用者は、生理日の就業が著しく困難な女性が休暇を請求したときは、その者を生理日に就業させてはならない」と規定していますが、休暇取得中の賃金及び皆勤手当との関係についてはなんら触れていません。法68条の休暇中の賃金は「労働契約、労働協約又は就業規則で定めるところによって支給しても、しなくても差支えない」（昭23.6.11 基収1898号、昭63.3.14 基発150号、婦発47号）ので、生理日の休暇を出勤扱いにしようと欠勤扱いにしようと自由に取り決めてかまいませんが、欠勤扱いにすれば当然その日の賃金や精皆勤手当をカットできることにもなってきます。しかし、問題がないわけではなく、欠勤当日の賃金はともかく精皆勤手当のカットの額が大きければ、女性労働者からの請求が抑制され本条の意義が薄れてくることにもなりかねません。

結局、労基法違反にはなりませんが、生理休暇を取得したことを理由としていわゆる精皆勤手当を減額するなどの不利益を課することは、本条（68条）の趣旨に反すると解されます（昭49.4.1 婦収125号、昭63.3.14 基発150号、婦発47号）。

また、不利益の程度いかんによっては公序良俗違反として、無効になるおそれもあるといえましょう。

第7章

賃　金

1 賃金に関する規制の概要

　賃金は労働者の生活のための原資であって、もっとも重要な労働条件ですが、企業の側からみれば、経営費用の一部であり、また、その計算、支払方法のいかんは労働能率に大きな影響を与えます。そこで賃金をいかに管理するかは、労務管理の中核としてもっとも重視されるわけです。労基法及び最低賃金法は、賃金に関する最低の基準を示していますが、これらの規定はそれ自体適正な賃金管理を行うための最小限度必要な基準を示していると理解されます。

　賃金に関する法律の規定を概観してみますと、賃金の決定については、労使対等決定の原則、均等待遇、男女同一賃金、出来高払制の保障給などが労基法に規定されています。

　最低賃金額は、時間単位で定められます。その額は、毎年10月頃、都道府県労働局長が決定・公示します。平成26年10月以降に適用される地域別最低賃金の額は、最高が東京都の888円、最低が沖縄県など7県の677円となっています。使用者は、最低賃金の適用を受ける労働者に対して、原則として、その額以上の賃金を支払うことが義務づけられ、最低賃金額に達しない賃金を定める労働契約は無効となり、無効となった部分は、原則として、最低賃金額と同様の定めをしたものとみなされます。また、違反行為に対しては、罰則の適用があります。現状では、最低賃金の順守はとくに、低賃金にとどまる傾向にあるパートタイム労働者など非正規労働者の賃金向上の役割ももっています。

　賃金額については、最低賃金法に基づき最低賃金額などが定められています。賃金支払いの方法としては、賃金支払いの5原則、非常時及び退職時の支払いなどが労基法に定められています。また、労基法には賃金の計算方法として、割増賃金、休業手当、それに年次有給休暇の賃金などについての規定があります。

　さらに、賃金の支払の確保等に関する法律（賃金支払確保法）では、退

職金支払原資の保全、退職労働者の賃金未払いについての遅延利息の支払い、倒産企業における未払賃金にかかる国の立替払制度などについて規定されています。

2 賃金の支払い

　労基法24条は、賃金の支払いに関する5つの原則を掲げています。同条では、賃金が毎月確実に労働者本人の手に渡るように「通貨払い」「直接払い」「全額払い」「毎月払い」「一定期日払い」を規定しており、通常これを「賃金支払方法の5原則」と呼んでいます。

1 賃金支払方法の5原則

(1) 通貨払いの原則

　第一の通貨払いの原則というのは、賃金は通貨で、つまり現金で支払わなければならないというものであり、この原則は、いわゆる実物給与を禁止する趣旨から規定されたものです。ただ、法令もしくは労働協約に別段の定めがある場合、または厚生労働省令で定める賃金について確実な支払いの方法で厚生労働省令で定めるものによる場合には、労働者に不利益になるおそれが少ないため例外的に「通貨以外のもの」で支払うことを認めています。

　一般に、小切手による支払いは通貨の支払いとしては認められていませんが、前記の「厚生労働省令で定める賃金について確実な支払の方法で厚生労働省令で定めるものによる場合」に限って認められています。この「厚生労働省令で定める賃金」とは、退職手当のことをいい、「確実な支払の方法で厚生労働省令で定めるものによる場合」とは、労働者の同意を得た

場合で、かつ、以下の①～③のいずれかの支払方法による場合をいいます（労基法施行規則7条の2）。
① 銀行その他金融機関が振り出した自己宛小切手
② 銀行その他金融機関が支払保証をした小切手
③ 郵便為替
なお、賃金の口座振込みについては、後述します。

(2) 直接払いの原則

第二の直接払いの原則というのは、賃金は本人に直接支払わなければならないということです。賃金を本人の手に確実に渡すことを目的として設けられたものであり、したがって、賃金を、労働者の親権者その他の法定代理人または労働者の委任を受けた任意代理人に支払うことは禁じられ、また、労働者が第三者に賃金受領権限を与えようとしてする委任、代理等の法律行為は無効となります。

なお、労働者本人の単なる手足にすぎない使者に対して賃金を支払うことは、差し支えないものとされています（昭63.3.14 基発150号）。

(3) 全額払いの原則

第三の全額払いの原則というのは、労働者が受け取る権利をもつ賃金について、その全額を支払わなければならないというものです。

したがって、使用者が賃金の一部を控除して支払うことは、原則として禁止されているわけです。

しかし、この原則にも例外が認められており、法令に別段の定めがある場合、または労働者の代表者との間に締結された賃金控除協定がある場合は、賃金の一部控除ができることとされています。

所得税、市町村民税、社会保険料などは前記の法令に別段の定めがある場合に該当します。

社宅料、会社の貸付の返済金、親睦会費、社内預金、労働組合費などを控除する場合は賃金控除協定でこれらの項目の控除を協定しておく必要があります。この賃金控除協定の労働者側代表については、時間外、休日労

働協定の場合などと同様に、「当該事業場の労働者の過半数で組織する労働組合がある場合は、その労働組合」、そのような労働組合がないときは「労働者の過半数を代表する者」と決められているので、これ以外の者と協定しても有効ではありません。

なお、ここでいう控除とは、労働者が権利として受領できる賃金債権のなかから差し引く行為のことであり、労働者の自己都合による欠勤、遅刻、早退があった場合に労働の提供がなかった限度で賃金を支払わない旨の定めがあるときは、その部分について賃金債権が発生しないので、ここで禁止されている賃金控除には該当しません。また、ストライキ期間中の賃金については、もともと不就労となった部分には賃金債権が発生していないので、賃金控除協定の有無にかかわらず、その限度でこれを減額できます。

(4) 毎月払いの原則と一定期日払いの原則

第四、第五の原則は、賃金は毎月1回以上、一定の期日を定めて支払うというものです。例えば、「賃金は、毎月25日に支払う」というように、月1回以上、一定の期日を特定して支払うことが必要とされます。

この両原則については、先の通貨、直接、全額の3原則と異なり、賃金のすべてについて適用することはできないので、次にあげる賃金には適用しないこととされています（労基法施行規則8条）。

① 臨時に支払われる賃金、賞与
② 1か月を超える期間の出勤成績によって支給される精勤手当
③ 1か月を超える一定期間の継続勤務に対して支給される勤続手当
④ 1か月を超える期間にわたる事由によって算定される奨励加給または能率手当

2　賃金の口座振込み等による支払い

賃金の口座振込みによる支払いとは、賃金を銀行その他の金融機関に設けられている預金または貯金の口座への振込みの方法によって支払うことをいいます。

賃金の口座振込みによる支払いについては、使用者は、労働者の同意を得た場合には、当該労働者が指定する銀行その他の金融機関に対する当該労働者の預金口座への振込みによることができるほか、当該労働者が指定する証券会社に対する当該労働者の一定の要件を満たした預り金への払込みによることができることとなっています（労基法施行規則7条の2）。

ただし、銀行等の預金口座へ振り込まれ、または証券会社の預り金へ払い込まれた賃金の全額が、所定の賃金支払日に払い出し得る状況にあることが必要です。

さらに、賃金の銀行等の口座への振込みまたは証券会社の預り金への払込み（以下、「口座振込み等」といいます。）による支払いを行う場合には、トラブルを防止し、支払いが円滑に行われるように、使用者は、次の措置をとることが適切であるとされています（平10.9.10 基発530号、平13.2.2 基発54号、平19.9.30 基発0930001号）。

① 口座振込み等は、書面による個々の労働者の申出または同意により開始し、その書面には次に掲げる事項を記載すること。
　㋑ 口座振込み等を希望する賃金の範囲及びその金額
　㋺ 指定する金融機関店舗名並びに預金または貯金の種類及び口座番号、または指定する金融商品取引業者店舗名並びに証券総合口座の口座番号
　㋩ 開始希望時期
② 口座振込み等を行う事業場に労働者の過半数で組織する労働組合がある場合においてはその労働組合と、労働者の過半数で組織する労働組合がない場合においては労働者の過半数を代表する者と、次に掲げる事項を記載した書面による協定を締結すること。
　㋑ 口座振込み等の対象となる労働者の範囲
　㋺ 口座振込み等の対象となる賃金の範囲及びその金額
　㋩ 取扱金融機関及び取扱金融商品取引業者の範囲
　㋥ 口座振込み等の実施開始時期
③ 使用者は、口座振込み等の対象となっている個々の労働者に対し、所定の賃金支払日に、次に掲げる金額等を記載した賃金の支払いに関

する計算書を交付すること。
　　イ　基本給、手当その他賃金の種類ごとにその金額
　　ロ　源泉徴収税額、労働者が負担すべき社会保険料額等賃金から控除した金額がある場合には、事項ごとにその金額
　　ハ　口座振込み等を行った金額
④　口座振込み等がされた賃金は、所定の賃金支払日の午前10時頃までに払出しまたは払戻しが可能となっていること。
⑤　取扱金融機関及び取扱金融商品取引業者は、金融機関または金融商品取引業者の所在状況等からして一行、一社に限定せず複数とする等労働者の便宜に十分配慮して定めること。
⑥　使用者は、証券総合口座への賃金払込みを行おうとする場合には、当該証券総合口座への賃金払込みを求める労働者、または証券総合口座を取り扱う金融商品取引業者から信託約款及び投資約款の写しを得て、当該金融商品取引業者の口座が「ＭＲＦ」（マネー・リザーブ・ファンド）により運用される証券総合口座であることを確認のうえ、払込みを行うものとすること。
　　また、使用者が労働者等から得た当該信託約款及び投資約款の写しについては、当該払込みの継続する期間中保管すること。

3　賃金計算上の端数処理

　賃金計算の過程で端数が生じるのは、いかんともし難い問題です。この端数処理は、全額払いの原則と賃金計算及び支払事務の簡便化のかねあいの面で、実務上重要な問題となります。
　賃金の端数の取扱いについては、次のような行政解釈があります（昭63.3.14 基発150号）。
①　割増賃金計算における、１時間当たり賃金額及び１時間当たり割増賃金額に円未満の端数が生じた場合、50銭未満の端数は切り捨て、50銭以上１円未満の端数は１円に切り上げて処理すること。
②　１か月間における時間外労働等の合計時間につき30分を境に切捨て、

または切上げを行って1時間単位とし、これによって計算した当月分の割増賃金の合計金額を50銭を境に切捨て、または切上げを行って円単位で処理すること。
③　1か月の賃金支払額（賃金の一部を控除して支払う場合には、控除した残額）に100円未満の端数が生じた場合、50円未満の端数を切り捨て、50円以上の端数を100円に切り上げて支払うこと。
④　1か月の賃金支払額に1,000円未満の端数がある場合、その端数を翌月の賃金支払日に繰り越して支払うこと。
　なお、③、④の取扱いについては、就業規則（賃金規則）にその旨定めることが要請されています（前掲通達）。

3　ノーワーク・ノーペイの原則

1　一般的な考え方

　この原則は、いうまでもなく「労働なきところに賃金の支払いなし」という当然の事理を明らかにしたものです。
　労働契約は、自己の労働力を使用者に売る契約とみることができ、労働と賃金が対価の関係にあるといえます。
　したがって、欠勤、遅刻などによって労働量が減少した場合は、特段の定めがない限り、賃金額が減少することになるのです。このような考え方が、ノーワーク・ノーペイの原則といわれるものです。ところが、実際の労働関係では、家族手当とか、通勤手当のように、労務の提供と直接関連させずに賃金を支払うという定めがあったり、欠勤に対しても賃金を支払うという特段の定めがなされている場合があります。
　ノーワーク・ノーペイの原則といっても、このような特約の効力が否定

されるわけではありません。すなわち、ノーワーク・ノーペイの原則は、労働契約の本旨から導かれる一般原則であって、法律で直接規定された原則ではないので、当事者間の特約があれば、これが優先されることになります。したがって、遅刻、早退、欠勤があった場合に賃金減額ができるかどうかは、労働契約の内容によって決まるのであり、就業規則中に、これらの場合にも賃金を減額しない旨の規定が設けられていれば、賃金減額はできないことになります。なお、争議行為等労働組合活動による賃金カットの場合には、このような特約は認められず、次の**2**のとおり原則に従い処理する必要があります。

2 ストライキの場合の賃金カットの取扱い

　平常時の賃金減額については、就業規則の規定内容に従って決定されますが、ストライキ期間中の賃金減額については、原則どおりに処理しなければなりません。その理由は、争議行為その他の労働組合活動に対して使用者が経費の援助をすることは、不当労働行為として禁止されているため、このような特約が認められないのです。

　この点については、次の行政解釈があります。

　「労働者が争議行為に参加して労務の提供をなさなかったときは、労務の提供のなかった限りにおいて賃金を差し引かずに、これを支給するときは、労組法第7条第3号の『労働組合の運営のための経費の支払につき経理上の援助を与えること』に該当し、不当労働行為となるものと解する。

　争議行為に参加した組合員は、使用者に対してその限りにおいて労務提供をなさないのであるから、使用者は、本来の労務提供の対価たるべき賃金を支払う義務はないのみならず、争議行為は、労働組合の目的達成のための活動であるから、労働者がその争議行為に参加した場合に、使用者がその労働者に対して賃金又はこれに相当する経費を支払うことは、ひいては労働組合活動に対する経費援助になるから不当労働行為であると解する」（昭27.8.29 労収3548号）。

3 遅刻、早退3回で1日分の賃金を減額する取扱い

　遅刻や早退によって、一部労働しなかった場合に、その不就労時間に応じて賃金を減額できることは、すでに説明したとおりですが、その場合も就業規則等においてその計算方法を定めておく必要があり、かつ、その計算方法も合理性を欠くものであってはならないことになります。

　一方、遅刻、早退3回で1日分の賃金を減額するというような規定は、遅刻または早退による実不就労時間のいかんにかかわらず、回数によって1日分の賃金を減額するものですから、前記のノーワーク・ノーペイの原則を超えた賃金減額であるということになり、賃金の全額払いの原則に反し違法です。

　ただし、このような取扱いを減給の制裁として就業規則等に定め、労基法91条の規制の範囲内で行うのであれば認められることになります（昭63.3.14基発150号、婦発47号）。すなわち、同条は制裁としての減給額に制限を設け、減給制裁1事案について減給額の最高を「平均賃金の1日分の半額」とし、さらに1賃金支払期の総減給制裁事案の総額は、賃金総額の10分の1を超えてはならないとしていますので、この制限の範囲内にとどまるようにしなければなりません。

4 休業手当

1 休業手当の性格

　休業手当とは、「使用者の責に帰すべき事由による休業」をした場合に支払うべき手当で、その額は平均賃金の60％以上と規定されています（労基法26条）。賃金はいうまでもなく、労働の対価であり、労働がなければ

支払う必要はないわけですが、使用者の都合によって働く意思のある労働者の労務を受領できなかったときは、契約上使用者が負っている労務受領義務を履行しなかったことになるので、労働者は賃金を請求できる立場にあります。

このことは、民法536条２項に「債権者の責めに帰すべき事由によって債務を履行することができなくなったときは、債務者は、反対給付を受ける権利を失わない」と規定されていることからも明らかです。ただ、この民法の規定は、特約で排除することも可能ですし、また、実際に全額を入手するためには最終的には民事訴訟によらなければならないことになるので、労働者の保護に適さない面があります。そこで、少なくとも60％だけは、特約による排除を禁止し、刑罰をもって使用者に支払いを強制しようというのが、この休業手当の制度です。

2　使用者の帰責事由の限界

いかなる場合が「使用者の責に帰すべき事由による休業」に該当するかということですが、一般的には使用者の故意、過失による休業はもちろん、資材や資金難、その他の経営難による休業など、経営上当然予見し得る休業は、原則としてこれに該当し、天災事変その他経営者として最善の努力を尽くしてもいかんともなし得ない不可抗力的な休業のみが除外されると解されます。

行政解釈では、安衛法66条の規定に基づく健康診断の結果、私傷病のため医師の証明により労働者に休業ないし労働時間の短縮を命じたときは、労働の提供のなかった限度において賃金を支払わなくても差し支えない（昭23.10.21 基発1529号、昭63.3.14 基発150号）としています。

一方、親企業の経営障害により、その下請企業が、資材、資金の確保ができず休業した場合は、使用者の責による休業と解され、休業手当の支払いを要するものとされています（昭23.6.11 基収1998号）。

3　争議行為の場合

　使用者が争議行為として作業場閉鎖を行うことは、労働者に与えられた争議権に対抗して、使用者に認められた争議手段ですから、これが正当な範囲を超えない限り「使用者の責に帰すべき事由」には該当しない（昭23.6.17 基収1953号）と解されています。

　ところで、労働者の一部がストライキに入ったため、就労が不能になったほかの労働者は、休業手当を請求できるかという問題があります。この点について行政解釈は、労働組合のストライキによって当該労働組合員以外の労働者の一部が労働を提供し得なくなった場合にその程度に応じて労働者を休業させること（昭24.12.2 基収3281号）、ストライキ解決後に、操業を再開する場合において作業工程の性質上労働者を一斉に就業させられないため、やむを得ない限度で一部の労働者を休業させること（昭28.10.13 基収3427号）について、それぞれ休業手当の支払義務がないことを明らかにしています。

　最高裁の判例においても、同一の組合に所属する労働者が、一部門の争議行為の結果、休業のするのやむなきに至った場合において、当該休業について、争議行為は労働者の権利の行使であり使用者が介入することはできず、団体交渉にいかなる回答を与えるかは使用者の自由であるからその結果としてストライキに突入しても使用者の責に帰すべきものではないとしたものがあります（昭62.7.17 最高裁第二小法廷判決、ノースウエスト航空事件）。

5 割増賃金

1 割増賃金の計算方式

　割増賃金は、時間外労働、休日労働、深夜労働を行わせた場合に支払義務が課せられており、その金額は、時間外及び深夜労働については、通常の賃金の25％増し以上の額、休日労働については、通常の賃金の35％増し以上の額とされています。この計算の基本を式で表してみますと、次のようになります。

$$\text{時間外労働（休日労働）割増賃金額} = \frac{\text{基礎賃金（通常の賃金）}}{\text{所定労働時間}} \times 1.25\,(1.35) \times \text{時間外労働（休日労働）実施時間数}$$

　実務的には、労働者個々の時間当たりの通常の賃金をあらかじめ算定しておき、この時間当たりの賃金額に時間外労働の場合は1.25倍、所定労働時間が深夜に行われた場合は0.25倍、休日労働の場合は1.35倍、時間外労働が深夜に及んだ場合は1.5倍、休日労働が深夜に及んだ場合は1.6倍した額に、それぞれの実施時間数を乗じて求めることになります。
　なお、後述のとおり、この割増率は、平成22年4月施行の改正法によって大幅に改正されたので留意が必要です。

2 割増賃金の基礎とすべき賃金の範囲

　割増賃金の算定基礎となる「通常の賃金」の範囲は、一般的には基本給と法律上除外してもよいと定められた賃金を除く各種手当です。法律上除外することが認められている賃金とは、次の7種類です（労基法37条5項、労基法施行規則21条）。
　①　家族手当

② 通勤手当
③ 別居手当
④ 子女教育手当
⑤ 住宅手当
⑥ 臨時に支払われた賃金
⑦ 1か月を超える期間ごとに支払われる賃金

なお、このうち家族手当、通勤手当などの手当については、その名称にかかわらず実質によって判定することとされており、例えば、家族手当と称していても扶養家族数に関係なく一律に支給される手当は、ここでいう家族手当には該当しないこととなります。

3 割増賃金の時間当たり単価の算出方法

次に、時間当たりの賃金額の求め方について考えてみましょう。

まず、労働者の賃金が時間給、日給のみで定められている場合は、その算定に当たり特段の難しさはありません。時間給の場合は、その金額がそのまま時間当たりの賃金額になり、日給の場合は、1日の所定労働時間で除した金額が、時間当たりの賃金額になります。

月給の場合も日給と同様の考え方に立って、月給額を1か月の所定労働時間で除すことになりますが、月により所定労働時間が異なる場合が多いので、その結果月ごとに時間当たりの賃金額が異なることとなり、実務的にはきわめて煩雑な事態が生じてしまいます。このため労基法施行規則19条では、年間の所定労働時間数を12で除した1か月の平均所定労働時間数で算定することを認めています。

各時間当たりの算式を示すと以下のとおりです。

①月給の場合

$$\frac{基本給＋諸手当（家族手当、通勤手当等は除く）}{1か月の平均所定労働時間数}$$

②日給と月額手当等が併給されている場合

$$\frac{日給}{1日の労働時間} + \frac{月額で支払われる手当（家族手当、通勤手当等は除く）}{1か月の平均所定労働時間数}$$

　出来高給の場合は、所定労働時間ではなく、その出来高給を稼得するに要した実労働時間数（時間外、休日労働時間数も含む）で算定します。

　その算式は、次のとおりです。

$$\frac{当該賃金締切期間に支払われた出来高給の総額}{分子の出来高給を稼得するために労働した総時間数}$$

　なお、出来高給の場合には時間外・休日労働にも時間当たり賃金が支給されていることになるので、0.25倍または0.35倍した賃金額を支払えば足りることとなります。

4　改正法による割増率の引上げ

　従来、時間外労働に対する法定割増賃金率は、時間外労働時間数にかかわらず、25％以上とされてきました。平成22年4月1日施行の改正労基法では、月45時間を超えて60時間以内の時間外労働に対して25％を超える率とするよう努めるものとし、時間外労働が1か月について60時間を超えた場合には、60時間を超えた時間外労働に対する割増賃金率を引き上げ、通常の労働時間の賃金額の50％以上を割増賃金として支払わなければならないとされました（労基法37条1項ただし書）。1か月60時間を超える時間外労働があった場合であって、その時間のなかに深夜時間帯（午後10時から午前5時）の時間があったときには、さらに深夜割増賃金（25％以上）を上乗せした割増賃金を支払わなければなりません。ただし、この割増率の引上げに関する規定は、一定規模以下の中小事業主については当分の間、適用が猶予されています（同法附則138条）。

【図表】時間外労働の割増賃金率

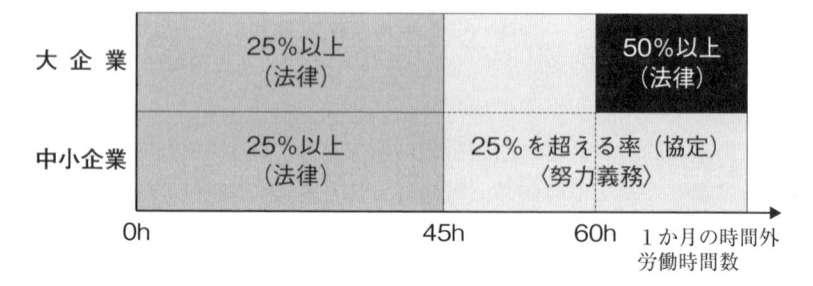

	0h ～ 45h	45h ～ 60h	60h ～
大企業	25%以上（法律）	25%以上（法律）	50%以上（法律）
中小企業	25%以上（法律）	25%を超える率（協定）〈努力義務〉	25%を超える率（協定）〈努力義務〉

（1か月の時間外労働時間数）

【図表】月60時間超の時間外労働が深夜業と重なる場合

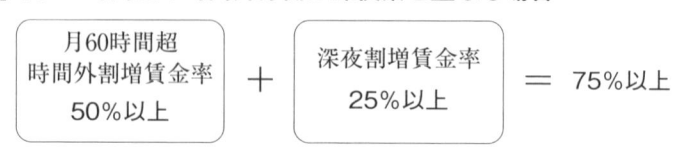

月60時間超 時間外割増賃金率 50%以上 ＋ 深夜割増賃金率 25%以上 ＝ 75%以上

5　代替休暇制度の導入

　月60時間を超える時間外労働について、改正法では、労働者の健康を確保するという観点から、労使の選択により、加重された割増賃金に相当する時間数を休暇に代えることを認めました。すなわち、事業場の労使で協定することにより、1か月の時間外労働が60時間を超えた場合に、法定割増賃金率の法改正による引上げ分（25%から50%に引き上げた差の25%分）の支払いに代えて、有給の休暇を与えることができるとされました（37条3項。平21.5.29 基発0529001号）。なお、中小事業主については、当分の間、法定割増賃金率の引上げは適用しないとされたことに伴い、この代替休暇も中小事業主には適用が猶予されました。

　代替休暇に関する労使協定は、1か月について60時間を超えて時間外労働をさせた場合に引上げ分の割増賃金の支払いに代えて、通常の労働時間の給与を支払う有給の休暇を付与することをもって補償を行うことができるとするものであり、この協定によって、労働者に代替休暇の取得を義務づけるものではありません。代替休暇を取得するか否かは労働者の意思に

よって選択することができるものです。

代替休暇は年次有給休暇とは異なることは、37条3項に「(第39条の規定による有給休暇を除く。)」とあるところから明らかです。

【図表】代替休暇のイメージ（1か月の時間外労働が80時間のケース）

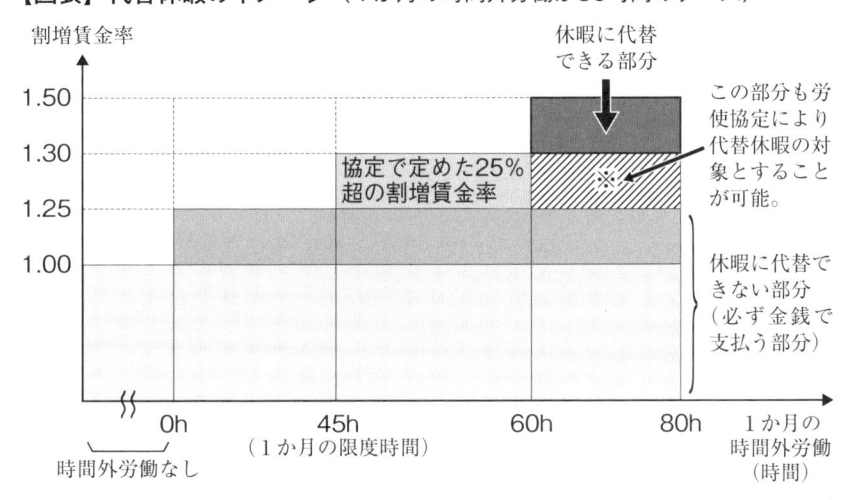

割増賃金率

- 1.50
- 1.30
- 1.25
- 1.00

休暇に代替できる部分

協定で定めた25%超の割増賃金率

この部分も労使協定により代替休暇の対象とすることが可能。

休暇に代替できない部分（必ず金銭で支払う部分）

0h　45h　60h　80h　1か月の時間外労働（時間）
時間外労働なし　(1か月の限度時間)

6 中小企業に対する適用猶予

改正法は、中小企業について、法定割増賃金率の引上げと代替休暇制度の適用を「当分の間」猶予しましたが、適用を除外するものではありません。具体的な猶予期間は明らかにされていませんが、改正法附則3条1項では、施行後3年を経過した後に、割増賃金率の引上げ等に関する規定の施行状況、時間外労働の動向等を勘案して検討し、必要な措置を講ずることとされています。

なお、中小事業主に該当するか否かは、中小企業基本法2条1項の定義に従ったものです。

具体的には、次の①または②に該当する中小事業主について適用が猶予され、①または②に該当するか否かは、事業場単位ではなく企業単位で判断します。

① 資本金の額または出資の総額
　　小売業　　　　5,000万円以下
　　サービス業　　5,000万円以下
　　卸売業　　　　1億円以下
　　上記以外　　　3億円以下
② 常時使用する労働者数
　　小売業　　　　　　50人以下
　　サービス業　　　 100人以下
　　卸売業　　　　　 100人以下
　　上記以外　　　　 300人以下

　中小企業事業主に該当するか否かの判断に関して、施行通達では次のとおり示しています。
　上記①の「資本金の額または出資金の総額」については、法人登記、定款等の記載によって判断されること。個人事業主、公立病院など資本金や出資金の概念がない場合に労働者数のみで判断すること。②の「常時使用する労働者数」については、当該事業主の通常の状況によって判断されること。労働契約関係の有無によって判断されるものであること。例えば、在籍出向者は出向元と出向先の両方の労働者数に算入されるものであり、移籍出向者は出向先との間に労働契約関係があるため出向先の労働者数に算入されること。また、派遣労働者は派遣元の労働者数に算入されることなどが説明されています。

賃金Q&A

賃金の範囲はどこまでか

Q 賃金の取扱いについては、法律によって若干の相違があるようですが、労基法上はどのように考えられていますか。

A 名称のいかんを問わず労働者に支払われるもの

　労基法11条は、賃金について、①名称のいかんを問わないこと、②労働の対償であること、③使用者が労働者に支払うものであることの3条件を掲げています。

　まず、賃金は名称のいかんを問わないものであることから、家族手当、物価手当といった生計補助費的なものはもとより、賞与、退職金などもほかの2条件を満足する限り、賃金として扱われます。

　次に、「労働の対償であること」というのは、労働関係が、労働者の労働の提供に対し、使用者の報酬の支払いをもって成り立つ双務契約関係にあることを端的に示したものといえます。

　この場合、労働の対償性については、具体的な労働の提供に直接対応するものに限定されず、例えば、前述の生計補助費的なもの、通勤手当といった労働の提供をよりよくなさしめるためのもの、あるいは、具体的に労働の提供のない場合であっても、法によって賃金の支払いが義務づけられる休業手当（労基法26条）、年次有給休暇手当（同法39条）のようなもの、さらには、労働協約、就業規則、労働契約上賃金として支払うことが約定されているものは、労働の対償性が認められるものとして扱われます。

　なお、使用者の任意的、恩恵的意思に基づき支払われるもの、労働者に代わって使用者が支払う生命保険料等のように福利厚生費とみられるもの、旅費のように実費弁償を目的とするものは、いずれも労働の対償性を欠くことから、賃金とはみなされません。

第三の「使用者が労働者に支払うものであること」という条件から、当然のことながら、次のような場合には、賃金とはみなされません。

　例えば、使用者が掛金を負担し、労働者の退職時に退職金または年金が支払われる退職金共済制度や厚生年金基金制度等は、これら退職金や年金が使用者を通じて支払われるものでないことから、賃金ではないとされています。

　また、旅館のルーム係やタクシー運転者等が客から直接受け取るチップは、この趣旨から賃金とはみなさないのが原則です。しかし、ホテル、旅館などにおいて、サービス料として一定額を客からホテル、旅館などが徴収し、後日、担当の労働者に配分されるものは、もはや前述のチップとは異なり、賃金であると解されます。

不況対策として管理職の賃金カットはできるか

Q 当社でも不況の影響を受けて、一次帰休、新規学卒者の採用中止、希望退職者の募集などの対策をとってきましたが、合理化対策の一環として新たに賃金カットを実施したい考えです。対象は課長以上の管理職で、カットの幅は給与総額の10％です。一応、給与規定の改正を経て実施するつもりですが、法的に問題になる点はありますか。

A **本人との合意がなければできない**

　不況下における合理化対策の一環として希望退職者募集、整理解雇などのほかに、役員報酬や管理職給与のカットが行われる例が多いようです。もちろん、人件費の節約が主眼ですが、幹部から率先して不況乗切りに当たり、部下に範を示すという精神面のメリットをもねらっていることも見すごせません。

　しかし、管理職といっても実態は「労働者」ですから、考えてみるとこのような措置をとることは、かなり問題があるといえます。

　就業規則を不利益に変更する場合には、従業員にその内容、事情等を誠

心誠意説明し、納得を得る努力をしなければ、信義則に反して無効となります。

とくに大きな問題となるのは、賃金の10％カットは労働条件の不利益変更になるという点です。貴社の場合、これを就業規則（給与規定）を変更して行うとするわけですから、結局、就業規則を不利益に変更することが許されるかどうかという問題になります。

就業規則の不利益変更について、最高裁は秋北バス事件（昭43.12.25最高裁大法廷判決）で、就業規則の規範的な効力を判示したのに次いで、「新たな就業規則の作成又は変更によって、既得の権利を奪い、労働者に不利な労働条件を一方的に課することは、原則として、許されないと解すべきであるが、労働条件の集合的処理、特にその統一的かつ画一的な決定を建前とする就業規則の性質からいって、当該規則条項が合理的なものである限り、個々の労働者において、これに同意しないことを理由として、その適用を拒否することは許されないと解すべきであ（る）」と判示しました。また、合理性の判断要素について、第四銀行事件判決（平9.2.28最高裁第二小法廷判決）で、合理性の有無を判断する要素として7項目をあげ、これらを総合的に勘案して判断するものとしています。さらに、どのような場合に就業規則の変更が合理的なものと判断されるのかを明らかにした最高裁判例である大曲市農業協同組合事件判決（昭63.2.16最高裁第三小法廷判決）は、「当該規則条項が合理的なものであるとは、当該就業規則の作成又は変更が、その必要性及び内容の両面からみて、それによって労働者が被ることになる不利益の程度を考慮しても、なお当該労使関係における当該条項の法的規範性を是認できるだけの合理性を有するものであることをいうと解される。特に、賃金、退職金など労働者にとって重要な権利、労働条件に関し実質的な不利益を及ぼす就業規則の作成又は変更については、当該条項が、そのような不利益を労働者に法的に受忍させることを許容できるだけの高度の必要性に基づいた合理的な内容のものである場合において、その効力を生じるものというべきである」と判示しました。

詳細は、第3章の「2 就業規則の法的性格」（89頁）で説明していますので参考にしてください。

賃金控除協定の手続はどうしたらよいか

Q 労基法24条の賃金控除協定で、賃金控除が認められる項目、協定書の書式などについてご教示ください。また、法令による場合などはこの協定なしに控除できるとありますが、協定の必要がない控除項目とは具体的にどのような事項ですか。

A 労働者の代表と書面による協定を

　労基法24条は、いわゆる賃金の支払いの5原則を示した規定です。その5原則の一つである全額払いの例外として「当該事業場の労働者の過半数で組織する労働組合があるときはその労働組合、労働者の過半数で組織する労働組合がないときは労働者の過半数を代表する者との書面による協定がある場合」に、賃金の一部を控除して支払うことが認められます。

　この賃金控除協定は、時間外労働などを行わせるに当たって必要ないわゆる三六協定と同様、いわば法の定める原則につき、労働者の団体意思による承認を条件として、例外を設けようとするものです。なお、賃金控除協定は三六協定と異なり、労基署への届出の必要はありませんが、協定は企業単位でなく各事業場ごとに締結して、書面にしておかなければなりません。また、この協定書の様式は任意ですが、少なくとも、①控除の対象となる具体的項目、②各項目別に定める控除を行う賃金支払日、を記載しておく必要があります。

　協定により控除が認められるものとしては、「購買代金、社宅、寮その他の福利、厚生施設の費用、社内預金、組合費等、事理明白なもの」（昭27.9.20 基発675号）があげられます。

　控除協定なしに賃金から控除等が認められる項目は次のとおりです。
① 法令で定められているもの＝源泉徴収による給与所得税、住民税、健康保険、厚生年金保険料、雇用保険料、日雇労働者健康保険料等
② 遅刻、早退、欠勤またはストライキなどで就労しなかった時間または日の賃金を差し引く場合

③　所定賃金支払日前に前払いをした額を精算する場合
④　一定の条件のもとで過払賃金を精算する場合
⑤　就業規則に基づき労基法91条の範囲内で減給の制裁をする場合

不就業の場合の賃金カットはどのようにすればよいか

Q 当社では、全員月給制ですが、先般労働組合と話合いがまとまり、月給は据え置きのまま、土曜日半日制（午前中4時間）として労働時間を4時間短縮することになりました。この場合、組合業務等のための土曜日の不就業についての賃金カットは、どのようにしたらよいのでしょうか。

A **不就業となる時間分だけをカット**

　不就業に対する賃金カットの方法については、提供のなかった労働に対する賃金を差し引くのが原則であるといえます。それで、貴社の場合、土曜日（4時間）の労働に対応する賃金が、いったいいくらと定められているのかということが問題となります。

　月給制で、賃金月額に変更なく土曜日の労働時間を4時間短縮したことになっていますが、その場合に労働協約等により、土曜日の賃金について、所定労働時間が他の日より少ないにもかかわらず他の労働日と同額であるとか、または、土曜日の分の賃金がいくらとはっきり定められている場合のほかは、月給制であっても、その賃金は月における所定労働時間に対応するものと考えられます。つまり、土曜日（4時間）の賃金は、月給額を月における所定労働時間数（月によって所定労働時間数が異なる場合には1年間における1か月平均所定労働時間数）で除して得た1時間当たり賃金額の4時間分ということになります。

　したがって、土曜日の不就業についてはその4時間分の賃金を差し引くのが妥当といえるでしょう。

ストライキの場合、月決めの諸手当もカットできるか

Q ストライキに対する賃金カットの算出方法について、おたずねします。例えば住宅手当、地域手当などの諸手当も基本給と同様にストライキ時間に応じてカットできるのでしょうか。

A 労使で協定を

　まず、行政解釈は、就業時間中の組合活動に対し、「日給者、月給者を問わず労働者が労働時間中に組合活動をしたとき、使用者がその時間中の家族給、地域給等の賃金を支給するときは、労働組合法7条3号ただし書に該当する場合を除いて、不当労働行為が成立する」（昭24.9.1 労収6884号）と判断しています。組合活動に要した時間分として不支給となる賃金は、当該時間に対応するすべての賃金が不支給の対象となり、当該家族給、地域給もカットすることができるという見解をとっています。

　また、労基法上も、「一般の賃金と同じく家族手当についても、その支給条件の如何にかかわらず争議行為の結果契約の本旨に従った労働の提供のなかった限度において支払わなくても法第24条の違反とはならない」（昭24.8.18 基発898号）と解されています。

　賃金カットの範囲及びその有効性を争った判例としては、明治生命保険事件（昭40.2.5 最高裁第二小法廷判決）が有名です。

　これは、会社が労働組合の行った2日間のストライキに対し、給料、勤務手当、地区主任手当、功労加俸、出勤手当、交通費補助の各項目の25分の2をカットした事件ですが、判決では、「……ストライキによって削減し得る意義における固定給とは、労働協約等に別段の定めがある場合等のほかは、拘束された勤務時間に応じて支払われる賃金としての性格を有するものであることを必要とし、単に支給金額が相当期間固定しているというだけでは足らず、また、もとより勤務した時間の長短にかかわらず完成された仕事の量に比例して支払われるべきものであってはならないと解するのが相当である」として、外務職員の給与のうち、「勤務手当および交

通費補助は、労働の対価として支給されるものではなくして、職員に対する生活補助費の性質を有することが明らかであるから、これらの項目の給与は、職員が勤務に服さなかったからといってその割合に応ずる金額を当然には削減し得るものではない」としています。

しかし、同じ最高裁の判例では、従前から慣行としてストライキに際し、家族手当をカットした事案で、「ストライキ期間中の賃金削減の対象となる部分の存否及びその部分と賃金削減の対象とならない部分の区別は、当該労働協約等の定め又は労働慣行の趣旨に照らし個別的に判断するのを相当とし、上告会社の長崎造船所においては、昭和44年11月以降も本件家族手当の削減が労働慣行として成立していると判断できることは前述したとおりであるから、いわゆる抽象的一般的賃金二分論を前提とする被上告人らの主張は、その前提を欠き、失当である」として、当該賃金カットを正当であるとしています（昭56.9.18最高裁第二小法廷判決、三菱重工長崎造船所事件）。

いずれにしても、実際上の取扱いとしては、少なくともあらかじめ労使間でカットの方法につき、明確な取決めを行い、これによるべきと考えられます。

妻子に賃金を支払ってもかまわないか

Q 労働者が入院していて、所定の賃金支払日に賃金を受け取りにくることができないとき、代わりに受け取りにきた労働者の妻子にこれを渡すことは、労基法違反になりませんか。

賃金は、同法により直接本人に支払うこととされているので、このような処置も違法とされることになるのですか。

A **使者であれば支払ってよい**

労基法24条では、賃金は直接労働者に支払わなければならないと定めています。これは、職業仲介人などが賃金を受領して、そのピンハネをする

ことができないようにするためのものです。したがって、労働者が第三者に賃金受領の代理権を与える委任は無効とされ、また、使用者が代理人に賃金を支払うことは禁止されています。

しかしながら、労働者本人以外の者に対しては一切賃金を支払ってはならないとすれば、労働者が入院中とか長期出張中などの場合、不都合が生ずることとなります。そこで実際上の処理としては、妻や子は労働者の代理人ではなく使者であり、いわば本人の手足の延長とみて、これに対して支払うことは差し支えないこととしています。

しかし、たとえ妻であっても、別居し、離婚と同様の状態にある場合のように、本人の使者とは認められない者に支払えば、その支払いは弁済として有効とはいえず、したがって、労働者本人の手に渡らなかった限度で二重支払いをしなければならないことになります。

妹の結婚費用は非常時払いの対象か

Q 当社の労働者から本人の妹が結婚するので、その費用の一部に充てるため、賃金の前借りの申出があり、これを認めましたが、労基法上の非常時払いに該当するか説明してください。

A **生計維持関係あれば対象に**

使用者が賃金を支払うべき日は、労基法24条で規定されている一定期日というのが原則です。ただ、例外的に、賃金を唯一の生活原資とする労働者救済という意味で、緊急の際の賃金支払いを25条で規定しています。もっとも、この場合であっても民法624条が定める「労働者は、その約した労働を終わった後でなければ、報酬を請求することができない」とする賃金後払いの原則がある以上、既往の労働に対する賃金についてだけなのは当然といえます。

「非常時」というのは、労基法25条では、「労働者が出産、疾病、災害その他厚生労働省令で定める非常の場合……」とされています。そして、同

条を受けて、労基法施行規則9条では次の三つの場合を、非常時としています。
① 労働者の収入によって生計を維持する者が出産し、疾病にかかり、または災害を受けた場合
② 労働者またはその収入によって生計を維持する者が結婚し、または死亡した場合
③ 労働者またはその収入によって生計を維持する者がやむを得ない事由により1週間以上にわたって帰郷する場合

ご質問の場合の申出は、②の事由に該当するものと考えられますが、厳密にいえば、本人との生計維持関係があるかどうかで、労基法25条が適用されるか否かが決まるわけです。

残業手当を一律に決める場合の注意点は

Q 時間外労働手当を一律に支給する定額払いを実施したいと考えていますが、その際、法的にみて注意しなければならない点は何でしょうか。

A **当然支払われるべき手当額を下回らないこと**

時間外、休日及び深夜の割増賃金の支払いを規定した労基法37条では、時間外労働手当は通常の労働時間の賃金の25％以上（大企業では、時間外労働が月60時間を超えた場合は、その超えた部分について50％以上）の率で計算した割増賃金を支払わなければならないと決められています。これを定額払いにしようとする場合、①定額分を超える実績に対しては、不足額を支払うこと、②時間数で一律に定める場合、これを超える実績に対して、不足額を支払うこと、が必要です。

つまり、定額払いを実施する場合には、時間外労働をした者のなかで、1人でも37条により当然支払われるべき手当額を下回っていれば違法となるので、定額の定め方、定額を超える者はいないか、などに注意しなければなりません。

昼食代の支給は割増賃金の算定基礎に入るか

Q 労働組合との協定によって、出勤した者に対して昼食代として〇〇〇円支給することを定めたとき、賃金として割増賃金の算定基礎に含めるべきですか。また、昼食を〇〇〇円相当の現物で与えたときは、恩恵的なものとして割増賃金の算定基礎に含めなくてもよいのでしょうか。

A 　**現物支給の場合も含める**

　まず、昼食代〇〇〇円を現金で支給した場合は、労働協約や就業規則等の定めがあるなしにかかわらず、「通常の労働時間または労働日の賃金」であるので割増賃金の算定基礎に含めなければなりません。次に、食事を現物で与えたときはどうかを検討してみますと、労基法24条では、労働協約に定めをした場合は賃金を現物で支払うことができるとしています。

　この点に関して、行政解釈は次のような取扱いを示しています。

　「食事の供与（労働者が使用者の定める施設に住み込み、1日に2食以上支給を受けるような特殊な場合のものを除く）は、その支給のための代金を徴収すると否とを問わず、次の各号の条件を満たす限り、原則として、これを賃金として取扱わず福利厚生として取扱うこと。

① 　食事の供与のために賃金の減額を伴わないこと。

② 　食事の供与が就業規則、労働協約等に定められ、明確な労働条件の内容となっている場合でないこと。

③ 　食事の供与による利益の客観的評価額が、社会通念上、僅少なものと認められるものであること。」（昭30. 10. 10 基発644号）

　ご質問の食事支給は、労働組合との協定のうえで行われるものと認められることから、明確な労働条件の内容とみるべきと考えられます。したがって、賃金とみることになり、割増賃金の算定基礎に含めるものと解されます。なお、残業者に対して食事代を支払う場合については、労基法37条によって、割増賃金算定の基礎となるものは「通常の労働時間又は労働日の

賃金」とされているので、所定の労働時間を過ぎた時間に対して支払われる賃金については算定基礎から除外してもよいことになります。

荒天作業手当は割増賃金の算定基礎に入るか

Q 工場施設の補修に従事する者に対し、屋外の作業で荒天の場合には臨時に、日給の20％程度の荒天作業手当をその日の屋外作業時間数には関係なく支給しています。

このような手当の性格から、荒天の多い月には10日くらいの手当がつくし、まったくつかない月もあります。荒天に該当するかどうかは、その都度、労使で話し合って決めています。この手当は「臨時に支払われる賃金」と解し、割増賃金の基礎に算入しなくてもよいと考えてよいでしょうか。

A 手当が支給される日の残業等では基礎賃金に含める

労基法37条は、32条の労働時間を超え、または35条の休日に労働させた場合、並びに午後10時から午前5時の深夜に労働させた場合には、通常の労働時間または労働日の賃金の計算額の25％（原則。休日労働は35％）以上の率で計算した割増賃金を支払うよう定めています。

割増賃金は、「通常の労働時間または労働日の賃金」を基礎賃金として計算するものですが、割増賃金の基礎に算入しない賃金としては、労基法37条5項で規定される①家族手当、②通勤手当のほか、労基法施行規則21条が定める③別居手当、④子女教育手当、⑤住宅手当、⑥臨時に支払われた賃金、⑦1か月を超える期間ごとに支払われる賃金とされ、これらの除外賃金については、制限的列挙とされるため、①から⑦に掲げる賃金以外の賃金で「通常の労働時間または労働日の賃金」とされるものは、すべて割増賃金の基礎に含めなければなりません。

さて、荒天作業手当が「臨時に支払われた賃金」とされるか、あるいは通常の労働時間または労働日の賃金に該当しないものかを考えてみましょう。

まず、臨時に支払われた賃金とは、通常、慶弔見舞金などのように、支給条件はあらかじめ確定的であっても、支給事由の発生が不確定であり、かつ、非常にまれに発生するもの、あるいは臨時的、突発的事由に基づいて支払われるものと解されます。

次に、通常の労働時間または労働日の賃金でないとするには、年次有給休暇手当、休業手当のように「労働日」でない日の賃金、残業手当、宿日直手当あるいは残業時に支給される食事手当のように、所定外の労働に対して支給される賃金のいずれかに該当しなければならないと考えられます。とすると、ご質問の荒天作業手当は、まったく支給実績のない月があるにしても荒天の日である限り毎日確実に支給されるものであり、臨時に支払われた賃金とはいえず、また、この手当が支給されるときは、通常の労働時間の賃金として支払われるものですから、割増賃金の基礎に含めなければならない賃金です。

もっとも、この場合の割増賃金は、荒天作業手当の支給対象となる当日の作業が時間外や深夜に行われたり、休日に行われるときに限られ、荒天作業手当の支給されない日における時間外労働等に対しては、割増賃金の基礎に含める必要はないといえます。

生産奨励手当は割増賃金の算定基礎に入れるか

Q 当社では、労働者のモラール向上対策の一つとして、生産奨励手当の支給を決定しました。この手当は、毎月一定のノルマを定め、それ以上の生産量を実績としてあげた場合に、その超過した生産量に応じて支給する仕組みになっています。

このような生産奨励手当は、割増賃金の算定基礎に含めるべきですか。また、含めるとすると、どんな計算方法をとればよいでしょうか。

A **算定基礎に入れる**

生産奨励手当といった手当も、会社によってその内容・支給方法は各社

各様です。一般的には一定期間における全生産金額が、ある標準金額を超えた場合に、一定の計算方法で、労働者各人に支給される制度です。したがって、一種の賞与的性格を帯びていることから、もしこれを割増賃金の基礎に算入するとなると、計算事務が煩雑になるため、いろいろと疑義が生じるようです。

しかし、ご質問の生産奨励手当は「通常の労働時間または通常の労働日」の労働に対する賃金であり、労基法37条により、割増賃金算定の基礎に算入しなくてもよいとされている7種類の賃金のいずれにも該当しないので、当然に割増賃金計算の基礎賃金としなければなりません。

なお、ご質問の「生産奨励手当」は一種の出来高給と考えられるので、割増賃金の計算及び支払いに当たっては、各人の生産奨励手当額をその労働者の1か月総労働時間で除した値に、0.25（0.35）を乗じ、これに実際に行った時間外及び休日労働時間数を乗じて算出した額を支払うこととなります。

不払いの割増賃金は何年分遡及請求できるか

Q 時間外勤務手当は、何年前まで遡及して支払請求ができますか。

A **2年前に遡って請求できる**

ご質問の点について、労基法115条は「この法律の規定による賃金（退職手当を除く。）災害補償その他の請求権は2年間、……行わない場合においては、時効によって消滅する」と規定しています。これを逆にみれば、本来支払うべき賃金（割増賃金等）について、使用者は2年の消滅時効にかからない限り、労基法上の支払義務があるということになります。

自発的な残業にも割増賃金を支払うのか

Q 労働者の自発的な行為によって1日に1時間ないし2時間くらいの時間外労働を行うことがときどきありますが、このような場合でも、割増賃金を支払わなければならないのでしょうか。

A 黙示の指示と認められる

　労働者が、使用者の明白な超過勤務の指示がないのに、自発的に就業時間外や休日に労働を行っている場合であっても、使用者（実際には当該労働者を指揮監督する権限を有する直接の上司等）が、その自発的残業を知っておりながらこれを中止させず放置していた場合には、使用者がその自発的残業を容認したことになります。また、その自発的残業の成果を企業が受け入れることになるので、使用者の指揮監督下における労働と同様に労働時間になります。したがって、このような自発的残業を会社が労働時間として認めたくなければ、直ちにその残業を中止させるべきでしょう。

　また、使用者が労働者の自発的残業の事実を知らなかった場合でも、「使用者の具体的に指示した仕事が、客観的にみて正規の勤務時間内ではなされ得ないと認められる場合の如く、超過勤務の黙示の指示によって法定労働時間を超えて勤務した場合には、時間外労働とな」り、使用者は労基法37条に規定する割増賃金を支払わなければならないとされています（昭25.9.14 基収2983号）。

第8章

懲戒処分

1 懲戒権の根拠と限界

1 懲戒権の根拠

　労働者に対する懲戒権を考えた場合、企業は経営秩序を維持し、企業目的を達成するために一般には実務上なんら疑いをはさむことなく懲戒処分を実施していますが、懲戒権については、果たして何を根拠として認められるのか、その限界はどこにあるのか、といったそもそもの議論があります。

　懲戒は、職場秩序に従わない労働者に対して課する不利益処分であって、いわば企業内における秩序罰だということができます。

　これによって、業務命令や職場規律の確立が間接的に強制されるわけです。懲戒処分の種類には、一般に謹慎、訓戒、戒告のような事実上の非難から、減給、出勤停止、懲戒解雇に至る各種の不利益処分がありますが、これらの処分はその内容効果からみると、一般の契約関係ないし債権関係にはみられない特異なものといえます。

　債務不履行ないし不法行為に対して認められる民法上の対抗手段は、損害賠償と契約の解除ですが、これを根拠として懲戒処分を説明することは困難です。

　しかも、債権法上の対抗手段は、主として現実に発生した損害の填補を目的としたものであるのに対し、懲戒は企業秩序の維持を目的とするものです。懲戒処分がこのような特異なものであるだけに、懲戒権の根拠はどこにあるのかという疑義が生ずるわけです。

　ところが、その根拠に関する学説、判例の見解は分かれており、経営権の発動として当然できるとする見解、労働契約ないし就業規則で特約が定められた場合にのみ認められるとする見解、あるいは使用者が有する事実上の権利にすぎないという見解などがあります。確かに、近代的労働関係において、契約の当事者である使用者が他の契約当事者に対して固有の懲戒権をもち、一方的に懲戒できるとみることは問題のあるところです。

しかし、労働契約は、使用者の指揮命令のもとに労務を提供するという特質をもっているので、この特質の当然の効果として使用者に懲戒権が認められていると考えることができます。いい換えれば、労働契約上の権利として使用者に懲戒権があると解釈できるわけです。

　判例でも、労働者は労働契約に付随して企業秩序を遵守すべき義務を負うものとしたうえで、「使用者は、広く企業秩序を維持し、もって企業の円滑な運営を図るために、その雇用する労働者の企業秩序違反行為を理由として、当該労働者に対し、一種の制裁罰である懲戒を課することができる」と判示しています（昭58.9.8 最高裁第一小法廷判決、関西電力事件）。

2　懲戒権の限界

(1) 判例法理と労契法

　懲戒規定の制定から懲戒事実の存否の認定、懲戒処分の量定に至るまで、懲戒権の行使はほとんど使用者が一方的に決定している実情にあり、とかく労働者にとって苛酷なものとなりがちです。そこで、労基法の減給制裁の制限（91条）とは別個に、判例は独自に懲戒権の濫用を防止するための種々の法理を展開しています。

　判例では、懲戒権の行使が客観的に合理的な理由を欠き、社会通念上相当と認められない場合は、権利の濫用として無効となるものとされており、これが確立した判例法理として労契法15条に法文化されました。

参考判例

◆ ダイハツ工業事件（昭58.9.16 最高裁第二小法廷判決）

　デモに参加し、刑事犯の嫌疑で現行犯逮捕・勾留された後、会社の2回の出勤停止処分に従わなかった労働者に対して懲戒解雇した事案。

　「使用者の懲戒権の行使は、当該具体的事情の下において、それ

が客観的に合理的な理由を欠き社会通念上相当として是認することができない場合に初めて権利の濫用として無効になると解するのが相当である」。本件について、「X（労働者）の行為の性質、態様、結果及び情状並びにこれに対するY社の対応等に照らせば」会社が懲戒解雇に及んだことは、「客観的にみても合理的理由に基づくものというべきであり、本件懲戒解雇は社会通念上相当として是認することができ、懲戒権を濫用したものと判断することはできない」

(2) 懲戒処分に関する判例

①懲戒事由の解釈をめぐる基本的な考え方

懲戒事由は、就業規則に相当広範囲に記されているのが普通ですが、なかでも「会社の名誉信用を毀損する行為があったとき」とか、事業場外での「刑事事件に該当する行為があったとき」という懲戒事由がある場合に、事業場外での労働者の私生活上の行為もこれによって懲戒することが許されるかどうか問題があると思われます。このような場合に判例は、「懲戒事由の規定に従ってそのまま広く解釈すべきでなく、懲戒は企業秩序の維持を目的とするものであるから、客観的にみて企業秩序の維持ないし生産性の向上と相容れない行為のみに限って懲戒事由を適用すべきである」という見解をとっています。例えば、労働者の私生活において多少道徳的に非難させるべき行為があったとしても、これをもって直ちに会社の名誉、信用を害したとはいえない場合がありますが、かかる場合には懲戒処分は許されません。

最高裁は、他人の居宅に故なく侵入し、住居侵入罪として処罰された労働者を就業規則の「不正不義の行為を犯し、会社の体面を著しく汚した者」に該当するとして懲戒解雇した事例について「右賞罰規則の規定の趣旨とするところに照らして考えるに、問題となる被上告人の右行為は、会社の組織、業務等に関係のないいわば私生活の範囲内で行なわれたものであること、被上告人の受けた刑罰が罰金2,500円の程度に止まったこと、上告会社における被上告人の職務上の地位も蒸熱作業担当の工員ということで指導的なものでないことなど原判示の諸事情を勘案すれ

ば、被上告人の右行為が、上告会社の体面を著しく汚したとまで評価するのは、当たらないというのほかはない」と判示しています（昭45.7.28最高裁第三小法廷判決、横浜ゴム事件）。

②懲戒処分の程度・相当性

懲戒事由の存否の認定、情状の酌量、処分の量定については、国鉄職員が協議会反対運動に参加した際、現地で警察官との衝突があったときに、現場の写真を撮っていた警部補を見とがめてその腰部をとらえた行為につき公務執行妨害罪で起訴され有罪判決が確定した後に、著しく不都合な行いをなしたとして懲戒免職処分とされたのに対しその効力を争った裁判で、「従業員の職場外でされた職務遂行に関係のない所為であっても、企業秩序に直接の関連を有するものもあり、それが規制の対象となりうることは明らかであるし、また、企業は社会において活動するものであるから、その社会的評価の低下毀損は、企業の円滑な運営に支障をきたすおそれなしとしないのであって、その評価の低下毀損につながるおそれがあると客観的に認められるがごとき所為については、職場外でされた職務遂行に関係のないものであっても、なお広く企業秩序の維持確保のために、これを規制の対象とすることが許される場合もありうるといわなければならない。そして、上告人のように極めて高度の公共性を有する公法上の法人であって、公共の利益と密接な関係を有する事業の運営を目的とする企業体においては、……一般私企業の従業員と比較して、より広い、かつ、より厳しい規制がなされうる合理的な理由があるものと考えられるのである」（昭49.2.28最高裁第一小法廷判決、日本国有鉄道事件）としたものがあります。

また、デモに参加し、刑事犯の疑いで現行犯逮捕、勾留された後、会社の2回の出勤停止処分に従わなかった労働者に対し、懲戒解雇した前掲ダイハツ工業事件では、裁判所は、「実力を行使して工場構内に入構しようとし、そのため多数の警士に傷害を負わせ、更に一時的にもせよ工場内のベルトコンベアを停止せざるをえないような事態を招い」たX（労働者）の行為は、「企業秩序を乱すこと甚だしく、職場規律に反すること著しいものであ」るとしたうえで、「Xの行為の性質、態様、結果

及び情状並びにこれに対する会社の対応等に照らせば、」会社が懲戒解雇に及んだことは、「客観的にみても合理的理由に基づくものというべきであり、本件懲戒解雇は社会通念上相当として是認することができ、懲戒権を濫用したものと判断することはできない」と判示しました。

③懲戒処分の手続

　懲戒処分の手続に重大な違反があれば、懲戒処分の効力が否定されます。懲戒処分は使用者側に一方的な権限が生じ、恣意的になりやすいので手続面で厳格な公正さが要請されます。懲戒処分の手続に不備があると、実体面の判断とは別に手続的な違法だけの理由で処分が違法と判断される場合があります。

　例えば、「組合員A，Bが会社への抗議活動中に上司に暴行を加える事件が発生し、上司が刑事告発したが約6年後に不起訴処分になった。会社は事件発生から7年以上経過後に諭旨退職処分を通告したが、期日までに退職届を提出しなかったことから、就業規則所定の懲戒事由に当たるとして懲戒解雇処分とした」という事案で、最高裁は、「(懲戒処分事由に当たる事実が存在していたとしても)処分時点で企業秩序維持の観点からそのような重い懲戒処分を必要とする客観的に合理的な理由を欠くものといわざるを得ず……権利の濫用として無効」と判示しました（平18.10.6最高裁第二小法廷判決、ネスレ日本事件）。

　また、学校法人T学園の労働組合員ら12名に対する懲戒解雇について、就業規則に定める賞罰委員会の推薦または申告が行われたことが認められず、賞罰委員会規則に定める弁明の機会を与えていないから、本件懲戒解雇は就業規則ないし賞罰委員会規則の手続規定に違反するものとして無効と判示しました（平16.6.16東京高裁判決、千代田学園懲戒解雇事件）。

2 懲戒処分の種類とその留意点

　懲戒は、労基法89条9号に規定する「制裁」に当たります。
　懲戒処分の種類は、戒告、譴責などの単なる事実行為から、減給、出勤停止、降職、懲戒解雇に至るまでの不利益処分からなっています。労基法は、以上のうち減給の制度についてだけ制限規定を設けていますが、減給以外の懲戒処分も法令や公序良俗に反しない限り禁止する趣旨ではないとされています（昭22. 9. 13 発基17号）。
　なお、譴責、減給、出勤停止、懲戒解雇等、就業規則等に定められている処分のうちどれを選択するかについて、判例は、次のように述べています。「懲戒権者は、どの処分を選択するかを決定するに当たっては、懲戒事由に該当すると認められる所為の外部に表われた態様のほか右所為の原因、動機、状況、結果等を考慮すべきことはもちろん、更に、当該職員のその前後における態度、懲戒処分等の処分歴、社会的環境、選択する処分が他の職員及び社会に与える影響等諸般の事情をも斟酌することができるものというべきであり、これら諸事情を綜合考慮したうえで、上告人の企業秩序の維持確保という見地から考えて相当と判断した処分を選択すべきである。しかして、どの処分を選択するのが相当であるかについての判断は、右のようにかなり広い範囲の事情を綜合したうえでされるものであり、しかも、前述のように、処分選択の具体的基準が定められていないことを考えると、右の判断については懲戒権者の裁量が認められているものと解するのが相当である。もとより、その裁量は、恣意にわたることをえず、当該行為との対比において甚だしく均衡を失する等社会通念に照らして合理性を欠くものであってはならないが、懲戒権者の処分選択が右のような限度をこえるものとして違法性を有しないかぎり、それは懲戒権者の裁量の範囲内にあるものとしてその効力を否定することはできないものといわなくてはならない。もっとも、懲戒処分のうち免職処分は、上告人の職員たる地位を失わしめるという他の処分とは異なった重大な結果を招来するも

のであるから、免職処分の選択に当たっては、他の処分の選択に比較して特に慎重な配慮を要することは明らかであるが、そのことによっても、懲戒権者が免職処分の選択を相当とした判断について、裁量の余地を否定することはできず、結局、それにつき、右のような特別に慎重な配慮を要することを勘案したうえで、裁量の範囲をこえているかどうかを検討してその効力を判断すべきものであって、右の検討の結果によっても、なお合理性を欠くものと断定できないときは、その効力を是認せざるをえないのである」（前掲日本国有鉄道事件）。

1 戒告または譴責

懲戒処分のなかではもっとも軽い処分で、一般に始末書をとり、将来を戒めるものとされています。いずれも事実上の叱責に当たり、実体的な不利益処分ではないので、その効力が問題となる余地はありません。

軽い違背行為に対して行われる処分ですが、違背行為の反覆を防止するとともに、他の重い処分の警告的意味も含めて運用されることがあります。この処分が行われた場合は、直後の定期昇給などの成績査定に当たって不利な評価を受けることがありますが、これは処分の直接効果ではないと考えてよいと思われます。

2 減　給

懲戒としての減給は、いわゆる秩序罰としての罰金であって、欠勤その他の不就労に対する賃金カットとは異なり、労働者の稼得賃金から制裁として一方的に減額するものです。

企業の側からは減給額のプラスはあっても、ほかに支障となるものがないだけに、懲戒処分のなかでも、もっとも濫用されるおそれがあります。そこで、労基法は諸外国の例にならって、減給額の制限を規定し「減給は、1回の額が平均賃金の1日分の半額を超え、総額が1賃金支払期における賃金の総額の10分の1を超えてはならない」（91条）と定めています。

この規定の1回の額とは何をいうか、総額とは何をいうか法文上は必ずしも明らかではありませんが、行政解釈では、1回の額とは懲戒事案1事案の額を指し、総額とは、1賃金支払期間中に懲戒事案が2以上積み重なった場合の総減給額をいうと解しています。いい換えれば、1回の懲戒事案については平均賃金の1日分の半額が最高額であること、そして、1賃金支払期間中に数事案以上の減給事案が積み重なった場合であっても、労働者の生活保障の観点から減給額の総額が賃金総額の10分の1を超えてはならないと規定したものだと解釈されています（昭23. 9. 20 基収1789号）。
　したがって、1懲戒事案について月給の10分の1の減給をすることが認められないことはもちろん、たとえ平均賃金1日分の半額ずつであっても、これを何か月かにわたって減給することは、1懲戒事案の減給最高額をオーバーすることになるので違法となります。
　このような1事案について平均賃金の1日分の半額という僅少な額では、懲戒の効果をもたないという意見があります。立法論としては格別、現行規定においては、この行政解釈以外に合理的な解釈はないように考えられますので、事案の程度によっては減給より重い他の処分で臨むことを検討することが必要な場合もあるでしょう。
　なお、不都合行為によって会社に損害を与えた者に対する損害賠償の請求は、減給処分とは別に行うことができます。

3　出勤停止

　懲戒として一定期間の出勤を停止し、その反射的効果として賃金の減収をもたらす不利益処分です。
　出勤停止処分が有効かどうかについては、学説上は争いのあるところですが、判例も行政解釈も「制裁の原因たる事案が公序良俗に反しない限り禁止する趣旨でない」（昭22. 9. 13 発基17号）とし、出勤停止期間については事案の内容にもよることから、「公序良俗の見地より当該事犯の情状の程度等により制限あるべきことは当然」（昭23. 7. 3 基収2177号）と指摘し、その具体的期間については触れていません。出勤停止期間の賃金が支払わ

れない点については、制裁としての出勤停止の当然の結果であって、労基法91条にいう減給には該当しないとされています（昭23.7.3基収2177号）。

なお、裁判例では、「就業時間中に顧客照会カード用紙を盗ませ管理者が席を離れた隙に端末機を不正操作させた行為は前叙の義務に違反する著しい非行といわざるを得ない。……控訴人が被控訴人に対してした停職60日の懲戒処分は、懲戒権者としての自由裁量権の範囲を逸脱し甚しく均衡を失し社会通念上合理性を欠くものということはできない」（昭62.8.31東京高裁判決、前橋信用金庫事件）と判示したものや、虚偽の内容のビラを配布したとして、就業規則違反により労働組合役員への休職2か月等の懲戒処分を公序良俗に反しないとしたものもあります。一方、労働組合への加入ビラの作成、配布に対する10日の出勤停止処分について「本件ビラ作成につき従前の例にしたがって使用料を支払っていること、ビラの作成、配布自体によって、控訴人の業務の運営、企業秩序になんらかの支障を生じたとは認めがたく、特に第二次行為においては慣行上勤務を要しない時間帯に行われたことに徴すると……」本件出勤停止処分は合理性を欠き、無効としているものもあります（平元.1.30仙台高裁秋田支部判決、男鹿市農協事件）。

また、労働契約関係は存続していますが一定期間労務提供のされないものとして休職処分があります。このうち、いわゆる起訴休職処分について裁判例では、「いわゆる起訴休職制度は、公務員が刑事事件に関して起訴された場合、その公務員を引き続き職務に従事させると、職場秩序の維持に悪影響を及ぼし、官職に対する国民の信用を損ない、また、公務の正常な運営に支障を来すおそれがあるところから、その公務員を、身分を保有したまま一時的に職務から離脱させることによって、右弊害の発生を防止することを意図するものと解される。……その公務員を休職処分に付するかどうかは任命権者の裁量に委ねられているが、右裁量は純然たる自由裁量ではなく、起訴休職制度の前記趣旨・目的からくる一定の制約があるのであって、公務員を起訴休職処分に付するかどうかを決定するに当たっては、公訴事実の性質及び内容、その公務員の地位及び担当職務の内容、その公務員が起訴されたことにより職場秩序の維持や公務の正常な運営に支

障を来すかどうか、また、官職に対する信用を損なうか否か等を個別具体的に判断する必要があり、その起訴休職処分が社会通念上著しく合理性に欠け、裁量権の範囲を逸脱し又はこれを濫用してなされたものと認められ、しかも、その瑕疵が重大かつ明白なものである場合には、その起訴休職処分は当然無効となるものと解するのが相当である」としたものがあります（平2.5.23 広島高裁判決、中国地方建設局事件）。

4 降　格

　懲戒として、降格、降職に処し、結果的に賃金の減収をきたす不利益処分です。懲戒処分としての降職とか降格は職務自体を格下げする処分であるため、減給の制裁には該当しないと解されます。
　行政解釈では、降格、降職について、「交通事故を惹起した自動車運転手を制裁として助手に格下げし、従って賃金も助手のそれに低下せしめるとしても、交通事故を惹起したことが運転手として不適格であるから助手に格下げするものであるならば、賃金の低下は、その労働者の職務の変更に伴う当然の結果であるから法第91条の制裁規定の制限に抵触するものではない」（昭26.3.14 基収518号）と解釈しています。
　ただ、この行政解釈に従う場合に注意しなければならないことは、「職務によって賃金が異なる定めがある」ことを前提としていることです。降職とか降格といっても、職務ごとに異なる賃金の基準が定められていない事業場の場合は、それによって直ちに賃金低下という事態は生じないはずです。それにもかかわらず、あえて賃金を引き下げるときは、降職、降格に名をかりた減給となり、労基法91条に抵触すると解されます。

5 懲戒解雇

　懲戒解雇は、懲戒として労働者を解雇し企業外に放逐するという懲戒処分としてもっとも重い処分です。通常の解雇と比較してみると、一般には予告なしの即時解雇であること、退職金の全部または一部を支給しないこ

とに特色があり、被処分者が受ける重大な結果のゆえに処分をめぐる争いも深刻なものとなる場合が多くなりがちです。以下に主な問題点についての裁判例を説明します。

（1）懲戒解雇と権利濫用

懲戒処分が懲戒権の濫用として無効とされる場合があります。労契法15条によれば、懲戒権の濫用に当たるか否かは、「客観的に合理的な理由を欠き、社会通念上相当であると認められない場合」が判断基準とされています。懲戒解雇は懲戒処分としての性格と、解雇としての性格の両方をもつものですから、両方に対する法規制をともに受けるものとされています。したがって、懲戒解雇が権利濫用に当たるか否か（有効性）が問題になる場合は、懲戒について定める労契法15条のほか解雇権濫用法理を定める同法16条の問題ともなります。

（2）懲戒解雇と労基法の解雇予告義務

懲戒解雇は一般的に予告をしない即時解雇の形をとって行われます。したがって、労基法20条で定めた解雇予告手続をとらない場合にどのような問題が生じるのかという問題があります。就業規則の実例でもいまだに、「懲戒解雇は、行政官庁の認定を得て即時解雇する」としているものがみられます。これでは解雇予告除外認定の手続を踏むことが懲戒解雇の要件との誤解に基づく規定と疑わざるを得ません。しかし、解雇予告除外認定は、解雇の予告義務が免除されるかどうかについての労基法上の認定にすぎず、懲戒解雇であれば自動的に即時解雇になるということまで認めるものではありません。

後記のＱ＆Ａのなかで説明するように、解雇予告除外認定と懲戒解雇とは次元の異なる問題ですので、参照してください。

（3）懲戒解雇の根拠としての就業規則等

懲戒処分はその手続面でも、厳格な公正さが要請されます。刑法の罪刑法定主義（どのような行為が罪となり、その行為に対してどのような罰を

科せられるのかをあらかじめ法律で定めていなければ、刑罰を科すことはできないという原則）の考え方に準じた適正手続の履行が必要であるとされています。懲戒処分の法的根拠として、「就業規則に定めるところに従い制裁として懲戒処分を行うことができる」（昭54.10.30最高裁第三小法廷判決、国鉄札幌運転区事件）としており、実際の処分は、就業規則の定める懲戒事由、懲戒処分の種類に該当するものでなければなりません。

なお、就業規則に懲戒規定を整備した後は、その内容を周知していなければなりません。周知を欠いた懲戒規定に沿った懲戒解雇の事案では、「就業規則が法的規範としての性質を有するものとして、拘束力を生ずるためには、その内容を適用を受ける事業場の労働者に周知させる手続が採られていることを要するものというべきである」としたうえで、この点についての認定をしないまま懲戒解雇を有効とした原審の判断には法令適用を誤った違法があるとして、原判決を破棄し、原審に差し戻した最高裁判決があります（平15.10.10最高裁第二小法廷判決、フジ興産事件）。

(4) 懲戒解雇と退職金の不支給・減額

懲戒解雇の場合に退職金を支給しないと定めることは有効でしょうか。

退職金の支給要件が労働協約、就業規則、労働契約等により明確に定められ、労働者が権利として請求し得る場合には、退職金は労基法11条の「賃金」に該当する（昭43.3.12最高裁第三小法廷判決、電電公社小倉電話局事件）とされているところから、懲戒解雇だから退職金を支給しないという定めは賃金の全額払いの原則に違反して無効であるとする見解もあります。しかし、退職金は通常の賃金と異なり、その性格には、賃金の後払い的性格、功労報償的性格、生活保障的性格等が混在しており、退職時までは債権として成立しているとはいえないとして、「懲戒解雇された者については退職金を支給しない」旨の定めは有効であると解されています（昭52.8.9最高裁第二小法廷判決、三晃社事件）。

しかし、懲戒解雇が有効とされる場合には、いかなる場合にも退職金を不支給にしてよいのでしょうか。裁判例では、就業規則に懲戒解雇等円満退職でないときは退職金は支給しないという定めがある場合、労働者に永

年の勤続の功労を抹消するほどの背信行為がなければ退職金の不支給は許されず、突然退職届を提出して退職した行為は責められるべきものではあるけれども、そのような背信行為とはいえないとして、退職金請求が認められた事例（昭59.11.29 大阪高裁判決、日本高圧瓦斯工業事件）、長期勤続トラック運転手が業務終業後の自家用車で酒気帯び運転をした等を理由とする懲戒解雇について、その行為はよいとはいえず懲戒解雇はやむを得ないというべきであるが、長年の勤続の功労をまったく失わせる程度の著しい背信的な事由とまではいえないとして、就業規則の規定にかかわらず３分の１の支払いを命じた事例（平19.8.27 東京地裁判決、ヤマト運輸事件）、鉄道会社の従業員が休日に他社鉄道で痴漢行為で逮捕されたことを理由とした懲戒解雇について、退職金の支給条件が明確に規定されているような場合には、その退職金は賃金の後払い的な意味合いが強いとし、それを元に生活設計を立てている場合もあるから、当該不信行為の具体的内容と被解雇者の勤続の功など個別的事情に応じて退職金の一定割合を支給すべきものであるとして、本来の支給額の３割が相当とした事例（平15.12.11 東京高裁判決、小田急電鉄事件）などがあります。

(5) 退職後に発覚した懲戒解雇事由と懲戒解雇

　勤務態度不良などを理由に懲戒解雇したところ、退職後に在職中の別の懲戒解雇事由（経歴詐称など）が発覚した場合に、会社は、遡及して懲戒解雇に処することができるでしょうか。最高裁判例では、「懲戒当時に使用者が認識していなかった非違行為は、特段の事情のない限り、当該懲戒の理由とされたものでないことが明らかであるから、その存在をもって当該懲戒の有効性を根拠付けることはできない」と判示しました（平8.9.26 最高裁第一小法廷判決、山口観光事件）。懲戒処分の理由は、処分の時点で使用者が認識していた非違行為を根拠とするものでなければならないとされたものです。罪刑法定主義の一つの原則である不遡及の原則（行為時に適法であった行為を事後に処罰することはできないという原則）の考え方によるものと指摘されています。

(6) 就業規則作成義務のない事業場の懲戒解雇

　労基法上常時10人未満の労働者を使用する事業場では、就業規則作成届出義務がないことから、これらの事業場で就業規則を作成していない場合には懲戒解雇はできるか、という問題があります。関係する裁判例では、「労働者は、労働契約に基づき、企業秩序の維持確保を図るべき一般的義務を負担するというべきであるが、懲戒解雇のこのような制裁としての本質にかんがみると、使用者が労働者を懲戒解雇するためには、労働者のいかなる企業秩序違反の行為に対し、懲戒解雇を課し得るのか、その懲戒解雇事由が法律あるいは就業規則または使用者と労働者との間の合意によって明定されなければならないものというべく、使用者は、労働者を雇用さえすれば、右の定めがなくとも、その固有の権利として、当然に、労働者に対する懲戒解雇の権能を有するとする見解は相当ではない。したがって、使用者と労働者との間に、懲戒解雇事由につき法律あるいは就業規則・労働協約等による具体的定めが存しなければ、使用者は、たとえ労働者に企業秩序違反の行為があったとしても、その労働者を懲戒解雇することはできない」（昭61.5.29東京高裁判決、洋書センター事件）としています。

懲戒処分Q&A

労基署長に対する解雇予告除外認定申請が認められない場合でも懲戒解雇扱いにできるか

Q ある労働者がこの2、3か月前から非常に勤務成績が悪くなってきたので、早速懲戒委員会（就業規則による）にかけたところ、解雇処分と決定しました。しかし、労基署長へ認定申請したものの認定してもらえませんでした。

この場合、予告解雇または平均賃金30日分の予告手当を支払って即時解雇すれば、当社は懲戒解雇として記録することができるでしょうか。また、労基署長の認定が受けられるような「労働者の責に帰すべき事由」とは、どのようなものがありますか。

A **懲戒解雇扱いにはできるが解雇権の濫用とされる場合も**

ご質問には、即時解雇の問題と懲戒解雇の問題が含まれています。まず、労基法は、労働者が突然の解雇から被る生活の困窮を緩和するため、使用者に対し、労働者を解雇する場合に30日前までに解雇の予告をすべきことを義務づけています（労基法20条）。

しかし、この解雇予告義務も、企業の実情に即応させることを考慮し、予告日数について平均賃金による換価を認めるとともに、天災事変その他やむを得ない事由のため事業の継続が不可能となった場合、または労働者の責に帰すべき事由に基づいて解雇する場合には、所轄労基署長から解雇予告除外の認定を受けることを条件に解雇予告義務それ自体を免除しています。

ご質問の「労働者の責に帰すべき事由」は、行政解釈によると、①きわめて軽微なものを除き事業場内での盗取、横領、傷害など刑法犯に該当する行為があったとき、②賭博、風紀紊乱等により職場規律を乱した場合、

③採用条件の要素となるような経歴の詐称、④他事業場への転職、⑤原則として２週間以上正当な理由がなく無断欠勤し、出勤の督促に応じない場合、といった労働者を保護するに値しないほどの重大または悪質な義務違反ないし背信行為が労働者に存する場合（昭23.11.11 基発1637号、昭31.3.1 基発111号）であって、企業内における懲戒解雇事由とは必ずしも一致するものではありません（解雇予告制度の例外については313頁の（3）参照）。

したがって、労基法20条の解雇予告除外の認定と、企業内の懲戒解雇処分とは次元の異なるものであり、労基署長の除外認定が得られなかったといっても、ご質問のような懲戒解雇は可能であり、当該懲戒解雇が労基法上無効になるわけではありません。次いで、懲戒解雇そのものが有効とされるための要件は、前記**5**において説明したとおりです。

なお、懲戒解雇は、通常、労働者のそれまでの勤続の成果である退職金を失わせる（あるいは減額する）とともに、個人的信用を大きく損なう処分であることが一般ですから、普通解雇よりもさらに著しい信義に反する行為があった場合に限られるべきとするのが多くの判例、学説です。ご質問によれば、２、３か月前から勤務成績が落ちたことが理由となっているようですが、それだけが理由としますと、解雇予告除外認定事由に該当しないことはもちろん、労契法15条、16条に照らして考えれば、懲戒解雇は相当でなく、会社がそれに固執された場合には、裁判においては会社の権利濫用とされる可能性が十分にあると思われます。

労働者の私生活上の行為が原因で懲戒権を発動することができるか

Q 懲戒規定の事由のなかに「会社の名誉、信用を毀損したとき」と「刑罰に処せられるような犯罪を犯したとき」というのがあります。労働者の私生活上の行為についても、会社側の判断で当該者を懲戒処分（解雇処分）してもよいものでしょうか。判断の基準でもあればご教示ください。

A **直接的毀損と間接的毀損で取り扱い方が違ってくる**

(1) 懲戒権の趣旨——会社の名誉・信用の保護

そもそも懲戒権は、企業の秩序を維持し、生産性の向上を図るために、規律違背をした労働者に、不利益を課する目的で認められているものです。したがって、労働者の私生活上の行為は、原則として懲戒の対象にできないと解されますが、すべてこの原則論に当てはめることはできません。

「会社の名誉、信用」も、社会的に保護されるべき対象であることはいうまでもありません。とくに会社の従業員という地位は、会社と密接な関係にありますので、労働者がその名誉、信用を保持し、みだりにこれを毀損すべきでない義務を負うことは、当然のことであるといってよいでしょう。

判例においても、「企業秩序の維持確保は、通常は、従業員の職場内又は職務遂行に関係のある所為を対象として、これを規制することによって達成しうるものであるが、必ずしも常に、右の所為のみを対象とするだけで充分であるとすることはできない。すなわち、従業員の職場外でされた職務遂行に関係のない所為であっても、企業秩序に直接の関連を有するものもあり、それが規制の対象となりうることは明らかであるし、また、企業は社会において活動するものであるから、その社会的評価の低下毀損は、企業の円滑な運営に支障をきたすおそれなしとしないのであって、その評価の低下毀損につながるおそれがあると客観的に認められるごとき所為については、職場外でされた職務遂行に関係のないものであっても、なお広く企業秩序の維持確保のために、これを規制の対象とすることが許される場合もありうるといわなければならない」と判示しています（昭49.2.28 最高裁第一小法廷判決、日本国有鉄道事件）。

ところで「会社の名誉、信用を毀損した場合」のなかには直接的、積極的な毀損行為のほかに、間接的な毀損行為が含まれると考えられます。例えば、会社または会社幹部の単なる風評を真実のごとく大々的に宣伝する直接的毀損行為と、労働者が私生活のうえで犯罪その他の道徳的、社会的にみて不名誉な行為を行い、間接的に会社の名誉、信用、体面等を汚した場合があります。ご質問の「刑罰に処せられるような犯罪を犯したとき」という懲戒事由も、結局は、この間接的な毀損行為と考えているからでしょう。

(2) 直接的毀損は懲戒権発動の対象となる

　以上二つの類型のうち、第一の類型の直接的毀損行為について考えてみますと、これは、労使の信頼関係を破壊するものですから、たとえ社外の私生活に関するものであっても、その行為がなされた背景ないし行為の程度等を勘案して、軽微なものを除き、原則として懲戒の対象とすることができると解すべきです。

　判例も、企業の社会的評価の毀損をもたらすもののみが懲戒の対象となり得るとの見地から、就業規則の条項を限定解釈して私生活上の非行に対する懲戒権の発動をチェックしているといえます。裁判例では、就業時間外に職場外でのビラ配布について、「労働者が就業時間外に職場外でしたビラの配布行為であっても、ビラの内容が企業の経営政策や業務等に関し事実に反する記載をし又は事実を誇張、わい曲して記載したものであり、その配布によって企業の円滑な運営に支障を来すおそれがあるなどの場合には、使用者は、企業秩序の維持確保のために、右ビラの配布行為を理由として労働者に懲戒を課すことが許されるものと解するのが相当である」と判示したものがあります（平4.3.3最高裁第三小法廷判決、中国電力事件／同旨昭58.9.8最高裁第一小法廷判決、関西電力事件）。

(3) 間接的毀損行為の判断

　名誉、信用の間接的毀損行為については、直接的毀損行為とは異なり、きわめて問題があります。

　会社の業務に関係のない私生活上のことで、道徳上責むべき行為があったからといって、直ちに会社の名誉、信用を害したとはいえないというべきであり、懲戒権の限界ということが問題になります。

　この点について、日本鋼管事件（昭49.3.15最高裁第二小法廷判決）で、最高裁は、本件就業規則の懲戒事由の「不名誉な行為をして会社の体面を著しく汚したとき」にいう「会社の体面」とは、「会社に対する社会一般の客観的評価をいうものであって……従業員の不名誉な行為が会社の体面を著しく汚したというためには、必ずしも具体的な業務阻害の結果や取引上の不利益の発生を必要とするものではないが、当該行為の性質、情況の

ほか、会社の事業の種類・態様・規模、会社の経済界に占める地位、経営方針及びその従業員の会社における地位・職種等諸般の事情から総合的に判断して、右行為により会社の社会的評価に及ぼす悪影響が相当重大であると客観的に評価される場合でなければならない」とし、その行為は破廉恥な動機、目的から出たものでなく、これに対する判決も罰金2,000円と比較的軽く、その地位は従業員3万人の大企業の工員であったことなどの「事実関係を総合勘案すれば、Ｓらの行為が会社の社会的評価を若干低下せしめたことは否定しがたいけれども、会社の体面を著しく汚したものとして懲戒解雇又は諭旨解雇の事由とするのには、なお不十分である」として、この事件で問題となった砂川基地測量反対集会に参加し、刑事特別法2条違反で逮捕起訴され新聞に報道された者の行為は、この懲戒事由に該当しないという結論を示しています。

　なお、同事件で東京高裁は「会社の体面を著しく汚したとき」について、懲戒解雇との関係で「不名誉な行為（但し、それが職場内で行われたと職場外で行われたとを問わない）の中、客観的に見て企業の秩序乃至規律の維持又は企業の向上と相容れない程度のもので、これによって、現実に会社の体面即ち企業者としての社会的地位、信用、名誉等が、著しく毀損され企業者に取って最早当該労働者との間の雇用関係の継続を期待し得ない場合を意味するものと解する」と述べています（昭39．3．27 東京高裁判決）。

　ところで、会社の業務内容によっては同じ間接的毀損行為であってもその結論が違ってくると考えられます。例えば、タクシー会社において後輩の運転手に酒をすすめ、飲酒運転、人身事故を誘発させたタクシー運転手に対して、最高裁は、就業規則の「酒気をおびて自動車を運転したとき」を準用し、「原審が適法に確定した事実関係のもとにおいては、上告人の本件行為は、被上告会社の企業秩序に影響を及ぼしその社会的評価を低下毀損するおそれがあると客観的に認められるものであるから、これを懲戒解雇事由とすることに格別の不都合はなく、また、右行為は、被上告会社の就業規則48条10号所定の懲戒事由に直接該当するものではないが、同号所定の事由と違反の類型及び程度において同等の行為と認められるもの

であるから、同号の準用によりこれを懲戒事由に該当するものとして懲戒解雇をすることも許されるものと解するのが、相当である。これと同旨の原審の判断は、正当として是認することができ、原判決に所論の違法はない」として懲戒解雇を認めています（昭53.11.30 最高裁第一小法廷判決、笹谷タクシー事件）。

　一方、私生活上の道徳的不名誉行為について、バス会社の運転手が、出産のため妻が帰郷した留守に、会社の女子車掌と同棲していた行為については、「一般に知悉されたとしても、行為当事者自身の被る不名誉はとも角として、社会通念上当然には、会社の信用を害し、または体面を汚すものと解することはできない」と判示しています（昭31.8.22 東京地裁決定、国際興業事件）。

　さらに、私生活上の犯罪行為についても、「従業員といえども、その全人格、全生活領域にわたり、使用者の評価統制に服するものではなく、従業員の職場外、すなわち私生活の領域においてなした犯罪行為が罪質情状に照らし、使用面の企業維持の立場からみて、ほかの従業員に悪影響をもたらし、ひいては企業内における秩序ないし労務の統制をみだすおそれ、あるいは対外的に企業の信用をそこなうおそれがあると、客観的に認められる場合であれば格別、そうでない場合にたまたま軽微な罪を犯した故をもって、企業からまで制裁を受け、追放されねばならぬ道理はない」との立場を明らかにし、労働者が酒に酔って交番のガラス扉を破壊し、懲戒解雇された事案について、就業規則の「刑罰に処せられるような犯罪を犯したとき」の解釈適用を誤った無効の制裁であると判断したものがあります（昭36.7.20 福岡高裁判決、安永鉱業所京之上炭鉱事件）。

　間接的な名誉、信用毀損の場合には、諸般の事情から総合的に判断して、非違行為により会社の社会的評価に及ぼす悪影響が相当重大であると客観的に評価される場合でなければならないとする判決（前掲日本鋼管事件判決）もあり、慎重に判断して対処していく必要があるでしょう。

無断欠勤相当額を賃金から差し引くのは減給の制裁か

Q 月給制社員に対して無断欠勤をした場合、22分の1相当の賃金を差し引くという定めは労基法91条にいう「減給の制裁」になりますか。

A 欠勤相当分なら減給の制裁ではない

減給の制裁とは、職場規律に違反した労働者に懲戒として、本来ならばその労働者が受けるべき賃金のなかから一定額を差し引くことをいいます。

したがって、遅刻や早退あるいは欠勤に対して、その労務のなかった相当時間だけ賃金を差し引くことは、そのような賃金制度のもとにおいては一つの賃金計算方法であって、労基法91条にいう制裁としての減給に該当するものではありません。したがって、無断欠勤に対して月給制ではありますが、欠勤に相当する賃金を差し引く限りでは減給の制裁にはなりません。

しかし、欠勤相当分以上の賃金を差し引けば減給の制裁に相当します。

出勤停止処分の日数に制限はないか

Q 当社の就業規則では、労働者の懲戒方法の一つとして出勤停止を定めていますが、出勤停止を行うと定めているだけで、その日数を書いていません。そもそも出勤停止期間には法定基準があるのでしょうか。

A 法律上制限はないが、期間を就業規則に定めるほうが望ましい

制裁としての出勤停止は、企業内における秩序罰の一種で、懲戒事由に該当する労働者に対して一定期間出勤を停止し、謹慎を命じ、その期間の賃金を支給しない処分です。

出勤停止とは、労働者の職場秩序違反に対する使用者の労務受領拒否であり、この意味において、正当な理由に基づく就業拒否であって、使用者の責に帰すべき休業には該当せず、したがって、賃金の支払義務も免れる

ものと解されています。

　この出勤停止については、減給の制裁と異なって、実定法上はなんら規定もなく、またその日数についての制限もありません。少数学説ですが、出勤停止については実定法上なんら根拠もないことから、企業内における制裁は、減給のように法律上認められたもの以外は認められないとし、出勤停止は使用者の正当防衛として行う場合にのみ認められるとする考え方もあります。

　しかしながら、判例、学説の大部分は出勤停止を認める立場をとっており、ほとんどの就業規則や労働協約においては出勤停止について規定を設けているのが実情です。労基法が減給の制裁について厳格な制限を設けている（同法91条）のは、戦前、これがかなり濫用されていたことによるものです。このことを類推して出勤停止が禁止されると解するのは無理があり、また、出勤停止期間終了後は、元の勤務に服し得るわけで、出勤停止を無効または違法とみることはできないものと考えられています。もっとも、実際上の処分としては、この出勤停止はあまり行われていないようです。

　ところで、出勤停止期間には法定基準はありませんが、それでは期間設定に当たって一般的な制限があるか否かの点が問題となってきます。これについては、制裁事案の程度により当然制限があるという見解が有力です。解釈例規（昭23.7.3基収2177号）でも「公序良俗の見地より当該事犯の情状の程度等により制限のあるべきことは当然である」とし、軽い事案に対して長期間の出勤停止を行うことは認められないものと解しています。

　しかし、その最高限が何日であるかについては必ずしも明確ではありません。労基法の前身ともいえる工場法時代には、最高7日を限度とするという指導通達がありましたが、この程度が一応の基準と考えられます。いずれにしても、就業規則などで出勤停止を規定する場合、できれば日数など具体的に決めておくほうがよいでしょう。

出勤停止とは自宅謹慎まで義務づけるのか

Q 先般、当社の社員が、無断で会社の売物を持ち出したため、懲戒規定により5日間の出勤停止処分にしました。当然、その期間中は自宅謹慎をすると思っていたところ、同業者のところにアルバイトに行っている事実が判明しました。

出勤停止ということは単に出社禁止でなく、自宅において謹慎することであると理解していますが、今後出勤停止の場合、自宅謹慎を命ずることはできないものでしょうか。

A **自宅謹慎を命ずることは行きすぎ**

就業規則をみると、一般的な規定例では「出勤を停止し、その期間の賃金を支給しない」と定めているものが多いようです。

この出勤停止の範囲に自宅謹慎の意味も含めると、出勤停止中の者が他社へアルバイトに行ったり、あるいは会社構内に立ち入ったりした場合、さらに処分することができるようにも考えられます。しかし、懲戒処分は労働関係上の不利益処分であって、労働者の私生活その他労働関係と直接関係のない社会生活を制限することはできないと考えるべきでしょう。

この点に関して、ご質問の内容と類似の判例がありますので、以下その主要な部分を紹介します。

「元来懲戒としてなされる出勤停止は労働者の非難さるべき行動によって、職場秩序が侵害されまたは侵害される具体的危険性がある場合に、労働者の就労を一時禁止することによって、そのような行動が再び繰り返されないよう反省を促すと共に他の労働者の戒となし、もって職場秩序の回復または維持を目的とするものであり、その命令の作用は労働者が平素の作業場に現れ、従前の業務に従事することを禁止するものであって、それ以上のものでもそれ以下のものでもない。

従って、その法律上の効果はそれが正当なものである限り使用者は、雇用契約の一方の当事者として、債権者遅滞、危険負担の責を負わないで労

働者の就労を一時拒否し得るという点にあるわけであって、これを超えて、出勤停止により、雇用契約上の権利義務と関係のない事項について、労働者の行動を制約すること、例えば、自宅における謹慎、組合活動の禁止、または会社構内への無条件立入禁止等を命じ得るものではないと解するのが相当である（尤も、所有権または占有権に基づく妨害の予防または排除として会社構内への立入禁止を請求し得ることがあろうが、これは懲戒としての出勤停止の効力とは別個の問題である）。

前記認定の事実によれば、申請人は、出勤停止期間中、被申請人会社構内へ立入り、または組合活動をしたのであるが出勤停止が、これらの行為を禁止する効力を有しないこと前述のとおりであるから、これらの行為をもって出勤停止命令に違反し、または反抗したということはできない」（昭32.2.5東京地裁決定、三洋石綿工業事件）。

この判例が示すように、ご質問の場合も、出勤停止命令違反とはなりません。

なお、出勤停止や成績不良を理由とする降格を命ずる場合がありますが、これらは人事権の行使としての業務命令によるもので、懲戒処分とは明確に区別する必要があります。

第9章

解雇、退職

1 労働契約の終了原因

1 解雇と退職の相違

　労働関係は、解雇または退職によって終了します。労働者の自発的意思による、いわゆる任意退職や契約期間の満了による自然退職などは、労働者保護の観点からみれば問題となる余地はほとんどありませんが、解雇は、使用者の一方的意思による労働契約の解除であるので、労働者保護の観点から法律上の制限が設けられているほか、労働協約、就業規則の解釈などと関連してその有効性が問題とされています。

　解雇とは、使用者が将来に向かって一方的に行う労働契約の解約の意思表示ですから、一方的解約の意思表示でも任意退職のように労働者が行うものが含まれないのは当然で、労使間の合意による解約や契約期間の満了による自然退職も解雇とはいえません。

　解雇に該当しない労働関係の終了原因は、次のとおりです。

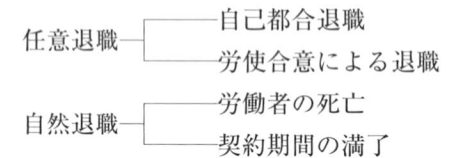

```
任意退職 ┬ 自己都合退職
         └ 労使合意による退職

自然退職 ┬ 労働者の死亡
         └ 契約期間の満了
```

　解雇は、一般に、①普通解雇、②整理解雇、③懲戒解雇に分類されます。
　普通解雇は、労働契約を継続していくことが困難な事情があり、やむを得ず行う解雇で、整理解雇・懲戒解雇に該当しないものであり、整理解雇は、企業の経営状態の悪化により、人員整理のために行う解雇です。また、懲戒解雇は労働者の服務規律違反、著しい非行による懲戒処分の一つとして行われる解雇です。

　ところが、実際には、果たして解雇なのか、あるいは退職とみるべきかについて問題となる事例にしばしば遭遇しますので、若干の問題点を取り上げて考えてみましょう。

2　有期労働契約の雇止め

(1) 有期労働契約を反復更新している場合

　労働契約に期間の定めがある場合（有期労働契約）に、期間が満了すれば、それは契約の終了であって解雇とはみられません。したがって、たとえ労基法19条に規定する解雇制限期間中であっても、契約期間の満了したときに労働関係は終了したとして扱って差し支えないわけです。また、契約期間が満了したときに、あらためて契約更新の手続をとった場合、例えば、2か月契約の期間が満了したときにあらためて労使が合意して、さらに2か月契約を結んだときは、その2か月後に契約期間が満了するとして扱って差し支えありません。

　ところが、いわゆる臨時工契約のように1か月または2か月の短期契約でありながら、この契約を反復更新して1年ないし2年という長期の雇用関係にある場合には、契約期間が不明確となり、さらに契約更新が行われると期待される実態にあるとするならば、期間満了による解約は解雇として取り扱わなければならなくなります。行政解釈も、臨時工について1か月ごとの期限つき契約を反復更新している事例について「形式的には雇用期間を定めた契約が反復更新されても実質においては期間の定めのない労働関係と認められる場合は……法第20条の解雇の予告を必要とする」（昭27.2.2 基収503号）という見解を示し、労働関係の事態に即し、解雇であるか否かを判断すべきものとしています。

(2) 雇止め法理

　平成24年の労契法改正では、有期労働契約の雇止めに関する判例法理が明文化され、有期労働契約の更新に関するルールが設けられました（同法19条）。施行通達でも、これら最高裁で確立した雇止めに関する判例法理を、内容や適用範囲を変更することなく規定したものとされています（平24.8.10 基発0810第2号、平24.10.26 基発1026号第1号）。

　改正労契法19条の雇止め法理の対象となる場合として、①有期労働契約が過去に反復更新され、雇止めにすることが無期労働契約の解雇と社会通

念上同視できる場合（東芝柳町工場事件のケース）と、②労働者が有期労働契約の契約期間満了時に労働関係が継続されると期待することに合理的な理由が認められる場合（日立メディコ事件のケース）があります。

　最高裁は、①について、「本件各労働契約においては、上告会社としても景気変動等の原因による労働力の過剰状態を生じないかぎり契約が継続することを予定していたものであって、実質において、当事者双方とも、期間は一応2か月と定められてはいるが、いずれかから格別の意思表示がなければ当然更新されるべき労働契約を締結する意思であったものと解するのが相当であり、したがって、本件各労働契約は、期間の満了毎に当然更新を重ねてあたかも期間の定めのない契約と実質的に異ならない状態で存在していたものといわなければならず、本件各雇止めの意思表示は右のような契約を終了させる趣旨のもとにされたのであるから、実質において解雇の意思表示にあたる、とするのであり、また、そうである以上、本件各雇止めの効力の判断にあたっては、その実質にかんがみ、解雇に関する法理を類推すべきであるとするものであることが明らかであ（る）」（昭49.7.22最高裁第一小法廷判決、東芝柳町工場事件）と判断しています。

　また、最高裁は、②について、「K工場の臨時員は、季節的労務や特定物の製作のような臨時的作業のために雇用されるものではなく、その雇用関係はある程度の継続が期待されていたものであり、Xとの間においても5回にわたり契約が更新されているのであるから、このような労働者を契約期間満了によって雇止めするに当たっては、解雇に関する法理が類推され、解雇であれば解雇権の濫用、信義則違反又は不当労働行為などに該当して解雇無効とされるような事実関係の下に使用者が新契約を締結しなかったとするならば、期間満了後における使用者と労働者間の法律関係は従前の労働契約が更新されたのと同様の法律関係となるものと解せられる」（昭61.12.4最高裁第一小法廷判決、日立メディコ事件）と判示して、本件有期労働契約は無期労働契約と実質的に異ならないとはいえないとしつつも、雇用関係の継続に期待することに合理性が認められる場合には、解雇権濫用法理が類推されるものとしたものです。

なお、この事案では、本件臨時工については、比較的簡易な採用手続で締結された短期的有期労働契約を前提とするものである以上、その雇止めと本工（無期契約労働者）の解雇とは合理的な差異があり、本件雇止めは不当・不合理とはいえないと判示しています。

(3) 有期労働契約の締結、更新及び雇止めに関する基準（告示）
　前記二つの最高裁判例の動向を受け、有期労働契約の締結時や当該労働契約の期間の満了時において労働者と使用者との間に紛争が生ずることを未然に防止するため、使用者が講ずべき必要な事項について厚生労働大臣が基準を定めることができるとする労基法14条2項に基づき、「有期労働契約の締結、更新及び雇止めに関する基準」（平15.10.22厚生労働省告示357号、改正：平24.10.26厚生労働省告示551号）が策定されています。同基準は、①雇止めの予告、②雇止めの理由の明示、③契約期間についての配慮につき、使用者が留意すべき事項をそれぞれ示しています。
　①では、使用者は、当該契約を3回以上更新し、または雇入れの日から起算して1年を超えて継続勤務している者に係る有期労働契約（あらかじめ当該契約を更新しない旨が明示されている場合を除く。）を更新しないこととしようとする場合には、少なくとも当該契約期間の満了する日の30日前までに予告することを求めています。
　②では、当該契約を3回以上更新し、または雇入れの日から起算して1年を超えて継続勤務している者に係る有期労働契約（あらかじめ当該契約を更新しない旨が明示されている場合を除く。）を更新しないこととするため雇止めの予告をした場合や更新しなかった場合において、使用者は、労働者が更新しないこととする理由（更新しなかった理由）について証明書を請求したときは、契約期間の満了とは別の理由を記載し、遅滞なく交付しなければならないとされています。
　また、③では、有期労働契約（当該契約を1回以上更新し、かつ、雇入れの日から起算して1年を超えて継続勤務している者に係るものに限る。）を更新しようとする場合は、その契約の実態や労働者の希望に応じて、契約期間をできる限り長くするように努めなければならないとされています。

(4) 有期労働契約に関する労契法の規定
①期間途中の解雇

　労契法17条1項では、期間の定めのある労働契約（有期労働契約）について、やむを得ない事由がある場合でなければ、契約期間満了前に解雇できないこととし、契約期間中の雇用保障を明確に定めました。有期労働契約で発生するトラブルは、使用者からの解雇のケースが多いですが、過去には、民法628条が、雇用期間を定めた場合でもやむを得ない事由がある場合は直ちに契約の解除ができるとしていることの誤解が、トラブルの一因となったことも考えられます。しかし、上記のように、民法が「……契約の解除をすることができる」としているのに対し、労契法では、「……解雇することができない」としているところからも、雇用保障の強調がうかがわれるところです。

　「やむを得ない事由」の判断については、法律上明確ではなく、個別事案ごとに具体的な事情に応じて判断されることになります。しかし、保障されるはずの有期労働契約が途中で解除される事態ですから、厳格に解釈されて当然です。解雇権濫用法理における、客観的に合理的な理由があり、社会通念上相当であると認められる場合よりも狭いと解するのが一般的です。

②契約期間を定める場合の配慮

　労契法17条2項では、有期労働契約の締結時あるいは更新時に契約期間を定める際の使用者の配慮義務を規定し、必要以上に短い契約期間を定めて反復更新することのないよう、実態を考慮したトラブル防止を図ったものです。「有期労働契約の締結、更新及び雇止めに関する基準（告示）」と、その趣旨を同じくしますが、同基準は行政取締法規である労基法に基づくもので、契約更新時に次の契約期間の長さを配慮することを定めているのに対し、労契法では適用対象を限定されていないものの、雇止めをめぐってトラブルになった場合、使用者が配慮を欠いていた場合には、使用者側に不利に働く考慮要素の一つになるものと考えられます。

3　定年・休職期間の満了

　定年制は、通常、労働契約、就業規則等において、一定の年齢に達した場合に、例えば「満60歳を定年とし、定年に達した日の翌日をもって退職とする」などと定めているもので、所定の年齢に達したときは労働契約が自動的に終了する制度と解されています。労働契約に一種の終期が付されているものと考えられますが、通常の期間の定めのある労働契約とは異なり、その終期までの間はいつでも当事者双方は、債務不履行の責任を問われることなく契約を解除することができ、期間の定めのない契約関係と解されています。

　ところが、定年制といっても、企業によって、その定め方や運用の実態がまちまちなので、そのすべてを一律に取り扱うことはできません。

　例えば、「定年に達したときは解雇することができる」という就業規則の規定であるときは、解雇として扱う必要があります。また、「定年に達したときは退職する」と規定していても、運用の実態が規定と異なり、定年年齢に達してもほとんどの者が継続雇用される実態になっていれば、その慣行により定年制による退職制度が修正を受けたものとみるのが妥当です。

　そこで、行政解釈は契約期間の満了として扱うべき定年制の範囲を明確にするため、「就業規則に定める定年制が労働者の定年に達した翌日をもってその雇用契約は自動的に終了する旨を定めたことが明らかであり、且つ従来この規定に基づいて定年に達した場合に当然雇用関係が消滅する慣行となっていて、それを従業員に徹底させる措置をとっている場合は、解雇の問題を生(じない)」（昭26.8.9 基収3388号）という考え方を示しています。

　多くの企業においては、就業規則上一定の休職期間を定め、「休職期間満了時において復職できないときは退職とする」旨の条文を設けていますが、このような場合も定年退職に準じて考えることができます。

2　解雇に関する保護規定等

1　解雇は自由か

（1）基本的な考え方

　期間を定めずに雇用した者に対しては、原則として14日前に予告すれば、労使いずれからでも任意に契約を終了させることができるのが民法の原則です（民法627条1項）。労働者に退職の自由が与えられるとともに、使用者には解雇の自由が与えられているわけです。

　経営者の権利である解雇権の行使は、賃金を唯一の生活手段とする労働者に対しては、生活上の脅威であり、きわめて深刻な影響を与えることはいうまでもありません。労基法が解雇に関するいくつかの規制を設けているのも、まさに、労働者のこのような実情に着目したからです。しかし、実定法のうえでの解雇に関する規制は、あとで詳しく触れますが、きわめて限られたものであって、基本的には、民法上の解雇の自由は否定されていません。

　学説・判例においては従前から解雇が自由であるか否かをめぐって議論が行われてきました。

　その第一は、解雇の自由を否定し、正当な事由がない解雇を無効とする説です。それは「解雇権は、企業の生産性を昂揚するよう解雇を正当づける理由がある場合に限り有効となるのであって、その生産の基礎である労働者の生産活動ないし、その生存権を侵害するような解雇権の行使は許されない」という憲法上の生存権を根拠とする考え方です。

　その第二は、解雇は自由ですが、解雇権の濫用は無効となるという立場です。すなわち「労働関係については、借地借家法のように、解約について正当な事由がなければならないとする特別法規がない現行法制下においては、解雇に正当な理由を必要としない」という見解をとり、「ただ、解雇権も濫用にわたる場合は無効となる」とする考え方です。

(2) 解雇権濫用法理と労契法

判例の傾向は、第二の見解をとるものが多くなり、確立していきました。例えば、「使用者の解雇権の行使も、それが客観的に合理的な理由を欠き社会通念上相当として是認することができない場合には、権利の濫用として無効になると解するのが相当である」と判示したもの（昭50.4.25 最高裁第二小法廷判決、日本食塩製造事件）や、同旨の判例として高知放送事件（昭52.1.31 最高裁第二小法廷判決）などがあります。

このような裁判実務で確立された判例法理を明文化し、解雇に際して発生する紛争の防止とその解決を目的として、解雇権濫用法理が労基法に明記されるに至りました。すなわち、平成15年の改正労基法18条の2において、「解雇は、客観的に合理的な理由を欠き、社会通念上相当であると認められない場合は、その権利を濫用したものとして、無効とする」とされたのです。

しかし、この規定は、本来行政取締法規である労基法の規定として異質なものです。そこで労働契約の民事ルールを定める労契法の制定（平成19年）に当たり、この規定をそのまま同法16条に移して法制化されました。ただし、具体的に解雇権の濫用に該当するか否かは、これまで同様、個別の事案ごとに裁判所が判断することになります。

(3) 整理解雇の4要件（4要素）

解雇権の濫用となるかについての具体的判断では、判例は相当厳格であり、例えば、就業規則の「心身の故障により業務遂行に支障があるとき」との解雇事由に関して、治療、回復訓練等による回復の可能性や当該労働者の適応可能な職務への配転や休職制度の活用等によってもなお業務遂行に堪え得ない場合を指すと解するように、慎重な考慮を払うのが一般的な傾向です。これについては、いわゆる整理解雇4要件として、①人員整理の必要性が存すること、②使用者が解雇回避のための努力をしたこと、③被解雇者の選定が合理的であること、④解雇の手続が妥当であることが必要であり、整理解雇が有効か否かはこれらの要件への該当性の有無、程度を総合的に考慮して判断されるべきであるとする裁判例があります（昭

54.10.29東京高裁判決、東洋酸素事件）。

　4要件説に立つ裁判例は多くありますが、4要件のすべてを満たされないと解雇の有効性は認められないとすると、不況下のリストラ事案でほとんど解雇が認められないという問題が生じました。そのため近年の裁判例では、個別事案に応じ、「考慮要素」として総合的に判断するという手法がとられる例が多くなりました（4要素説）。なお、整理解雇の有効性の判断要素については、最高裁判例は出されていません。

参考判例

◆ ナショナル・ウエストミンスター銀行（3次仮処分）事件
（平12.1.21 東京地裁決定）

> 「いわゆる整理解雇の4要件は、整理解雇の範疇に属すると考えられる解雇について解雇権の濫用に当たるかどうかを判断する際の考慮要素を類型化したものであって、各々の要件が存在しなければ法律効果が発生しないという意味での法律要件ではなく、解雇権濫用の判断は、本来事件ごとの個別具体的な事情を総合考慮して行うほかないものである」

◆ 労働大学（本訴）事件（平14.12.17 東京地裁判決）

> 「使用者において人員削減の必要性があったかどうか、解雇を回避するための努力を尽くしたかどうか、解雇対象者の選定が妥当であったかどうか、解雇手続が相当であったかどうか等の観点から具体的事情を検討し、これらを総合考慮して判断するのが相当である。」

2　法令による解雇制限

　いわゆる解雇権濫用法理を法律に明記した労契法16条は、解雇に関する一般的なルールを明文化したものですが、特定の行政目的に応じて解雇を制限している規定も存在します。以下、それぞれについて触れてみます。

(1) 解雇制限

労基法19条の規定により、解雇が制限されるのは、労働者が次のいずれかの状態にある期間に限られています。

① 労働者が業務上負傷し、または疾病にかかり療養のため休業する期間及びその後30日間
② 産前産後の女性が労基法65条の規定によって休業する期間及びその後30日間

この①、②の解雇制限期間は、いずれも、労働者が労働能力を喪失している期間、または労働能力の回復に必要な期間であって、この期間について解雇の脅威から労働者を保護し、安心して休養をとらせる趣旨から規定されたものです。

いずれも、休業中とその後30日間が解雇制限期間となっていますので、休業しなかった場合または休業後出勤してから30日間経過したときは解雇は制限されなくなります。したがって業務上の傷病にかかっても、休業をせずに通院加療していた場合は解雇が制限されませんし、いったん休業した場合でも、出勤するようになってから30日経過すれば、たとえ加療中であっても解雇はできることとなります（昭24.4.12 基収1134号）。

また、この期間中に制限されているのは、解雇そのものであり、解雇の予告をすることは差し支えないと解されています。

なお、以上の解雇制限については、労基法81条の規定により打切補償を支払う場合（実際上は労災保険法の傷病補償年金を受ける場合で療養後3年を経過したとき）、または天災事変その他やむを得ない事由のために事業の継続が不可能となり、労基署長の認定を受けた場合には、その解除が受けられることとなっています。

(2) 不当労働行為

解雇に関する法律上の制限の第二にあげるべきものが、不当労働行為に当たる解雇の禁止です。労組法7条は、正当な組合活動を保障する見地から、労働者の団結権、団体交渉権、団体行動権を侵害する意図で行う解雇その他の不利益取扱いを不当労働行為として禁止しています。

いい換えますと、使用者は労働者が①労働組合の組合員であること、②労働組合に加入し、または労働組合を結成しようとしたこと、③労働組合の正当な行為をしたこと、④労働委員会に対して使用者が不当労働行為をした旨の申立てをしたこと、⑤中央労働委員会に対し、地方労働委員会の命令に対する再審査の申立てをしたこと、⑥労働委員会がこれらの申立てに係る調査、審問をし、労働関係調整法による労働争議の調整をする場合に労働者が証拠を提示し、もしくは発言をしたこと、のいずれかの理由で解雇することを禁止しているわけです。したがって、労働組合の執行委員長であるとか、労働組合を結成しようとしたとか、争議行為の先頭に立って活発に活動したとかいう理由で労働者を解雇しても、労働委員会に提訴されれば救済命令が出されますし、裁判所はその解雇を無効と判断します。

この不当労働行為で問題となるのは、③の「労働組合の正当な行為」の解釈で、労働組合の行為かどうかという点と、それが正当な行為といえるかどうかという点です。

労働組合の行為のなかには、当然団体交渉や争議行為が含まれますが、このほかにも組合の会議に出席すること、オルグ活動に従事することなど労働組合の目的を達成するために必要なすべての活動が含まれます。ただ、労働組合の組織決定と無関係になされた個人の行為は、たとえ組合員の行為であっても労働組合の行為とはいえないことはいうまでもありません。

正当な行為かどうかは、行為の目的と手段の両面から問題にされます。

政治ストのように、使用者の支配に属さない事項を取り上げてその目的を貫くための行為は、正当な行為でないと解されています。行為の手段としては、例えば、暴行、脅迫などの違法な行為、会社の施設を破壊する行為は正当な行為に当たらないと解されています。

ところで、実際の不当労働行為事例をみると、例えば、労組委員長であるから解雇するというように、不当労働行為に当たる理由を正面から掲げて解雇することはまずありません。労組委員長であっても、懲戒解雇事由に当たる行為があったから解雇するというようなケースが多いわけです。

そこで、不当労働行為に当たる解雇かどうかは、解雇されたときの事情を具体的、客観的に検討し、果たして解雇の決定的動機は何であったか、

労働組合の否認なり、労働組合の弱体化をねらう意思（不当労働行為意思）がなかったかが吟味されます。たとえ労組委員長であっても懲戒解雇事由に該当する行為があり、就業規則に照らして解雇されてもやむを得ない事情があるときは、不当労働行為は成立しません。ところが、懲戒事由に該当する行為であっても、懲戒解雇に値するほど悪質ではなかった場合などは、他の理由で解雇したと推認され、平素労組委員長を嫌っていた事実などが客観的事実を通じて立証されれば、その解雇は不当労働行為に該当し、無効とされます。

(3) 国籍、信条等による差別解雇の禁止

　法律上の解雇禁止の第三は、国籍、信条、社会的身分を理由とする解雇の禁止です。労基法3条は、「労働者の国籍、信条又は社会的身分を理由として」労働条件についての差別的取扱いを禁止しています。この労働条件のなかには、労働者の解雇を含むと解釈されています（昭23.6.16 基収1365号、昭63.3.14 基発150号）ので、解雇禁止規定というわけです。

　国籍による差別とは、いうまでもなく、労働者が外国人であるという理由で解雇することです。信条による差別とは、宗教的信念または政治的信念を理由とする差別のことで、例えば、キリスト教徒であるとの理由での解雇や特定政党員であるという理由での解雇が禁止されます。社会的身分とは、生来的な地位をいうものと解されます。なお、この差別的解雇の禁止は、国籍、信条または社会的身分が解雇の決定的原因になっていることを必要とします。

(4) 男女雇用機会均等法による解雇制限

　男女雇用機会均等法は、職場における男女の均等待遇を確保するための措置を定めていますが、その一環として、解雇について女性であることを理由として男性と差別的取扱いをすることを禁止（例えば、整理解雇基準を設ける場合に女性を掲げるなど）するほか、女性労働者が婚姻し、妊娠し、出産し、または産前産後休業したことなどを理由とする解雇を禁止しています（同法9条2項、3項）。さらに、妊娠中の女性労働者及び出産

後1年を経過しない女性労働者に対してなされた解雇は、事業主が当該解雇が上記を理由とする解雇でないことを証明しない限り、無効とされます（同条4項）。

(5) 育児・介護休業法による解雇制限

育児・介護休業法は、育児休業及び介護休業制度を設けるとともに、子の養育や家族の介護を容易にするため、勤務時間等に関し、事業主が講ずべき措置を定めています。その一環として、労働者が育児・介護休業や看護休暇・介護休暇を申し出、またはこれらの休業・休暇を取得したこと、所定外労働の免除等を求めたこと、あるいは所定労働時間を超えて労働しなかったことなどを理由とする解雇を禁止しています（同法10条、16条、16条の4、16条の7、16条の9、18条の2、20条の2、23条の2）。

(6) その他の法令上の解雇制限

その他の法令上の解雇制限としては、労働関係法違反の申立て等を理由とする解雇の禁止があげられます。きわめて限られた場合ですが、次の場合が規定されています。

① 労基法104条2項、安衛法97条2項の規定に基づく違反事実の行政官庁等への申告を理由とする解雇の禁止
② 労働者が個別関係紛争の解決につき都道府県労働局長に援助を求めたり、紛争調整委員会にあっせんの申請を行ったことを理由とする解雇の禁止（個別労働関係紛争の解決の促進に関する法律4条、5条）
③ 労働者が賃金支払確保法違反の事実を都道府県労働局長等に申告したことを理由とする解雇の禁止（賃金支払確保法14条2項）
④ 労働者が男女雇用機会均等法に関する紛争、育児・介護休業等に関する紛争、パートタイム労働者の待遇等に関する紛争につき都道府県労働局長に援助を求めたことを理由とする解雇の禁止（男女雇用機会均等法17条2項、育児・介護休業法52条の4第2項、短時間労働者の雇用管理の改善等に関する法律21条2項）
⑤ 派遣労働者が厚生労働大臣に対して申告したことを理由とする解雇

の禁止(労働者派遣法49条の3第2項)
⑥ 公益通報をしたことを理由とする解雇の禁止(公益通報者保護法3条)

3 労働協約または就業規則に違反する解雇

　解雇の効力に影響を及ぼす問題として、労働協約または就業規則との関係に触れる必要があります。
　解雇が重要な労働条件であるところから解雇に関する事項は、就業規則の必要記載事項とされています(労基法89条3号)し、また、労働協約でもほとんど必ず記載されている実情にあります。
　その記載事項のうち、解雇事由ないし解雇基準に関する規定と、解雇につき労働組合の同意または協議を必要とする旨のいわゆる解雇協議約款の規定については、協約または就業規則上の解雇制限規定と解するか否かが裁判で争われます。法令上の解雇制限に対比して、自主規範上の解雇制限に関する争いであり、以下、その効力についてみていきます。

(1) 解雇基準違反の解雇の効力

　労働協約または就業規則には、一般に解雇事由を列挙していますが、この事由に該当しない解雇は有効か無効かが争われます。結局、問題の第一は労働協約、就業規則はどんな効力をもつか、これに違反した使用者の行為を無効とする力をもつかという点にあり、第二点は、解雇事由を列挙したことが直ちに解雇を制限する規定と解釈できるか、単なる例示をしたにすぎないと解釈するかという点にあります。
　第一点の労働協約または就業規則の効力については、いずれも法規範的効力をもち、これに違反する解雇は無効とするのが、学説、判例とも一致した見解です。このことは、労組法16条、労契法12条の規定の趣旨解釈からも当然のことといえるでしょう。したがって、労働協約や就業規則に反して行われた解雇は無効と解されています。
　第二点の解雇事由を制限的列挙と解するか例示的列挙と解するかは、規定方法とも関係しますが、使用者が一方的に制定変更できる就業規則につ

いても、いったん制定されたのちは、客観的存在となり、使用者といえども恣意的な解釈をすることは認められず、就業規則の構成、条文の表現その他就業規則の全体をみて客観的に解釈され、解雇事由の列挙は、解雇を制限する趣旨とみられる場合が少なくありません。したがって、このような場合には列挙された事由に該当しない解雇であり無効とされることとなります。

(2) 解雇協議約款違反の解雇の効力

　労働者を解雇する場合に労働組合の同意を得なければならないとか、労働組合と協議のうえ行わなければならないとする規定が労働協約のなかによく設けられています。このうち、同意を要する規定を解雇同意約款と呼び、協議を要する旨の規定を解雇協議約款と呼んでいます。いずれも、解雇を制限する趣旨から労働組合の強い要求によって設けられた規定であり、人員整理に当たって労働組合の強い抵抗の"とりで"とされました。労働組合がどうしても同意または協議に応じないためこの手続がとられないまま解雇され、この約款違反の解雇の効力が争われた事例があります。この場合の争点は、約款自体の効力問題と同意または協議の内容程度をどう解するかという問題に分けられます。

　まず、協議約款の効力、同意または協議の条項が労働協約で定められているところから、当然労働協約の効力に関する問題があります。

　労働協約の効力については、労組法16条が労働協約に定める「労働条件その他の労働者の待遇に関する基準」に違反する労働契約は無効とする旨を規定し、労働協約の直律強行性を定めています。しかし、それは、労働者の待遇に関する「基準」について定めたもので「基準」に該当しない条項は含まれないという考え方が一般にとられているため、解雇に関する同意または協議約款が果たしてどのような効力を有するかが争われるわけです。

　裁判例をみますと、これらの約款を単なる手続規定と解し、これに違反した解雇も効力には影響がないという見解をとるものは少数です。裁判例の大勢は、労働条件に関する条項であるところからこれらの約款は直律強行性をもち、これに違反する解雇は効力が否定されるという立場をとって

います。ただし、組合側が一向に協力する態度を示さず、頭から協議を拒否し続けている場合は、拒否権の濫用になるという見解をとり調整を図っています。なお、これに類する判例としては、解雇同意約款がある事案について「手続的事項ではあるが明確な条件を設けるものであるから、労働組合法16条にいう『労働条件その他の労働者の待遇に関する基準』を定めるもので、労働協約のいわゆる規範的部分に属すると解するのが相当であり……被告の解雇申入れに対し組合が合理的な理由なくこれに同意しないなどの同意拒絶権の濫用と評価されるような特段の事情があるなど、組合との協議を強いることが困難な場合を除き右同意なくして行う解雇は無効とみるべき」と判示しているものがあります（昭50.4.30 大阪高裁判決、飛島車輛工業事件）。また、同意や協議の程度について、解雇に関する同意約款と協議約款とでは、同意と協議の文言上の差からその間に相当の差違があるように考えられがちですが、判例では実際の運用に当たっては両者の差はそれほどなく、結局程度の差にすぎないと判断されています。というのも、ただ単に協議といっても、それは形式的に組合側と協議するだけでは足りず、労使双方が意見の一致を求めて誠実に協議を重ねる必要があるからです。

　同意約款の場合については、会社側で誠実に同意を得るための努力をしているにもかかわらず、組合側がまったく審議に応じないで拒否し続けているような場合は、同意拒絶権の濫用という法理を採用しています。したがって、同意と協議の間には実質上の差違はほとんどなく、いずれにしても労使が互いに誠実に協議を尽くし、意見の一致をみるように努力することが要求されると解されます。

3 解雇の手続

1 解雇の意思表示の方法

　解雇は、使用者が労働契約を将来に向かって解約するものです。解雇の意思表示の方法について、とくに法律上なんらの規定も置かれていないので、口頭で申し渡しても、文書で通知しても差し支えないわけです。ただ、いずれの方式をとっても被解雇者が確実に了知し、または知り得る状態にしなければなりません。ここで、了知し得る状態とは、例えば、口頭で解雇申渡しをしたときに、相手方が耳をふさいで聞こうとしなかったり、あるいは、解雇通知が到達しても開封もしないで返送してきた場合でも、相手方が了知し得る状態に置くことで、解雇の意思表示は到達したと解されています。

　解雇は、労働者にとって深刻な影響を与えるので、しばしば法律上の争いとなります。したがって、解雇通知も後日争いとなることを予想して、確実に行い、しかも証拠関係を明らかにしておく必要があるため、一般には文書で通知する方法がとられています。口頭通知の場合は、誰か立会人を置くとよいですし、郵送の場合は、配達証明の手続をとっておくと一層確実といえます。

2 解雇通知の効力発生時期

　解雇通知の効力が発生するのは、解除権（人事権）を有する使用者が相手方たる労働者に意思表示をなしたときです（民法540条）。したがって、面前で解雇を申し渡したときは、その時点で効力が生じます。また、隔地者に対して郵送で解雇通知を行ったときは、これが相手方に到達したときに効力が生じます（民法97条）。

　したがって、解雇予告通知を郵送する場合には、あとで述べる予告期間

の日数を満足し得る余地のあるものとするよう注意を要します。

一方、解雇に不服な労働者が、解雇通知の受領を拒んだり、労働組合などを通じて解雇通知書を一括返上する手段に出ても、通知書が相手方の住居に到達すれば、解雇通知の効力が生じます。即時解雇の通知であれば、到達の日から効力が生じるわけです。

結局、解雇通知書の受領拒否は、法律上はなんら意味のない行為であって、ただ解雇に反対であり、これに抗議する態度を示す示威行為の意味しかもたないことになります。

3 解雇予告制度

解雇の手続に関して、労基法は解雇予告の規定を置き、次項で述べる場合を除き、解雇する場合は、30日前に予告するか、または、予告手当として平均賃金の30日分以上の金額を支払うことを定めています（労基法20条）。

(1) 解雇予告の手続

労働者を解雇する場合は、少なくとも解雇しようとする日の30日以上前に解雇日を特定して通知する必要があります。例えば、3月31日に解雇しようとするときは、遅くとも3月1日までに「3月31日付けで解雇する」旨通知しなければなりません。

30日以上前の予告であっても、解雇月日が不確定な予告や条件付きの解雇予告は、適法な予告とはみなされません。

いったん通知した解雇予告は、これを取り消したり、変更することは、一方的にはできないものと解されています。したがって、予告の取消しや変更を行うときは、その労働者の同意を得て行う必要があります。

解雇予告をした場合に、予告期間中の労働関係はどうなるのでしょうか。解雇予告がなされても解雇日までは、従来の労働関係がそのまま継続しているので、労働者は契約上の労働義務を負い、使用者は賃金の支払義務を負っています。したがって、予告期間中でも懲戒の対象になりますし、欠勤すれば、その分賃金カットされることがあります。

(2) 予告手当の支払い

　解雇予告に代えて30日分以上の平均賃金（これを、一般に予告手当と呼んでいます。）を支払えば、即時に解雇することが認められています（労基法20条）。つまり、解雇予告日数を金銭で換価する方法といえます。この予告日数と予告手当の換価は、部分的でも行うことができます（労基法20条2項）ので、20日分の平均賃金を支払って10日以上前に解雇予告をすることもできるわけです。

　予告手当を支払う時期については、解雇通知のあとでもよいかどうか学説上は争いのあるところですが、行政解釈は、「解雇の申渡しと同時に支払うべきものである」としています（昭23.3.17 基発464号）。

　予告手当の支払場所については、通常の賃金支払場所で差し支えないと解されていますので、予告手当を送金する義務まではありません。解雇予告通知とともに予告手当を支払う旨の通知をし、事業場で支払いの準備をしておけばよいわけです。

　労働者が予告手当の受領拒否をした場合はどう考えたらよいでしょうか。行政解釈では、一般の金銭債務の弁済に関する民法の規定に準ずる考え方がとられ、「通常の賃金その他の債務が支払われる場合と同様に、現実に労働者が受け取り得る状態に置かれ」ていれば、労働者が受領すると否とに関係がないと解しています（昭63.3.14 基発150号）。したがって、予告手当を受領しないからといって、これを法務局に供託する必要はありませんが、供託しておいたほうが後日紛争が生じても証明が容易になります。

4　解雇予告制度の例外

　解雇予告制度には、法律上三つの例外が定められています。その第一は、日雇その他の短期雇用者の適用除外、第二は天災事変等で事業の継続が不可能となって解雇する場合、第三は労働者の責に帰すべき事由による解雇の場合で、その詳細は次のとおりです。

(1) 日雇その他短期雇用者の適用除外

日雇その他の短期雇用者は、短期に契約が終了することをあらかじめ予想しているので、解雇予告をする必要がないという立場で、労基法21条は次の短期雇用者については解雇予告の規定を適用しないこととしており、予告手当を支払うことなく即時解雇することが認められています。

① 日日雇い入れられる者（ただし、1か月を超えて引き続き使用されるに至った場合を除く。）
② 2か月以内の期間を定めて使用される者（ただし、所定の期間を超えて引き続き使用されるに至った場合を除く。）
③ 季節的業務に4か月以内の期間を定めて使用される者（ただし、所定の期間を超えて引き続き使用されるに至った場合を除く。）
④ 試の使用期間中の者（ただし、雇入れ後14日を超えて引き続き使用されるに至った場合を除く。）

(2) 天災事変のため事業の継続が不可能となって解雇する場合

天災事変その他やむを得ない事由のため事業の継続が不可能となり、労働者を解雇する場合は、労基署長の認定を条件として解雇予告義務が免除されます（労基法20条ただし書前段）。

ここにいう「天災事変その他やむを得ない事由」とは、天災事変、または、それに準ずる程度の不可抗力的な事由のことで、具体的には、大地震、大火災などを指します。したがって、事業の継続が不可能になった場合でも、それが単なる経営不振、金融難など事業経営上の見通しの齟齬による倒産などは認定の対象となりませんので、認定されるケースはきわめて限られることになります。認定が得られないときは、予告期間を置くか解雇予告手当を支払う方法によらなければなりません。

(3) 労働者の責に帰すべき事由に基づく解雇の場合

労働者側に不都合な行為があるなど解雇されてもやむを得ない事情があるときは、解雇予告の保護を与える必要がないので、労基法20条ただし書後段で「労働者の責に帰すべき事由に基いて解雇する場合」と規定し、労

基署長の認定を条件として解雇予告義務を免除しています。

　ここにいう「労働者の責に帰すべき事由」とは、一般的にみると労働者の義務違反ですから、懲戒解雇は、いずれもこれに該当するように解されがちです。しかし、法律の規定に即して考えれば、30日以上前の解雇予告によって保護する必要もない程度に重大悪質な義務違反者に限ると解すべきです。行政解釈は、このような立場をとっているので、事業場が行う懲戒解雇のすべてが認定されることにはならないわけです。事業場内においては懲戒解雇と処理されても、労基署長の解雇予告除外認定が得られないときは、結局、予告手当を支払って解雇する必要が出てきます。

　「労働者の責に帰すべき事由」の認定基準は、次のとおりです（昭23.11.11基発1637号、昭31.3.1基発111号）。

① 　原則としてきわめて軽微なものを除き、事業場内における盗取、横領、傷害等刑法犯に該当する行為のあった場合

② 　一般的にみて「きわめて軽微」な事案であっても、使用者があらかじめ不祥事件の防止について諸種の手段を講じていたことが客観的に認められ、しかもなお労働者が継続的にまたは断続的に盗取、横領、傷害等の刑法犯またはこれに類する行為を行った場合

③ 　事業場外で行われた盗取、横領、傷害等刑法犯に該当する行為であっても、それが著しく当該事業場の名誉もしくは信用を失いつするもの、取引関係に悪影響を与えるもの、または労使間の信頼関係を喪失せしめるものと認められる場合

④ 　賭博、風紀紊乱等により職場規律を乱し、他の労働者に悪影響を及ぼす場合。また、これらの行為が事業場外で行われた場合であっても、それが著しく当該事業場の名誉もしくは信用を失いつするもの、取引関係に悪影響を与えるもの、または労使間の信頼関係を喪失せしめるものと認められる場合

⑤ 　雇入れの際の採用条件の要素となるような経歴を詐称した場合及び雇入れの際、使用者の行う調査に対し、不採用の原因となるような経歴を詐称した場合

⑥ 　他の事業場へ転職した場合

⑦　原則として２週間以上正当な理由なく無断欠勤し、出勤の督促に応じない場合
⑧　出勤不良または出欠常ならず数回にわたって注意を受けても改めない場合

なお、この認定処分は、単なる事実確認処分（認定されるような事実があったか否かを確認する処分）と解されますので、認定を得なければ解雇の効力が生じないというものではありませんが、事前に認定を受けなければ、労基法20条違反となります。

4　経歴詐称と懲戒解雇の問題点

　学歴、職歴、賞罰などの経歴は、労働者を雇い入れる際の人物評価に当たって重要な判断要素となっています。これを偽って雇われた場合を経歴詐称と呼び、一般に懲戒解雇の対象としています。

　この懲戒解雇には、次の三つの問題点があります。第一は、なぜ懲戒解雇の対象となるのか、第二は、詐称した経歴の内容によって差違があるか、第三は、詐称事実の発覚の経緯、採用後の勤務態度との関係です。

1　懲戒解雇の対象となる理由

　経歴詐称が懲戒理由となる根拠について、裁判例では、継続的な労働契約関係の根幹たる労使間の信頼関係を破壊する行為であるとの認識から、経歴詐称が懲戒事由の対象になるとしています（昭54.3.8 東京地裁判決、スーパーバック事件）。また、多くの裁判例は、具体的な損害等が生じていなくても、従業員の地位を不正に取得し、企業内の適正な労務配置等を乱している、あるいは、経営の秩序を乱し企業の生産性を阻害するおそれ

があるとして企業秩序違反と理由づける裁判例もあります。

炭研精工事件（平3.9.19最高裁第一小法廷判決）では、大学中退の学歴を高卒と偽り、刑事事件の被告人であった事実を秘匿していたことなどを理由とする懲戒解雇について、従業員地位確認等請求の訴えを提起したXに対し、最高裁は、「雇用関係は、労働力の給付を中核としながらも、労働者と使用者との相互の信頼関係に基礎を置く継続的な契約関係であるということができるから、使用者が、雇用契約の締結の先立ち、雇用しようとする労働者に対し、その労働力評価に直接関わる事項ばかりでなく、当該企業あるいは職場への適応性、貢献意欲、企業の信用保持等企業秩序の維持に関係する事項についても必要かつ合理的な範囲内で申告を求めた場合には、労働者は、信義則上、真実を告知すべき義務を負うというべきである」「最終学歴は……単にXの労働力評価に関わるだけではなく、Y社の企業秩序の維持にも関係する事項であることは明らかであるから、Xは、これについて真実を申告すべき義務を有していたということができる」として、解雇が解雇権の濫用に当たらない旨判示した控訴審判決（平3.2.20東京高裁判決）を維持し、上告を棄却しました。

また、前科、前歴の秘匿、学歴、職歴の詐称等を理由として解雇された原告（労働者）がその無効を主張し、雇用契約上の権利を有することの確認と賃金の支払いを求めた事例では、「既に刑の消滅した前科といえどもその存在が労働力の評価に重大な影響を及ぼさざるを得ないといった特段の事情のない限りは、労働者は使用者に対し既に刑の消滅をきたしている前科まで告知すべき信義則上の義務を負担するものではないと解するのが相当であり、使用者もこのような場合において、消滅した前科の不告知自体を理由に労働者を解雇することはできないというべきである」「これを本件についてみると……被告（会社）の営業内容は……一般常用旅客自動車運送業（タクシー事業）で、2度にわたる履歴書提出時における原告の労務内容もその一般運転乗務員というにすぎないものであるから、これら被告の業務及び原告の労務内容が、原告に前記前科まで被告に告知すべきとの特段の事情を生ぜしめるとは到底いえないし、他に本件雇用契約において右特段の事情にあたる事実を認めさせるに足りる証拠もない。そうす

ると、本件において原告は、被告から提出を求められた履歴書の賞罰欄に自己の前科、前歴まで記載すべき信義則上の義務はなかったというべきであり、これを記載しなかったこと自体をもって解雇事由とする被告の主張は採用しえないものである」(昭60.9.19仙台地裁判決、マルヤタクシー事件)と判示しました。

判例の大勢は、だいたい以上のような考え方で経歴詐称を懲戒の対象と認めています。

2 詐称した経歴の内容による差違

経歴とひとくちにいっても、学歴、年齢、職歴、賞罰の有無など多種多様で、かつ詐称の程度にもいろいろあるため、どのような経歴についてどのような程度の詐称が懲戒解雇として認められるかは問題のあるところです。

代表的な判例としては「(就業規則に定められている)『重要な経歴を詐り……』が如何なる程度の事由を予定するかは結局その詐術の結果、経営秩序に与えた具体的損害発生の有無、或はその抽象的危険の有無等の考慮とは無関係に、詐術自体の軽重によって決定せられるに十分である。今経歴詐称についていえば、詐称せられた職歴の長短、その職歴が当該労働者の前歴中において占める重要性の有無、詐称が故意によるか否か、詐称の態様等によって決定せられるものといいうる。しかして経営秩序侵害への抽象的もしくは具体的危険が発生した場合にはただその情一層重きを加えるというに過ぎない」(昭25.8.31東京地裁決定、大和毛織事件)と原則的見解を述べているものがあります。しかし、この詐称の内容、程度に関するもっとも端的な基準としては「その詐称がなかったならば、雇い入れられなかったであろうという因果関係が社会的に相当であると認められるときは解雇に値する」(昭30.3.31東京地裁決定、東光電気事件)とするものがあげられます。

そこで次に、詐称した経歴の内容別にいくつかの判例の結論をあげてみます。

(1) 学歴の詐称

最終学歴は一般に労働者の知能、教育程度を判断するうえで重要な経歴であるので、例えば、中学卒を高校卒の高次に学歴を詐称することは、特別の事情がない限り懲戒の対象とできると解されます（昭31.7.30神戸地裁判決、川崎製鉄事件）。

これとは逆に最終学歴を、例えば高校中退であったのに中学卒と低次に学歴を詐称することは、一般に「全人格的判断に決定的な影響を与えるものではなく、真実を述べても当然雇傭せられたであろうと認められる程度のもの」（昭30.6.3神戸地裁判決、川崎製鉄事件）が多いと考えられ、懲戒解雇は酷であるといえます。

しかし、同じく学歴を低次に詐称する場合でも、大学中退を小学校卒と偽った事案については「労働者に対する全人格的判断をする上に重大な影響を与える」として懲戒解雇を容認しているもの（昭31.7.30神戸地裁判決、川崎製鉄事件）があり、注意が必要です。

(2) 前職の詐称

職歴の詐称は、やはり労働者の全人格的判断を誤らせる重大な要素であり、一般に懲戒解雇が適法と認められています。例えば、女子工員が某一流工場に相当長期間勤務していた職歴を秘し、その間家事及び農業手伝いをしていたように虚偽の記載をした事案、あるいは坑夫、日雇人夫として働いたことがある職歴を農業と偽った事案などは、いずれも裁判例で職歴詐称であるとされ、懲戒が認められています。

(3) 賞罰の詐称

履歴書に記載すべき賞罰のうち、「罰」を秘匿することは重要な経歴を偽ったというべきです。判例では、住居侵入罪で有罪判決を受けたものの秘匿を一応懲戒事由に該当すると判示したもの（前掲東光電気事件）、有罪判決のいい渡しがあった場合は、これが確定していなくても賞罰事項の記載義務は免れないとするもの（昭30.10.22東京地裁判決、関西ペイント事件）などがみられます。しかし、同じ賞罰でも、その内容が大学におい

て不正行為のため除籍処分を受けた事実の秘匿であったものについては、「刑罰及びこれと同視すべきものではないので、特別のとりきめのないかぎりこのような除籍処分は含まれない」と判示しています（昭31.7.30 神戸地裁判決、川崎製鉄事件）。

3 経歴詐称と採用後の勤務態度などとの関係

経歴詐称により採用された場合であっても、採用後の勤務態度良好などの場合は懲戒解雇が酷にすぎ、懲戒権の濫用とされる場合があります。

刑事事件で有罪判決を受けた事実を秘して採用された事案について、「その後6年間勤務し勤務状態について特段の非難すべく事実もなく一応会社の経営秩序に順応し、全人格を評価する必要な判断資料をえたわけなので、もはや（経歴詐称による）懲戒の目的は殆ど失われた」と判示しているものがあります（前掲東光電気事件）。

しかし、同じように採用後8年勤務した時点で高小卒の学歴を旧制中卒と詐称した事例について、中卒初任給が高く全勤務期間を通じて不当に賃金過払いを受け、勤務成績も劣っていたこと、自発退職を促したのにこれに応じなかったことなど、本人の意図態度と企業に与えた実害とを斟酌して懲戒解雇を適法と認めたものもあります（昭32.10.8 大阪高裁判決、川崎製鉄事件等）。

5 退職の手続等

1 退職の種類

退職は、自然退職と任意退職に分けられ、自然退職には、労働者の死亡、

定年、契約期間の満了などがあることはすでに述べたとおりです。任意退職は、この自然退職とは異なり、労働者の意思に基づく契約の解除です。労働者の一方的意思によるいわゆる辞職のほか、労働者と使用者の合意による退職も含まれますが、解雇の場合と違って労働者保護の観点からする法的規制の必要はありません。

2　任意退職の場合の申出期間

　任意退職については、民法に若干の規定が置かれています。すなわち、労働契約に期間の定めがない場合は、いつでも任意退職の申出を行うことが認められており、任意退職の申出後原則として2週間後に退職の効果が生ずることとされています（民法627条）。

　労働契約に期間の定めがある場合には、原則として途中退職はできませんが、やむを得ない事由があるときは、即時に契約を解除することが認められています（民法628条）。

　ところで、就業規則で労働者は1か月前に退職を申し出なければならないと定められている場合、民法の規定を任意法規と解し、こうした特約が許されるとする見解もありますが、裁判例では、これを強行法規と解するものが多く、これによれば、前記就業規則の規定があっても、通常の労働者は退職願を提出して2週間経過すると使用者の承諾がなくても退職の効力が発生することとなります。

3　合意退職の場合

　労働者の一方的退職の意思表示ほかに、労使の合意で契約を解除するものに合意退職があります。合意退職の場合は、就業規則の規定とはかかわりなく、即日でも解約の効果を生じさせることが認められます。

　合意退職がよく活用されるのは、人員整理などの場合です。人員整理を一方的な解雇で行うと労働組合の抵抗が強いこともあって、なるべく解雇権を使わずに人員整理の目的を達しようとする例が多く、このため人員整

理に当たって特別退職金を支給することとして、退職者を募ったり、あるいは、退職勧告を行い、これに応じて退職願の提出があったときに合意退職を行う方法がとられます。

4 辞表は撤回できるか

　いったん辞表を提出しておいて、あとになってこの辞表を撤回することが許されるのでしょうか。
　この点については、辞表の性格をどうみるかによって異なった結論になります。辞表が労働者の一方的解約の意思表示であって、使用者側の承諾を要せずして一定の期間の経過とともに契約解除（退職）の効果が生じるとされている場合（退職届）は、原則として撤回が許されないと考えられます。それは、一方的な法律行為は、相手方の承諾がない限り取消し、撤回が許されないという民法の一般原則（民法540条）があるためです。
　これに反し、辞表の提出とこれに対する使用者の同意があってはじめて退職の効力が生ずる場合は、辞表の提出が合意退職の申入れであるので、使用者が同意の意思表示をするまでは、撤回することができるという考え方が有力です。
　裁判例では、辞表（退職願）の提出は一方的な解約の意思表示ではなく、合意解約の申入れであるとする見解が支配的です。なお、辞表の撤回が認められるのは、使用者が承諾の意思表示をするまでであって、その後になれば許されないことはいうまでもありません。この点に関連した裁判所の判断としては、退職勧告に応じて退職願を提出した事案について、最高裁の次のような判例があります。
　「第一審判決は、被上告会社の合意解約の申入を含む通告に対し、所論の上告人らは所定の期限内に退職願を提出し、何ら異議を止めず解雇予告手当および円満退職を前提とする特別退職金を受領したのであるから、かかる事実関係の下においては、退職願の提出は、会社の合意解約の申入に対する明示または黙示の承諾の意思表示と解するに十分であるとの趣旨を判示したものと解すべきであって、右判断は正当である。そして、すでに

合意解約が効果を生じた以上、その後において合意解約承諾の意思表示を撤回する余地のないことは明らかである」(昭36.4.27最高裁第一小法廷判決、八幡製鉄解雇無効確認請求事件)。

また、解約の申出に対する承諾がないうちは撤回ができると考えてきた一般的な見解に関して、承諾があったかどうかの認定が問題となった事案があります。人事部長による退職願の受理につき、控訴審では、承諾の意思表示がないことを理由に退職の成立を認めなかったところ、最高裁が次の理由で破棄差戻しした事例です。最高裁は、退職承認について人事部長に単独でこれを決定させる権限を与えるとすることはなんら不合理ではないとして、「人事部長にXの退職願に対する退職承認の決定権があるならば、原審の確定した事実関係のもとにおいては、人事部長がXの退職願を受理したことをもって本件雇用契約の解約申込に対するY社の即時承諾の意思表示がされたものというべく、これによって本件雇用契約の合意解約が成立したものと解するのがむしろ当然である」と判示しました (昭62.9.18最高裁第三小法廷判決、大隈鐵工所事件)。

一方、バス運転手の退職届について、所属する従業員の任免に関する権限が分掌されていたとは解されない常務取締役観光部長が、専務取締役との協議を経ることなく、単独で即時退職承認をなしえたということはできないとして、従業員たる地位を認めた判決 (平3.11.19岡山地裁判決、岡山電気軌道事件) があります。

5 懲戒解雇該当者の退職願の効力

懲戒解雇になると退職金が不支給となる場合に、これを避けるため、労働者のほうで懲戒解雇処分前に退職願を提出したり、あるいは事情によっては、会社側で依願退職を勧める場合があります。

労働者のほうで先手を打って退職願を提出してきた場合には、これを懲戒解雇にできるかという問題が生じます。一方、会社側で依願退職を勧めて退職発令がされた場合には、後日先の退職願は真意でなかったといって、その無効を主張できるかという問題が生じます。

第一の労働者が先手を打って退職願を提出した場合は、どうでしょうか。

　退職願は、使用者の承認があるか、または民法ないし就業規則等で定められた所定の期間を経過したときに退職の効果を生ずるものと解されます。したがって、それまでの間は労働関係が継続しているので、懲戒解雇処分ができるわけです。解釈例規のなかに、労働者の退職申入れ後その労働者を解雇しようとすることは、「原則として労働者の退職の申出に対する承諾と解されるから、いわゆる法第20条にいう解雇の問題は生じない」という趣旨のものがあります（昭26.10.29 基収4494号）が、これは労基法の解雇の規定の適用に関する解釈であるにすぎません。したがって、企業内においては、とくに退職金規程の適用に関して懲戒解雇手続をとり、懲戒解雇して退職金を支給しないという取扱いは可能です。

　第二の使用者側の勧奨で退職願を提出して退職金を受け取った後、先の退職願が真意でないといえるかという点はどう考えたらよいでしょうか。具体的事情によって結論が異なるとも考えられますが、一般には前述の最高裁の判例（八幡製鉄解雇無効確認請求事件）にもあるとおり、辞表撤回の余地はなく、合意解約が有効に成立したと考えるべきです。

6　解雇、退職に伴う整理等

1　労使おのおのの義務

　解雇、退職によって労働関係は終了しますが、その後においても労働関係の終了に伴う各種の整理について、労使はお互いに誠実に行う必要があるといえます。例えば、使用者は賃金、積立金、保証金、貯蓄金その他の労働者の権利に属する金品を返還し、退職金規程があればそれによる退職金を支払い、本人から請求があれば雇用保険法の失業等給付受給のために

必要な離職票の交付等を行う必要があります。

　労働者は事務の引継ぎを誠実に行い、保管していた物品はすみやかに引き渡す必要があります。社宅も原則として明け渡す必要が生じます。また、就業規則等で秘密漏洩の禁止や同種業務の就業禁止の特約が定められている場合は、これが公序良俗に反する場合を除き、この特約に従わなければなりません。

　このような解雇、退職後の権利義務のうちとくに法律の規定している金品の返還、退職証明書等の交付、社宅の使用関係、退職金の支払関係等紛争が生じやすい問題について項を分けて検討してみます。

2　金品の返還

　労基法23条1項は、労働者の死亡、退職の場合における使用者の金品の支払い、返還義務について「権利者の請求があった場合においては、7日以内に賃金を支払い、積立金、保証金、貯蓄金その他名称の如何を問わず、労働者の権利に属する金品を返還しなければならない」と規定しています。

　この「権利者」というのは、解雇、退職の場合はその労働者本人であり、労働者死亡の場合は相続人をいうのであって、労働者に金銭を貸していたなどの一般債権者は含まれません。

　権利に属する金品の範囲は、退職時までの賃金のほか、死亡、退職の際に返還されることを条件に労働者から使用者に払い込まれた金品など本来労働者に所有権のある金品です。退職金も就業規則や労働協約で定められたものは、ここにいう金品に含まれると解されます。

　返還の時期は、権利者から請求されて7日以内です。退職金については、就業規則等で定められた支払時期に支払えば足ります（昭26.12.27基収5483号、昭63.3.14基発150号）。

　なお、賃金の支払い、または金品の返還について労使間に争いがある場合は、異議のない部分について7日以内に支払い、または返還しなければなりません（労基法23条2項）。

3 退職時等の証明

退職労働者から請求があった場合は、労基法22条で定めた範囲の事項を記載した証明書を交付しなければなりません。ここにいう証明書とは、再就職をする場合に利用する前歴証明ともいうべきもので、法律上は、使用期間、業務の種類、その事業における地位、賃金及び退職の事由（退職の事由が解雇の場合にあっては、その理由を含む）の5項目が記載すべき事項とされています。これ以外の事項でも労働者が希望した事項であれば、これを記載して差し支えありませんが、5項目以外は要求があっても記載を断ることができるとされています。

この証明書には労働者の請求しない事項を、記入することは禁じられています（同条3項）。

また、解雇を予告された労働者は、解雇前においても使用者に対し、当該解雇の理由について証明書を請求することができます（同条2項）。これは、解雇をめぐる紛争を未然に防止し、その迅速な解決を図るためには、あらかじめ解雇に係る紛争の争点を明確にするとともに、解雇の効力が発生する日までの間において労使当事者間での当該解雇理由の適否についての話合いを実質的に促進することが有効と考えられるためです（平15.10.22 基発1022001号）。

4 ブラックリストの交換禁止

使用者がブラックリストを作って、相互に好ましくない労働者が職場に潜入することを防ぐことは、労働者にとってみると正当な就職の機会を奪われることとなります。そこで、法律は一定の事項に限ってですが、ブラックリストに関する通信を禁止しています。

すなわち、労基法22条4項は「使用者は、あからじめ第三者と謀り、労働者の就業を妨げることを目的として、労働者の国籍、信条、社会的身分若しくは労働組合運動に関する通信をし、又は第1項及び第2項の証明書に秘密の記号を記入してはならない」と定めています。

ブラックリストの通信が禁止されているのは、①国籍、②信条、③社会的身分もしくは④労働組合運動に関するものに限られていますので、これ以外の事項は差し支えないわけです。例えば、タクシー運転者について料金メーター不倒の不正行為をしたものを通知することは、禁止されていないわけです。

通信が禁止されているのは以上の4項目に限られていると同時に、手続的にはあらかじめ第三者と申合せを行っている場合に限定されています。しかし、事前の申合せのない場合に、個々の具体的な照会に応じて回答することまで法は禁止していませんが、法の趣旨からして、このような照会をしたり、回答することは避けるべきことといえます。

5 社宅の明渡し

社宅については、解雇を争っている労働者がその明渡しに応じないことなどがあり、判例でもよく取り上げられるところです。

社宅の使用規定などには「居住の期間は、従業員としての在職中に限る」というような特約がみられます。このような特約が有効かどうかが問題のポイントですが、それは借地借家法が適用になるかどうかで争いのあるところです。

借地借家法の適用があるとすれば、家主自ら使用することを必要とする場合、あるいは、それと同程度の必要ある場合でなければ明渡しの申入れをすることができず、さらにこれらの正当な理由がある場合であっても、6か月前に申入れをしなければならないなど、借家人保護の規定が設けられています。

会社が単身従業員のために管理運営している寮について、その利用規程に定める使用制限年齢を超えているとして、寮に入っている従業員に対して明渡しを求めた事例について、寮の運営費が月額3万5,000円必要としているが寮生の負担は8,460円のみで、近辺の貸室の賃貸料は月額約5万円を超える事情のもとで、裁判所は「寮の利用関係は、従業員に対する福利厚生施策の一環として、社宅等利用規程によって規律される特殊な契約

関係であって、借地借家法の適用はない」とし、寮室の使用関係は賃貸借であり借地借家法の適用があるとする主張を退けました（平9.6.23 東京地裁判決、JR東日本（杉並寮）事件）。

7 退職金の支払い

1 退職金は賃金か

　一般に退職金は、就業規則や労働協約に定められ、労働者の勤続年数に応じて所定の計算方法により算出し支払われるようになっています。

　就業規則や労働協約に定められていない場合は、たとえある人に退職金を支払ったという事実があったとしても、それが恩恵的なものであれば直ちに他の人に支払うべき法律上の義務が発生するわけではありませんが、支払いが慣行（事実たる慣習）とみなされるような場合であれば、たとえ規定がない場合であっても民事上の支払義務が生ずると解すべきでしょう。

　就業規則や労働協約で退職金の支給条件を定めた場合（退職金規程も含む）は、退職金の支払いが労働契約上の義務となります。そして、その場合の性格については、後払いの賃金であるという見解が支配的です。したがって、労働者は労基署に申告してその支払いの励行を要請することができるほか、労基法24条の適用を受け、刑事罰をもって支払いが強制されることになります。また、結果として退職金が支払われないとき、労働者は退職金の支払いについて民事訴訟を起こすことができます。

2 支払時期と受給権者

　退職金の支払いについては、その多額であることからも、労基法23条1

項に定める金品の返還と同様に、7日以内の支払いを義務づけるのは現実的でないので、支払時期は、就業規則等で定める支払期日とされます。なお、就業規則で退職金に関する定めをする場合、支払時期を定める必要があることは、すでに述べたとおりです。退職金の分割支払いも、年金払いも可能です。

退職金の支払いについては、労働者が死亡した場合には、誰に支払うかを退職金規程で明らかにしておくことがよいと思われます。とくに、この点の規定を設けておかなければ、労働者の相続人が受給権者となりますが、相続人が多数ある場合は、それを確認してからでないとうっかり支払えないという事態も発生します。したがって、全相続人より受領委任を受けた人に支払うような方法を考えなければなりません。退職金規程で受給権者を相続人とは別個に特定することも認められますので、この方法をとれば便利です。その場合の受給権者の順位なり規定方法の参考としては、労基法施行規則42条、43条に定めている遺族補償の受給権者の順位があります。

3　退職金規程の解釈

退職金規程は、就業規則の一部であり、使用者が恣意的にその解釈運用を行うことは認められず、客観的、合理的に解釈運用されなければなりません。

多くの退職金規程は、退職時の給与月額に勤続年数に基づく係数を乗じて退職金額を算定する方法をとっていますが、この場合の給与月額のとり方、勤続年数の起算点等について疑義が生ずることがあります。なるべく、退職金規程を作成する段階で疑義が生じないよう、問題点について正確な規定を設けるよう心掛けることが必要です。

4　退職金債権が譲渡された場合の支払いの相手方

退職金を担保にして金融機関などから融資を受けた場合、融資金額を完済しないで会社を退職したときは、融資残金の範囲内で退職金債権を譲渡

するという契約が結ばれることがありますが、これによって退職金債権を譲り受けた金融機関等は、独立してその退職金の支払いを要求できるでしょうか。また、使用者はその譲受人に支払って差し支えないでしょうか。ここで問題となるのは、労基法24条の賃金の直接払いの原則との関係です。

　この点について、判例（昭43.3.12 最高裁第三小法廷判決、電電公社小倉電話局事件）は、退職金も一種の後払賃金としての性格を帯びるものであるから、労基法24条1項本文の適用があり、したがって、退職金は直接労働者に支払わなければならないものであって、会社は譲受人に支払うことはできず、譲受人も会社にその支払いを求めることはできない、と判示しています。いい換えますと、退職金債権の譲渡はできますが、その支払いは直接払いの原則により譲渡後も労働者に直接に行われなければならないというわけです。

　なお、最高裁は民間企業における退職金の支払いについて、労基法24条1項が定める直接払いの原則が適用されるとしながらも、その譲渡を禁止する規定も特約もない以上、このような譲渡を無効とすることはできないとしています（昭43.5.28 最高裁第三小法廷判決、伊予相互金融事件）。

解雇、退職Q&A

本意でない退職願も効力が生ずるのか

Q 私は直属の部下10人でグループを構成し、主任の肩書きをもつ機械設計の任に当たる者です。

先般、私の部下の1人が、設計上機密に属する設計図の一部を他社に漏らしたことが判明しました。当人は懲戒解雇になりましたが、直属の長である私の責任も問われました。その際、設計課長から「君の心証をよくするためにも一応退職願を提出したらどうか。絶対に受理されることはないよ」といわれ、私の本意ではありませんでしたが、課長の顔を立てるということもあり、退職願を提出しました。ところが、この私が提出した退職願が受理されてしまいました。

このように、本意でなく、ほかから半ば強制的に提出を迫られて出した退職願の効力はどうなるのでしょうか。

A　判例では心裡留保で無効

　退職願を提出している場合であっても、なんらかの事情があって、自分の本心に基づかない場合もあり得ます。このように、退職願が提出されているという形式だけで退職発令した場合、その効力が問題になります。

　民法では、一般に、自分の本心に基づかないで行った意思表示についても、原則として無効にならないと定めています（民法93条）。ただし、相手方（会社）が本心の意思表示でないことを知り、またはこれを知る事情があった場合は、その意思表示が無効となると規定しています（同条ただし書）。

　関連裁判例には次のような事例があります。

① 営業職として20年間雇用されていた40歳の女性労働者Xが、長期間にわたる勤怠の虚偽申告、二重請求などの行為を行ったことを自主退職しなければ懲戒解雇されると信じて退職の意思表示をしたが、一度行った

退職の意思表示について錯誤による無効または強迫による取消しを主張し、労働契約上の地位確認と未払賃金、賞与等の支払いを求めた事案で、裁判所は、Xの行為は決して許されるものではないものの、積極的にYを欺いて金員を得る目的・意図をもってしたものではないこと、二重請求等に故意はなく、過剰請求額も9,420円と多額でなくまた返還されていること、長期にわたるずさんな出退勤時刻の入力には、Yの勤怠管理の懈怠(けたい)も影響しているといえることを総合考慮すると、その動機、態様等は懲戒解雇に値するほど悪質ではないとしました。そのうえで、意思表示の前提になっていた懲戒解雇はもともと成立しなかったと認定し、それを避けるためにやむを得ず行ったXの意思表示には要素の錯誤が認められ、無効であるとして、地位確認、未払賃金の請求をいずれも認めました（平23.3.30 東京地裁判決、富士ゼロックス事件）。

② 旅行会社に勤務し、近々に55歳後の最初の3月31日を迎える社員Xが、役職定年制の主旨を内示された関連会社への移籍を断った場合には退職しなければならないものと誤信して退職届を提出したことにつき、依願退職は錯誤により無効であるとして、地位の確認と退職以降の賃金等の支払いを求めた事案において、裁判所は次のとおり判断しました。

すなわち、「Yの役職定年制においては……Yの提示する移籍先への移籍に応ずるか、プロフェッショナル職として従業員にとどまるかを選択することができる（のに、Xは）役職定年に達して移籍に応じない場合には退職せざるを得ないものと誤信していたとの可能性は否定することができない」としたうえで、前記誤信が錯誤により無効であるとのXの主張は、会社の就業規則には定年が60歳であることが、また労使協定には移籍とプロフェッショナル職の二つの選択肢があることがそれぞれ明記されており、Xにおいてこれらを確認したり人事担当者に質問したりすれば誤信を解く機会は十分にあったことからすると、「Xが錯誤により退職の意思表示をしたことについては重大な過失があったものといわざるを得ず、したがって、退職の意思表示につき無効を主張することはできない」として、社員の請求を棄却しました（平19.12.14 東京地裁判決、日本旅行事件）。

解雇予告中に業務上の交通事故にあった場合、予告の効力発生日はいつになるか

Q 労働者に解雇を予告していたところ、業務上の交通事故で３週間入院しました。
業務上の負傷で休業中の労働者を解雇することはできないと聞いていますが、予告をしたあとの業務上の負傷の場合はどのように処理すべきですか。

A **治癒後30日経過した時点**

労基法は、使用者が労働者を解雇するに当たっては、
① 少なくとも30日前に予告する
② 30日以上の平均賃金（いわゆる解雇予告手当）を支払う
③ 予告期間が30日間に満たないときは、その日数分の平均賃金を支払う
のいずれかによらなければならないことを定めています（同法20条）。
一方、次の状態にある労働者を解雇することは、原則として禁止されています（同法19条）。
イ 業務上の傷病により療養のため休業する期間及びその後30日間
ロ 産前または産後の休業（同法65条）中の期間及びその後30日間
これは、イまたはロの状態にある労働者は、解雇されても直ちに就職することができず、生活の危機にさらされるおそれがあるため、これを保護するためです。
さて、ご質問の例では、業務上の負傷による入院ということですから、前述のイに該当しますが、この場合、退院後も通院加療のため休業する期間はもとより、その後30日間にわたっては、解雇することはできません。
したがって、当初に予告した解雇日が到来しても、解雇の効力は生じません。あえて解雇すれば、労基法19条違反として、刑事責任を問われますし、民事的にも解雇は無効とされることになります。
ところで、このような場合、当初の解雇予告の効果はどうなるのかが問

題になります。

　行政解釈では、「解雇予告の効力の発生自体は中止されるだけであるから、その休業期間が長期にわたり解雇予告として効力を失うものと認められる場合を除き治癒した日に改めて解雇予告をする必要はない」（昭26.6.25 基収2609号）とされています。

　そこで、先の行政解釈から、治癒日にあらためて解雇予告をしなくとも解雇制限期間の満了する休業明け30日間の経過後には、解雇ができることになります。

　これを図解すると、次のようになります。

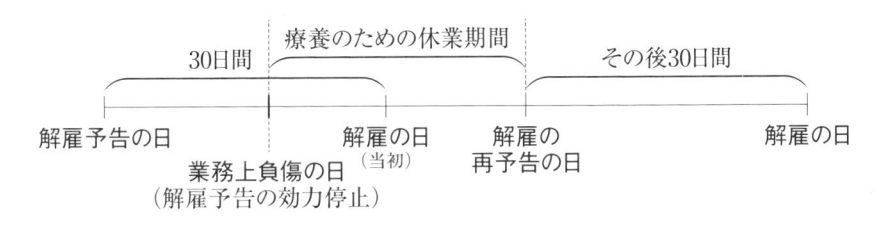

```
       30日間    療養のための休業期間    その後30日間
  ├──────────┼──────────┼──────────┤
 解雇予告の日      解雇の日    解雇の    　　　　  解雇の日
         業務上負傷の日  （当初）  再予告の日
         （解雇予告の効力停止）
```

　なお、行政解釈のいう「長期にわたり解雇予告として効力を失うものと認められる場合」とはどの程度の期間であるかはっきりしませんが、ご質問の例のように「3週間＋30日間」のような場合には、治癒の日にあらためて解雇予告をするのが無難と考えます。

交通事故で禁錮刑を受けた労働者を懲戒解雇できるか

Q マイカーを運転中に通行人をはね、死亡させてしまった当社の労働者に、先日東京地裁から、業務上過失致死罪により、禁錮10か月（執行猶予2年）の判決が下されました。当社の就業規則には「禁錮以上の刑に処せられたとき」は懲戒解雇する旨の規定があるので、この規定どおり解雇しようと思っていますが、交通事故で禁錮刑を受けた場合などでも、懲戒解雇できますか。

A **判断基準は企業運営に影響を与えたかどうかに**

（1）私生活上の行為は懲戒処分の対象となるか

　交通事故に限らず、一般に企業外における労働者の言動にも懲戒権を及ぼすことができるかどうか、ということについては問題のあるところですが、労働者の私生活上の行為が、

① 　職場規律や職場風紀を乱した
② 　企業の名誉、信用を傷つけた
③ 　会社の業務運営上損害を与えた

のいずれかに該当しない限り、他の処分はともかく、懲戒解雇はできないとする見解が有力です。

　この点については、判例でも、後輩の運転手に飲酒をすすめたうえで自動車を運転させ人身事故を誘発させたタクシー運転手を、「酒気をおびて自動車を運転したとき」という就業規則上の懲戒規定を準用して懲戒解雇とした会社に対して、解雇の無効確認が求められた事案で、最高裁は、「原審が適法に確定した事実関係のもとにおいては、上告人の本件行為は、被上告会社の企業秩序に影響を及ぼしその社会的評価を低下毀損するおそれがあると客観的に認められるものであるから、これを懲戒解雇事由とすることに格別の不都合はなく、また、右行為は、被上告会社の就業規則48条10号条所定の懲戒事由に直接該当するものではないが、同号所定の事由と違反の類型及び程度において同等の行為と認められるものであるから、同号の準用によりこれを懲戒事由に該当するものとして懲戒解雇をすることも許されるものと解するのが、相当である」と判示しました（昭53.11.30 最高裁第一小法廷判決、笹谷タクシー事件）。

（2）職務外の飲酒運転による交通事故

　マイカーをもつ労働者も多く、貴社のような問題が裁判で争われるケースも多くみられます。

　例えば、住友セメント事件（昭48.3.29 福岡地裁小倉支部判決）をみてみましょう。

　これは、同社の労働者であるAが、公休日に飲酒運転をして、通行人を死亡させたことにより、裁判所から業務上過失致死罪で禁錮10か月（執行

猶予3年）の刑を受け、会社から解雇された事件です。

判決では、まず「従業員の職務外の私的言動といえども、それが企業の運営に著しい悪影響を及ぼし、その利益を害する場合にはその限りにおいて右懲戒権が及びうるものと解される。しかし、その場合にも、右言動が本来企業の規律から自由な私的生活の領域で生じたものである以上、これに対する懲戒権には自ら限度があるべきである」と述べ、実質的に企業に悪影響を及ぼしたかどうかについては、

① M新聞市内版の片隅に「飲酒運転ではねる」との見出しで事件の概要が報道されているだけで、Aの勤務先名が書かれていなかったので、どこの会社の従業員であるか分からなかったこと
② 会社自体または従業員一般に対する地域住民の信用ないし評価が低下し、あるいは従業員の作業意欲が減退するようなことはなかったこと

から、これを否定しています。

そして、事故後のAのとった措置に誠意が認められること、過去の事例から考えても、とくに解雇しなければ均衡を失するものではないことなどから、解雇無効をいい渡しました。

もう一つ例をあげてみますと、徳島電報電話局事件（昭48.6.22 高松高裁判決）があります。

電電公社職員であるMが、これもはやり職務外に飲酒運転をして、交通事故を起こし、業務上過失傷害罪により禁錮6か月（執行猶予2年）の刑を受け、免職処分にされた事件の控訴審判決ですが、原判決を支持して、免職処分無効をいい渡しています。

判決では、企業運営に悪影響を及ぼしたかどうかについては、「本件追突事故については特に新聞、テレビ等による報道はされなかった」と触れるにとどまり、同公社がいままでこのような事件に対して、どのような処置をとってきたか、それとの比較衡量について詳細に論じています。

原判決（昭46.3.30 徳島地裁判決）では「要するに、本件免職処分は『予想に比し著しく重い』というのが率直な感じであり、現に従来の運用例に比しても際立って厳格で、申請人が本件処分を組合活動に対する報復と受け取ったのは、かえりみて他を言うとのそしりを免れないし、その真偽の

ほども軽々に速断し難いところではあるが、それはそれとして……首肯できる点がある」としているところ、控訴審でもこの点を認め、「被控訴人を排除するものでなければ、控訴人の事業の円滑な運営に支障が生ずるとみなければならないような不適格事由を認め難いものというべく、控訴人はその点の判断に当たり裁量権を誤ったものといわなければならない」と判示しています。

結局、判断のポイントとなるのは、①禁錮刑を受けたことにより企業の名誉・信用を傷つけ、企業運営に悪影響を及ぼしたかどうかという点と、②過去の取扱いはどうだったのか、という点です。

①の点については、同じ企業外の非行でも、殺人、窃盗などいわゆる破廉恥罪を犯して実刑を受けた場合とは違うでしょうし、また、同じ交通事故でも一般社員が起こすのと会社幹部が起こすのとでは、企業の名誉・信用を傷つける程度が違ってきます。

貴社の労働者の起こした交通事故が、どういうものかよく分かりませんが、判例などの傾向から懲戒解雇は避け、ほかの軽い処分をとられるほうがよいのではないかと考えられます。

社員が寮から外出中に行方不明、解雇の方法はどうするのか

Q 次のような事件が起きました。会社として、どのような処理をしたらよいでしょうか。

AはO県出身で、昨年10月、当社の製造部員として入社、今年の3月初めまで普通に勤務していました。ところが、3月5日、Aが行方など誰にも告げずに寮を出たまま、以来、まったく行方不明です。会社も八方手を尽くし、心当たりを捜しましたし、捜索願も警察に出しています。部屋のラジオもつけっぱなしで、普段着のまま外出したらしいのですが、郷里にも帰っていません。

当社としてはAの捜索のほうは別として、すでに20日を経過していることから、労働者としての身分をこのまま続けるわけにはいかず、籍を抜きたいと考えますが、解雇扱いとして処理してかまいませんか。この場合、解雇の通知は本人がいないからできませんが、法律的にはどういう点に配慮して処理したらよいでしょうか。

また、解雇でなく、依願退職と解し、処理してもかまわないでしょうか。当社の就業規則には「無断欠勤が14日以上に及んだ場合は解雇する」という条項があります。

A　公示によるが、場合により依願退職でもよい

まず、ご質問の第一点の解雇扱いとして処理できるかということについては、会社の就業規則に「無断欠勤が14日以上に及んだ場合は解雇する」という条項があるということなので、今回の事例は、一応その条項に該当すると考えられます。一般的には、無断欠勤が長期に及ぶことを解雇理由として定めている例が多くあります。労働契約関係は、継続的債権関係といわれ、会社は、正常な営業活動を行うために、その要素となる労働力の安定的供給を必要としています。ここから無断欠勤が、労働契約関係の解消の理由となるわけです。

この事例では、Aという労働者が、会社に何の連絡もせずに、突然に出

勤しなくなり、行方不明となっていて、会社として、もはやこれ以上労働力の提供を求められない状態となっているというような状況のもとでは、会社側からの労働契約の解約もやむを得ないものと考えられます。

(1) 解雇の方法

　この事例の場合は、解雇すべき労働者が行方不明であるので解雇の手続について注意が必要です。すなわち、解雇とは、使用者の意思表示により労働契約を解約するものですから、意思表示について、民法97条1項に「隔地者に対する意思表示は、その通知が相手方に到達した時からその効力を生ずる」と規定されているように、解雇の意思表示が、当の相手たる労働者に到達しなければ、労働契約解約の効果を生じないわけです。この場合の「到達」とは、「社会通念上一般に了知し得べき客観的状態を生じたと認められること」をいうとされ、通常の場合であれば、同居の親族、家族などに交付されたときには到達となるとされています（我妻栄『民法総則（民法講義Ⅰ）』岩波書店）。

　しかしながら、相手方である労働者が行方不明のような場合には、たとえその労働者のそれまでの住所に配達されても、それによって了知し得べき状態に置かれたとみることは困難のように思われます。この点について、民法98条1項では、「意思表示は、表意者が相手方を知ることができず、又はその所在を知ることができないときは、公示の方法によってすることができる」と規定されていますので、このような場合には、会社としては「公示の方法」によって意思表示を行うことができるとされています。そして、その具体的方法は、同条2項に「前項の公示は、公示送達に関する民事訴訟法の規定に従い、裁判所の掲示場に掲示し、かつ、その掲示があったことを官報に少なくとも1回掲載して行う」と定められ、さらにその効果については、同条3項に「公示による意思表示は、最後に官報に掲載した日又はその掲載に代わる掲示を始めた日から2週間を経過した時に、相手方に到達したものとみなす。ただし、表意者が相手方を知らないこと又はその所在を知らないことについて過失があったときは、到達の効力を生じない」と定められています（なお、「公示送達」については、民事訴訟法110

条〜112条を参照してください。）。

　会社としては、以上のような「公示送達」をすることによって、行方不明者に対する解雇の意思表示を有効に行うことができることになります。

　なお、この場合でも、解雇予告の方法をとる場合には、就業規則で予告期間を定めていれば、「公示送達」の方法によって解雇の意思表示が相手方に到達したとみなされた日から、さらに予告期間を置いた日を解雇の効力の発生する日として定めて行うことが必要です。

（2）依願退職扱いについて

　最後に、ご質問にあるように、解雇でなく、無断欠勤が続き、会社になんの連絡もないということが、その労働者の黙示の労働契約解約の申入れの意思表示とみてよいかということですが、意思表示は一定の方式を備えた明示の意思表示によらなければ効力を生じないというものではなく、黙示の意思表示も同一の効力をもつとされています。したがって、労働契約の解約の申入れの黙示の意思表示と認められるものであれば、会社としては、依願退職として取り扱って差し支えないことになります。

　実際の事例が、労働契約の解約申入れの黙示の意思表示と認められるかどうかは、個々の具体的事例ごとに、客観的事情を総合的に判断しなければなりませんが、その労働者の過去の勤務状況、行方不明になったときの状況、その後の連絡の有無、連絡がとれなくなってからの期間等、諸般の事情を考慮して、誰がみても、その労働者が自分から会社を辞めるつもりでいなくなったのだということが明らかであれば、依願退職として取り扱っても差し支えないと思われます。

自己都合退職の場合の退職金は会社都合退職の半額とすることができるか

Q 当社の退職金規程では、会社都合による解雇の場合及び定年退職者の退職金は、「基準率」で支給しますが、自己都合退職の場合は、基準率の2分の1としています。当社には女性が多く、女性の場合、結婚、出産等により退職のほとんどが自己都合となるので、現行退職金制度は女性に不利な規定だという批判が強いようですが、法的にみて問題はありませんか。

A 法違反ではないが、納得の得られる基準設定が望ましい

　退職金制度を設けるか否か、設けるとした場合、その支給率、算定方法その他の支給条件をどのように決めるかは、企業の自由に任されています。ただし、退職金制度を設ける場合には対象労働者の範囲、その計算方法、支払方法、支払期日等を就業規則に必ず記載すべきこととされています（労基法89条3号の2）。

　退職金制度の内容は、通常、退職の事由（動機）別、勤続年数別に支給率を定め、これを退職時の賃金（基本給のみ、とするところが多い。）に乗じて金額を算定する方式のものが多くみられます。また、支給率または金額についても、多くが定年退職、会社都合による整理解雇等の場合には優遇し、不都合な行為があって懲戒処分の結果として懲戒解雇または諭旨解雇する場合には不支給または減額するという内容となっています。自己都合退職と会社都合の場合とで、支給率（額）に差異を設けることも、ほとんどの企業で行われていますが、勤続年数の短い場合はその差が大きく、勤続年数が長くなればその差は縮小する傾向にあるようです。

　ところで、貴社の場合、女性従業員が多く、現行退職金制度は女性に不利な制度と受け止められていますが、その理由として、退職金の「基準率」を一般的にみて該当事例の少ないと思われる定年退職と会社都合の場合とに置き（通常会社都合の場合のほうが基準率が高い。）、自己都合退職の場合には懲戒処分の場合と同様に削減するものであるかのような印象を与え

ているところに、問題があるように思われます。

したがって、女性従業員が結婚、出産等により退職する場合が多いことを念頭に置いて、このような通常退職の場合の退職金を基準にして「基準率」を定め、定年退職、会社都合による解雇、退職等の場合には一定の「割増率」を、懲戒解雇等の場合には一定の「削減率」を適用するような制度に改めることも、不満解消の一方法ではないでしょうか。

死亡した労働者の退職金受給者は誰か

Q 死亡退職の場合の退職金支払いについて当該労働者に妻子がある場合、独身者の場合等いろいろのケースが考えられますが、支払いに当たって、その優先順位はどのように取り扱ったらよいでしょうか。

A **定めがない場合は民法による**

労基法23条では「使用者は、労働者の死亡又は退職の場合において、権利者の請求があった場合においては、7日以内に賃金を支払い、積立金、保証金、貯蓄金その他名称の如何を問わず、労働者の権利に属する金品を返還しなければならない」と規定しています。

退職金についても労働協約、就業規則等によってあらかじめ支給条件が明確なものは、ここでいう賃金とみなされます。

したがって、同法24条1項の直接払いなどの規定の適用を受けるわけですが、労働者の死亡の場合に支給される退職金については、同項のうち少なくとも直接払いの規定が適用される余地がないことは明らかです。結局、死亡退職金の受給権者の問題は、同法23条の「権利者」をどのように解釈するかにかかってくるといえます。

行政解釈では「労働者が死亡したときの退職金の支払について別段の定めがない場合には民法の一般原則による遺産相続人に支払う趣旨と解されるが、労働協約、就業規則等において民法の遺産相続の順位によらず、施行規則42条、43条の順位による旨定めても違法ではない。従ってこの順位

によって支払った場合はその支払は有効である。同順位の相続人が数人いる場合についてもその支払について別段の定めがあればこの定めにより、別段の定めがない時は共同分割による趣旨と解される」（昭25.7.7基収1786号）としていますので、死亡の場合の退職金受給者についてとくに定めがない場合は、民法の遺産相続の順位に従えばよいわけです。

労基法施行規則42条では「遺族補償を受けるべき者は、労働者の配偶者（婚姻の届出をしなくとも事実上婚姻と同様の関係にある者を含む。以下同じ。）とする」（1項）、「配偶者がない場合には、遺族補償を受けるべき者は、労働者の子、父母、孫及び祖父母で、労働者の死亡当時その収入によつて生計を維持していた者又は労働者の死亡当時これと生計を一にしていた者とし、その順位は、前段に掲げる順位による。この場合において、父母については、養父母を先にし実父母を後にする」（2項）となっているので、同規則43条と併せて、請求権者の順位を第一に配偶者、第二に子、父母、孫、祖父母の順、第三にその他の者とすることもできます。

退職者には必ず7日以内に賃金を精算すべきか

Q 猶予期間も置かず、無断退職する労働者に対する金品の支払いは法定（労基法23条）どおり行わなければなりませんか。

A 無断退職なら3週間以内になる

労基法23条では、使用者は労働者の死亡または退職の場合においては7日以内に賃金を支払い、積立金、保証金、貯蓄金など労働者の権利に属する金品を返還しなければならないと定めています。

しかし、ご質問の場合のように当日退職を申し出て、すぐその日のうちに勝手に辞めるという場合には、本人が勝手に辞めるといった日から計算して、7日以内に賃金を支払わなければならないというのは誤解です。

期間の定めのない労働契約の場合、労働者が解約を申し入れたとしても、労働契約はその日限りで終了するものでなく、一定期間を経てはじめて契

約が終了することになっており、さらにそこから起算して7日以内に賃金を支払えばよいことになるからです。

民法627条に定めてあるとおり、雇用期間の定めがない契約ではいつでも解約の申入れができますが、この場合、労働契約は2週間を経過したときに終了するものとされており、また、期間をもって報酬を定めた場合（例えば月給制のような場合）には、解約の申入れは次期以降に対してなし得ること、また、その申入れは当期の前半にしなければならないことになっています。

したがって、使用者が労働者を解雇する場合は別として、労働者が使用者に対して退職を申し入れた場合には、その月の給料で賃金支払日到来によって支払った以外の賃金残金は、退職申入れ後7日以内に支払う必要はありません。日給者についていえば退職申入れ後2週間経過により労働契約が終了し、それから7日以内に賃金を支払えばよいことになり、結局、退職申入れから起算して3週間経過してもなお賃金を支払わない場合に、はじめて違法になるわけです。

次に月給者についていえば、仮に賃金計算期間を当月1日から末日までとし、民法627条に従ってその労働者が解約を申し入れてから契約終了となるには、当月15日までに退職を申し入れたとしても契約が終了するのは、もっとも早くて来月1日ですから契約終了までには最低17日を要し、その後7日以内に賃金を支払えばよいことになります。解約の申入れから起算すれば24日間を経過してなお賃金を支払わない場合、違法となるわけです。

以上のように、労働者が退職の申入れをして勝手にすぐ辞めたような場合には、契約が終了になるまでの期間を考慮に入れて賃金を清算してもよいわけです。

裁判例索引

民集……最高裁判所民事判例集　　労民集……労働関係民事裁判例集
裁判集民……最高裁判所裁判集・民事　　判時……判例時報　　判タ……判例タイムズ
労経速……労働経済判例速報　　労判……労働判例　　（ダ）……ダイジェスト

ID 番号
　索引中、ID 番号（**00000**）のある裁判例については、全基連のホームページから「労働基準関係判例検索」へアクセスし、ID 番号から検索すると、事案の概要、判決理由の抜粋等を見ることができます。
　　　　　　　　　　　　　　　　　▶ http://www.zenkiren.com　全基連　検索

【最高裁判所】

最高裁大法廷判決昭27.10.22民集 6 巻 9 号857頁［朝日新聞社事件］ **01530** ……………… 95頁
最高裁第二小法廷判決30．5．13民集 9 巻 6 号711頁［東北電力事件］ **05351** …… 62頁
最高裁第一小法廷判決36．4．27民集15巻 4 号974頁［八幡製鉄解雇無効確認請求事件］
　00655 ……………………………………………………………………… 322, 323頁
最高裁第二小法廷判決40．2．5 民集19巻 1 号52頁［明治生命保険事件］ **01002** ……258頁
最高裁第三小法廷判決43．3．12判時511号23頁［電電公社小倉電話局事件］ **00972** …
　…………………………………………………………………………………… 279, 329頁
最高裁第三小法廷判決43．5．28裁判集民91号133頁［伊予相互金融事件］ **01133** …329頁
最高裁第三小法廷判決43.12.24民集22巻13号3050頁［電電公社千代田丸事件］ **00241**
　………………………………………………………………………………………… 11頁
最高裁大法廷判決昭43.12.25判時542号14頁［秋北バス事件］ **01480**
　………………………………………………………………… 23, 89, 90, 91, 255頁
最高裁第三小法廷判決45．7．28判時603号95頁［横浜ゴム事件］ **01753** ……………271頁
最高裁第三小法廷判決48．3．2 判時694号 3 頁［白石営林署事件］ **01341**
　……………………………………………………………… 208, 210, 211, 224, 225頁
最高裁第二小法廷判決48．3．2 判時694号10頁［国鉄郡山工場事件］ **01340**
　……………………………………………………………… 208, 210, 211, 224, 225頁
最高裁第一小法廷判決48．4．12裁判集民109号53頁［日立製作所横浜工場事件］ **00327**
　………………………………………………………………………………………… 22頁
最高裁大法廷判決昭48.12.12民集27巻11号1536頁［三菱樹脂事件］ **00044** ………… 51頁
最高裁第一小法廷判決49．2．28判時733号18頁［日本国有鉄道事件］ **01787**
　………………………………………………………………………………… 271, 274, 284頁
最高裁第二小法廷判決49．3．15判時733号23頁［日本鋼管事件］ **01789** …… 285, 287頁
最高裁第一小法廷判決49．7．22労判206号27頁［東芝柳町工場事件］ **00385** ………296頁
最高裁第三小法廷判決49.11.29裁判集民113号235頁［米軍立川基地事件］ **01316**
　……………………………………………………………………………………… 156頁
最高裁第二小法廷判決50．4．25判時774号 3 頁［日本食塩製造事件］ **00669** ………301頁

344

最高裁第二小法廷判決昭52．1．31裁判集民120号23頁［高知放送事件］ 00799 ········301頁
最高裁第二小法廷判決昭52．8．9労経速958号25頁［三晃社事件］ 06707 ········279頁
最高裁第一小法廷判決昭53.11.30労経速1014号3頁［笹谷タクシー事件］ 01830
　　　　　　　　　　　　　　　　　　　　　　　　　　　　　　　287 334頁
最高裁第二小法廷判決昭54．7．20労判323号19頁［大日本印刷事件］ 00173 ···· 53, 54頁
最高裁第三小法廷判決昭54.10.30労判329号12頁［国鉄札幌運転区事件］ 01855 ····279頁
最高裁第二小法廷判決昭55．5．30労判342号16頁［近畿電気通信局事件］ 00175 ···· 53頁
最高裁第三小法廷判決昭56．3．24労判360号23頁［日産自動車事件］ 00227 ········104頁
最高裁第二小法廷判決昭56．9．18労判370号16頁［三菱重工長崎造船所事件］ 01037
　　　　　　　　　　　　　　　　　　　　　　　　　　　　　　　　　　259頁
最高裁第一小法廷判決昭57．3．18労判381号20頁［此花電報電話局事件］ 01361 ····226頁
最高裁第一小法廷判決昭58．9．8労判415号29頁［関西電力事件］ 01901 ···· 269, 285頁
最高裁第二小法廷判決昭58．9．16労判415号16頁［ダイハツ工業事件］ 01902
　　　　　　　　　　　　　　　　　　　　　　　　　　　　　　　　269, 271頁
最高裁第二小法廷判決昭60．4．5労判450号48頁［古河電気工業・原子燃料工場事件］
　 00345 ·· 18頁
最高裁第一小法廷判決昭61．3．13労判470号6頁［電電公社帯広局事件］ 00261 　89, 91頁
最高裁第一小法廷判決昭61．7．14労判477号6頁［東亜ペイント事件］ 03758 ········ 16頁
最高裁第一小法廷判決昭61.12．4労判486号6頁［日立メディコ事件］ 03801 ········296頁
最高裁第二小法廷判決昭62．7．17労判499号15頁［ノースウエスト航空事件］ 03072 246頁
最高裁第三小法廷判決昭62．9．18労判504号6頁［大隅鐵工所事件］ 03093 ········322頁
最高裁第三小法廷判決昭63．2．16労判512号7頁［大曲市農業協同組合事件］ 03924
　　　　　　　　　　　　　　　　　　　　　　　　　　　　　24, 93, 255頁
最高裁第三小法廷判決平元．7．4労判543号7頁［電電公社関東電気通信局事件］ 04784
　　　　　　　　　　　　　　　　　　　　　　　　　　　　　　　　　　210頁
最高裁第一小法廷判決平3．9．19労判615号16頁［炭研精工事件］ 05797 ········316頁
最高裁第一小法廷判決平3．11.28労判594号7頁［日立製作所武蔵工場事件］ 05831
　　　　　　　　　　　　　　　　　　　　　　　　　　　　　　　　89, 149頁
最高裁第三小法廷判決平4．3．3労判609号10頁［中国電力事件］ 05847 ········285頁
最高裁第一小法廷判決平8．9．26労判708号31頁［山口観光事件］ 06857 ········280頁
最高裁第一小法廷判決平9．2．28労判710号12頁［第四銀行事件］ 06918
　　　　　　　　　　　　　　　　　　　　　　　　　　24, 92, 93, 255頁
最高裁第一小法廷判決平12．3．9労判778号11頁［三菱重工業長崎造船所事件］ 07520
　　　　　　　　　　　　　　　　　　　　　　　　　　　　　　　106, 129頁
最高裁第一小法廷判決平12．9．7労判787号6頁［みちのく銀行事件］ 07602 ········ 94頁
最高裁第二小法廷判決平13．6．22労判808号11頁［トーコロ事件］ 07770 ········142頁
最高裁第一小法廷判決平14．2．28労判822号5頁［大星ビル管理事件］ 07920 ········107頁
最高裁第二小法廷判決平15．4．18労判847号14頁［新日本製鐵（日鐵運輸第2）事件］
　 08151 ·· 20頁

345

最高裁第二小法廷判決平15.10.10労判861号5頁［フジ興産事件］ 08227
.... 88, 95, 96, 279頁
最高裁第二小法廷判決平18.10.6労判925号11頁［ネスレ日本事件］ 08513 ......272頁
最高裁第二小法廷判決平19.10.19労判946号31頁［大林ファシリティーズ（オークビルサービス）事件］ 08600 ....107頁
最高裁第二小法廷判決平21.12.18労判993号5頁［パナソニックプラズマディスプレイ（パスコ）事件］ 08782 ....39頁
最高裁第二小法廷判決平22.7.12労判1010号5頁［日本アイ・ビー・エム事件］ 08809
.... 26頁
最高裁第一小法廷判決平25.6.6労判1075号21頁［八千代交通事件］ 204頁

【高等裁判所】
大阪高裁判決昭32.10.8労民集8巻5号699頁［川崎製鉄事件］ 04669 ......319頁
福岡高裁判決昭36.7.20労民集12巻4号709頁［安永鉱業所京之上炭鉱事件］ 01700
....287頁
東京高裁判決昭39.3.27判時367号19頁［日本鋼管事件］ 01711 ......286頁
大阪高裁判決昭43.2.28労経速637,638合併号12頁［藤野金属事件］ 10041 ......78頁
高松高裁判決昭48.6.22判時734号97頁［徳島電報電話局事件］ 03577 ......335頁
大阪高裁判決昭50.4.30労判速報カード227号11頁［飛鳥車輛工業事件］ 309頁
東京高裁判決昭54.10.29労判330号71頁［東洋酸素事件］ 00630 ......302頁
大阪高裁判決昭59.11.29労民集35巻6号641頁［日本高圧瓦斯工業事件］ 03140 ......280頁
東京高裁判決昭61.5.29判判489号89頁［洋書センター事件］ 03753 ......281頁
東京高裁判決昭62.8.31労判507号59頁［前橋信用金庫事件］ 276頁
仙台高裁秋田支部判決平元.1.30労判538号76頁［男鹿市農協事件］ 04711 ......276頁
広島高裁判決平2.5.23労判564号73頁［中国地方建設局事件］ 04905 ......277頁
東京高裁判決平3.2.20労判592号77頁［炭研精工事件］ 05517 ......316頁
仙台高裁判決平4.1.10労判605号98頁［岩手銀行事件］ 05840 ......49頁
東京高裁判決平6.3.16労判656号63頁［生協イーコープ・下馬生協事件］ 06256 ... 21頁
東京高裁判決平15.12.11労判867号5頁［小田急電鉄事件］ 280頁
東京高裁判決平16.6.16労判886号93頁（ダ）［千代田学園懲戒解雇事件］ 272頁
大阪高裁判決平20.4.25労判960号5頁［パナソニックプラズマディスプレイ（パスコ）事件］ 08643 ....39頁
東京高裁判決平20.9.9労判970号17頁［大林ファシリティーズ（オークビルサービス）事件］ 08731 ....107頁

【地方裁判所】
京都地裁判決昭24.10.20労民集7号56頁［京都市事件］ 01528 ......95頁
東京地裁決定昭24.10.26労民集6号151頁［日本油脂事件］ 00992 ......97頁
東京地裁決定昭25.8.31労判1巻4号640頁［大和毛織事件］ 04896 ......317頁

東京地裁決定昭25.10.10労民集１巻５号766頁［宝製鋼所事件］01207 ……………… 13頁
東京地裁決定昭30.３.31労民集６巻２号164頁［東光電気事件］00698 …317, 318, 319頁
神戸地裁判決昭30.６.３労民集６巻３号307頁［川崎製鉄事件］05352 ……………318頁
東京地裁決定昭30.10.22労民集６巻６号788頁［関西ペイント事件］05360 …………318頁
神戸地裁判決昭31.７.30労民集７巻４号647頁［川崎製鉄事件］04531 ……… 318, 319頁
東京地裁決定昭31.８.22労民集７巻４号660頁［国際興業事件］01687 ……………287頁
東京地裁決定昭32.２.５労民集８巻１号49頁［三洋石綿工業事件］04654……………291頁
大阪地裁判決昭33.４.10労民集９巻２号207頁［東亜紡織事件］01335 ……………209頁
東京地裁判決昭41.３.31判時442号16頁［日立電子事件］00322 ……………………… 19頁
横浜地裁決定昭41.５.25労経速580号23頁［日本ビクター事件］00369 ……………… 97頁
東京地裁判決昭41.12.20労民集17巻６号1407頁［住友セメント事件］00209…………104頁
東京地裁決定昭43.３.22判時520号79頁［毎日新聞東京本社事件］04285 …………149頁
東京地裁判決昭44.７.１判時560号23頁［東急機関工業事件］00214 ………………104頁
徳島地裁判決昭46.３.30判時634号87頁［徳島電報電話局事件］03676 ……………335頁
福岡地裁小倉支部判決昭48.３.29判時719号95頁［住友セメント事件］03563 ………334頁
広島地裁判決昭49.６.14判時750号99頁［大成宇部コンクリート工業事件］01329 …196頁
高知地裁判決昭51.２.５判時816号99頁［高知郵便局事件］01436 ……………………209頁
横浜地裁判決昭51.３.４判時820号111頁［大瀬工業事件］01445…………………………217頁
神戸地裁決定昭51.９.６労民集27巻５号455頁［関西弘済整備事件］01198 ………… 95頁
東京地裁判決昭54.３.８労判320号43頁［スーパーバック事件］01844 ……………315頁
東京地裁決定昭57.11.19労判397号30頁［小川建設事件］00839 ……………………192頁
大阪地裁判決昭58.２.14労判405号64頁［八尾自動車興産事件］01192 ……………110頁
名古屋地裁判決昭59.３.23労判439号64頁［ブラザー工業事件］00204 ……………… 73頁
仙台地裁判決昭60.９.19労判459号40頁［マルヤタクシー事件］00663 ……………317頁
浦和地裁判決昭61.５.30労判489号85頁［サロン・ド・リリー事件］03754 ………… 47頁
浦和地裁決定昭63.３.７労判515号41頁［三矢タクシー事件］03937 ………………… 95頁
名古屋地裁判決平３.７.22労判608号59頁［日通名古屋製鉄作業事件］05775 ………193頁
岡山地裁判決平３.11.19労判613号70頁［岡山電気軌道事件］05865 ………………322頁
東京地裁判決平４.８.27労判611号10頁［日ソ図書事件］05942 ……………………… 49頁
東京地裁判決平５.６.11労判634号21頁［生協イーコープ・下馬生協事件］06150 … 21頁
大阪地裁決定平６.８.５労判668号48頁［新関西通信システムズ事件］06381 ……… 28頁
東京地裁判決平７.12.25労判689号31頁［三和機材事件］06610 ………………… 22, 28頁
東京地裁判決平９.５.26労判717号14頁［長谷工コーポレーション事件］06948 …… 47頁
東京地裁判決平９.６.23労判719号25頁［JR 東日本（杉並寮）事件］06961…………327頁
東京地裁判決平10.９.25労判746号７頁［新日本証券事件］07184 …………………… 47頁
奈良地裁決定平11.１.11労判753号15頁［日新工機事件］07196 ……………………… 28頁
東京地裁決定平12.１.21労判782号23頁［ナショナル・ウエストミンスター銀行（３次仮処分）事件］07493 ……………………………………………………………………………302頁
東京地裁判決平14.４.16労判827号40頁［野村證券事件］07947 ……………………… 47頁

大阪地裁判決平14.11. 1 労判840号32頁［和幸会事件］ 08026 ……………………… 47頁
東京地裁判決平14.12.17労判846号49頁［労働大学（本訴）事件］ 08091 …………302頁
東京地裁判決平19. 8 .27労判945号92頁（ダ）［ヤマト運輸事件］………………………280頁
東京地裁判決平19.12.14労判954号92頁（ダ）［日本旅行事件］ 08618 ……………331頁
東京地裁判決平20. 1 .28労判953号10頁［日本マクドナルド事件］ 08626 …… 159, 160頁
東京地裁判決平23. 3 .30労判1028号 5 頁［富士ゼロックス事件］ 08833 ……………331頁

行政通達索引

月日	通達番号・掲載頁	月日	通達番号・掲載頁
昭和22年		28	基発1456号　211
9.13	発基17号　48,64,115,138,156,157,161,162,163,164,185,203,273,275	**昭和25年**	
		3.31	基収4057号　219
11.27	基発401号　188	7.7	基収1786号　342
昭和23年		9.14	基収2983号　109,266
1.9	基発14号　63,68	**昭和26年**	
2.24	基発356号　163	1.20	基収2875号　108
3.17	基発461号　63,68,171	3.14	基収518号　277
	基発464号　312	6.25	基収2609号　333
4.5	基発535号　163,186	8.9	基収3388号　299
	基収1372号　163	10.11	基発696号　138
5.5	基発682号　187,220	29	基収4494号　323
	基収1540号　163	12.27	基収5483号　324
11	基発735号　88,100	**昭和27年**	
6.11	基発1898号　234	2.2	基収503号　295
	基収1998号　245	8.29	労収3548号　243
16	基収1365号　48,305	9.20	基発675号　256
17	基収1953号　246	**昭和28年**	
7.3	基発2177号　275,276,289	10.13	基収3427号　246
5	基発968号　188	**昭和29年**	
15	基発1690号　117	6.29	基発355号　206
20	基発2483号　163	12.1	基収6143号　114
31	基発2675号　206	**昭和30年**	
8.3	基発2446号　87	10.10	基発644号　262
9.20	基発1789号　275	11.30	基収4718号　228
10.21	基発1529号　245	**昭和31年**	
23	基発3141号　109	2.13	基収489号　211
30	基発1575号　88,100	3.1	基発111号　283,314
11.9	基発2968号　189	**昭和33年**	
11	基発1637号　283,314	2.13	基発90号　202,203
12.23	基発1885号　220	6.25	基収4317号　221
昭和24年		**昭和35年**	
4.12	基収1134号　303	11.2	基発932号　70
7.7	基収1428号　215	18	基収4901号の2　70
8.18	基発898号　258		
9.1	労収6884号　258		
12.2	基収3281号　246		

月日	通達番号・掲載頁	月日	通達番号・掲載頁
昭和36年		平成元年	
1.9	基収8996号················233	3.1	基発93号················189
9.7	基収1392号················142	平成3年	
昭和39年		1.1	基発1号················115,117
1.24	38基収9243号················101	平成5年	
昭和46年		2.24	基発110号················163
1.18	45基収6206号················140	平成6年	
昭和47年		1.4	基発1号···121,122,123,195,207,230
9.18	基発602号················109,179	3.31	基発181号················122
昭和48年		平成7年	
3.6	基発110号················208	7.27	基監発33号················215
昭和49年		平成9年	
1.11	基収5554号················227	3.11	基発143号················189
4.1	婦収125号················234	25	基発195号················115
昭和50年		平成10年	
2.17	基発83号、婦発40号········80	9.10	基発530号················240
3.24	監督課長、企画課長連名内翰······53	平成11年	
昭和54年		1.29	基発45号···········121,123,170,176
4.2	基発153号················67	3.31	基発168号········121,122,140,142,
昭和57年			159,189,198
6.30	基発446号················189,198	平成12年	
昭和61年		1.1	基発1号················132
3.20	基発151号、婦発69号········153	3.28	基発180号················41
昭和63年		平成13年	
1.1	基発1号······113,115,119,131,	2.2	基発54号················240
	166,214,216	4.6	基発339号················111
3.14	基発150号·····97,114,116,119,122,	平成15年	
	132,140,157,159,162,	10.22	基発1022001号················325
	163,164,187,188,189,		基発1022003号················145
	198,201,202,203,212,	平成17年	
	213,214,218,222,223,	9.30	基発0930006号················223
	238,241,245,305,312,	平成19年	
	324	9.30	基発0930001号················240
	基発150号、婦発47号···220,234,244		

月日	通達番号・掲載頁	月日	通達番号・掲載頁
平成20年		平成24年	
4．1	基監発0401001号 …………… 159	8．10	基発0810第2号………………9,96,295
9．9	基発0909001号 ……………… 161	10．26	基発1026第1号………………9,96,295
平成21年		平成25年	
5．29	基発0529001号 ………… 215,250	7．10	基発0710第3号……………………… 205
平成22年			
5．18	基発0518第1号………… 206,214		

351

改訂9版 採用から解雇、退職まで

平成3年8月10日	初版発行
平成26年10月15日	改訂9版発行

編 者　労働調査会出版局
発 行　公益社団法人 全国労働基準関係団体連合会
　　　　〒101-0052 東京都千代田区神田小川町3-28-2
　　　　　　　　　立花書房ビル302
　　　　TEL 03-5283-1030
　　　　FAX 03-5283-1032
　　　　http://www.zenkiren.com

発売元　労働調査会
　　　　〒170-0004 東京都豊島区北大塚2-4-5
　　　　TEL 03-3915-6401
　　　　FAX 03-3918-8618
　　　　http://www.chosakai.co.jp/

ISBN978-4-86319-443-4 C2032

落丁・乱丁はお取り替えいたします。
本書の全部または一部を無断で複写複製することは、法律で認められた場合を除き、著作権の侵害となります。